Franziskus von Assisi | Sämtliche Schriften

Franziskus von Assisi
Sämtliche Schriften

Lateinisch / Deutsch

Herausgegeben von
Dieter Berg

Reclam

RECLAMS UNIVERSAL-BIBLIOTHEK Nr. 19044
2014, 2026 Philipp Reclam jun. Verlag GmbH,
Siemensstraße 32, 71254 Ditzingen
info@reclam.de
Durchgesehene und bibliographisch ergänzte Ausgabe 2026

Deutsche Übersetzung auf der Grundlage von: Leonhard Lehmann, Die Schriften des hl. Franziskus von Assisi. Aus: Dieter Berg, Leonhard Lehmann (Hrsg.), Franziskus-Quellen

Gestaltung: Cornelia Feyll, Friedrich Forssman
Druck und Bindung: Elanders Waiblingen GmbH,
Anton-Schmidt-Straße 15, 71332 Waiblingen
Printed in Germany 2026

ISBN 978-3-15-019044-9
reclam.de

Inhalt

Texte

I Regeln und Testamente

III Geistliche Weisungen

IV Gebete

V Fragmente

Anhang

Texte

I Regeln und Testamente

1 Forma vivendi s. Clarae data – Lebensform für Klara und ihre Schwestern

Die Lebensform gehört zu den ältesten Texten des hl. Franziskus und des Klarissenordens, enthält gewissermaßen dessen »Urregel« und wurde in der Originalbulle überliefert, in der Papst Innozenz IV. den Klarissenorden bestätigte (August 1253). Ob die gesamte Lebensform von der hl. Klara in den späteren Regeltext inseriert wurde, ist unklar. Dennoch ist die *Forma vivendi* zweifellos authentisch, zumal die Heilige noch in ihrem Testament die Entstehung der Lebensform beschrieb: Hiernach verfasste Franziskus bald nach der Flucht Klaras aus dem Elternhaus bzw. nach deren Übersiedlung nach S. Damiano für diese und ihre Gefährtinnen die Lebensform. Kernelemente der *Forma vivendi*

[1]Quia divina inspiratione fecistis vos filias et ancillas altissimi summi Regis Patris caelestis, et Spiritui Sancto vos desponsastis eligendo vivere secundum perfectionem sancti Evangelii: [2]volo et promitto per me et [per] fratres meos semper habere de vobis tamquam de ipsis curam diligentem et sollicitudinem specialem.

sind sowohl die Forderung nach dem Streben nach der »Vollkommenheit des Evangeliums« – ebenfalls konstitutiv für die Gemeinschaft um den Poverello – als auch die enge (vor allem seelsorgerliche) Bindung an den Franziskanerorden.

Datierung: Entstehung gegen Ende 1212 bzw. zu Anfang 1213.

Lat. Text nach EO 298. Varianten nach PS 380. Dt. Übers. nach FQ 68. – Vgl. ESt 329; EO 296–299; F 16f.; Fon 117–119; HG 133f.; PL 421 (Reg.); N. Kuster, in: BF 198ff.; Ll 5f.; PS 378–381; J. Mueller, A Companion to Clare of Assisi. Leiden 2010; FF 106; KQ 42ff.

[1]Da ihr euch auf göttliche Eingebung hin zu Töchtern und Mägden des erhabensten, höchsten Königs, des himmlischen Vaters, gemacht und euch dem Heiligen Geiste verlobt habt, indem ihr das Leben nach der Vollkommenheit des heiligen Evangeliums erwähltet, [2]so will ich, und ich verspreche dies für mich und [für] meine Brüder, für euch genauso wie für diese immer liebevolle Sorge und besondere Aufmerksamkeit hegen.

2 Regula non bullata – Nicht-bullierte Regel

Die päpstlicherseits nicht schriftlich approbierte Regel (*Regula non bullata*) stellt nicht die erste *regula* des Franziskanerordens dar. Vielmehr betonte der Poverello in seinem Testament, dass ihm seinerzeit der Herr offenbart hätte, »nach der Form des Evangeliums« leben zu sollen. Daraufhin habe er (Franziskus) die künftige Lebensnorm »mit wenigen Worten« in Einfalt aufschreiben und bei einem Besuch bei Papst Innozenz III. 1209 oder 1210 vorlegen lassen; dieser habe die *vita* (mündlich) gutgeheißen und approbiert. Somit ist zu vermuten, dass der Text der sog. Ur-Regel als eigenes Corpus verlorengegangen ist. Dennoch wird man annehmen dürfen, dass einzelne Elemente der *Protoregula* wahrscheinlich in der Folgezeit (1209/10–21) nicht nur erhalten blieben, sondern auch einem ständigen Wandlungsprozess unterlagen. Nach Chronisten-Angaben trafen sich nämlich die Brüder der wachsenden Gemeinschaft einmal jährlich auf einem Kapitel, wo neue Anordnungen erlassen, der Regel eingefügt und gegebenenfalls päpstlicherseits approbiert wurden. Somit war die Ordensregel kein »einheitliches Gebilde«, sondern sie erfuhr einen kontinuierlichen Veränderungsprozess, der sich u. a. in einer kürzeren »Lebensform der Brüder« (1216) und schließlich in der vorliegenden Fassung der *Nicht-bullierten Regel* manifestierte. Zwar bestätigte das Generalkapitel zu Pfingsten 1221 diesen Regeltext, doch wurden die Textmodifikationen am Regelwerk auch nach 1221 bis zur päpstlichen Approbation der Franziskanerregel 1223 fortgesetzt, wie weitere Redaktionen der *regula* zeigen. Obwohl die Hauptanliegen des Heiligen – verdeutlicht in der *Protoregula* – sicherlich auch den Kern der *Nicht-bullierten Regel* bildeten, schuf Franziskus nicht als alleiniger Autor deren Text. Vielmehr wirkten zum einen die Brüder auf den Generalkapiteln – wie erwähnt – an der Textgestaltung mit; zum anderen soll der Heilige nach Chronisten-Angaben den gebildeten Frater Cäsar von Speyer gebeten haben, die Regel durch Worte aus dem Evangelium auszuschmücken. Dieser Bitte kam der Mitbruder nach, so dass der Text der *Nicht-bullierten Regel* zu etwa einem Drittel aus Bibelzitaten besteht – überaus ungewöhnlich für eine Ordensregel.

Die Entwicklung der nicht approbierten *regula* erfolgte in mindestens drei Stufen – ausgehend von der *Protoregula* mit dem mündlich bestätigten *Propositum vitae* (1209/10) über Ergänzungen durch Generalkapitel sowie durch Einflüsse des IV. Lateran-Konzils (1215–16/17) bis hin zur Endredaktion unter Mitwirkung gebildeter Brüder wie Cäsar von Speyer und bis zur Approbation durch das Kapitel von 1221. Welche Abschnitte dieser Endfassung der *Nicht-bullierten Regel* zu welcher Zeit entstanden sind, lässt sich nur ansatzweise vermuten (u. a. nach D. Flood). Anzunehmen ist, dass ein erster Teil des Textes (Kap. 1–17) noch vor dem Lateran-Konzil entstand (mit Rekurs auf Anforderungen der zeitgenössischen Gesellschaft etc.). Auch werden gebildete Brüder veranlasst haben, eine stärkere Anpassung der *regula* an die Regeln der »alten Orden« und an deren normative Regelungen des gemeinschaftlichen Lebens für die immer größere Zahl an Franziskanern vorzunehmen. Die folgenden Kapitel (Kap. 18–20) werden auf die Rezeption von konziliaren Verfügungen (1215) zurückzuführen sein, während die anschließenden Kapitel (Kap. 21–23) nach 1216 angefügt worden sein dürften und etwas disparat wirken (Predigtelemente, Ermahnungen, Danksagung). Der Schluss (Kap. 24) wird zu einem unbekannten Zeitpunkt hinzugefügt worden sein. Während der Heilige in einem »großen Wurf« die Grundlagen seiner neuen *vita* bzw. des angestrebten »Lebens nach der Form des Evangeliums« formulierte, verzichtete er gleichzeitig auf Festlegungen bezüglich des alltäglichen Lebens im Orden, auf die Klärung möglicher Regelabweichungen durch Brüder oder gar auf Sanktionsmechanismen bei Fehlverhalten. So wird man dieses ungewöhnliche Regelwerk vor allem als ein zentrales Dokument zum Verständnis der wichtigsten Intentionen des Poverello und zur Geschichte des frühen Franziskanertums betrachten dürfen.

Datierung: Entstehung auf der Basis der *Protoregula* von 1209/10 in einem kontinuierlichen Modifikationsprozess bis 1221.

Lat. Text nach EO 377–402. Varianten nach PS 242–288. Dt. Übersetzung nach FQ 70–93. – Andere Regel-Fragmente bei EO 300–312 und PS 290–316; dt. Übers. bei HG 113–125. (Auf eine Berücksichtigung dieser Regel-Fragmente wird hier wegen ihrer geringfügigen Abweichungen verzichtet). – Vgl. allgemein Werkbuch zur Regel des hl. Franziskus. Werl 1955;

D. Flood, Die Regula non bullata der Minderbrüder. Werl 1967, bes. 139 f.; ESt 59–77, 195–224, 332–335; K. Eßer, Textkritische Untersuchungen zur Regula non bullata der Minderbrüder. Grottaferrata 1974; EO 373–404; F 11 f., 305 ff.; Fon 183–212; Sai 63–86; B. Vollot, in: Fran 2 (2000) 137–151;

(Prologus)

[1]In nomine Patris et Filii et Spiritus Sancti. Amen.

[2]Haec est vita (evangelii Jesu Christi), quam frater Franciscus petiit a domino papa concedi et confirmari sibi. Et ille concessit et confirmavit [eam] sibi et suis fratribus habitis et futuris.

[3]Frater Franciscus et quicumque erit caput istius religionis promittat obedientiam [et reverentiam] domino Innocentio papae et [eius] successoribus.

[4]Et [...] alii fratres teneantur fratri Francisco et eius successoribus [obedire].

(Cap. 1) Quod fratres debent vivere sine proprio et in castitate et obedientia

[1]Regula et vita istorum fratrum haec est, scilicet vivere in obedientia, in castitate et sine proprio, et Domini nostri Jesu Christi doctrinam et vestigia sequi, qui dicit: [2]»*Si vis perfectus esse, vade* et *vende omnia quae habes, et da pauperibus et habebis thesaurum in caelo; et veni, sequere me*«. [3]Et: »*Si quis vult post me venire, abneget semetipsum et tollat crucem suam et sequatur me*«.

[4]Item: »*Si quis* vult venire *ad me et non odit patrem et matrem et uxorem et filios et fratres et sorores, adhuc autem et ani-*

1 2 Mt 19,21; Lk 18,22. 3 Mt 16,24. 4 Lk 14,26.

HG 174–204; PL 293–296; S. Brufani, in: Fran 7 (2005) 1–31; Uribe, Regla; C. Paolazzi, in: AFH 100 (2007) 5–148 (Edition 125–148); FQ 65–67, 69–93; Ll LXIV ff., 6–61; PS 223–289; FF 49 ff., 61–88; L IV, 83–118. – Vgl. DF 1501–1540, bes. 1506 ff.

[Prolog]

[1]Im Namen des Vaters und des Sohnes und des Heiligen Geistes. Amen.

[2]Dies ist die Lebensweise (des Evangeliums Jesu Christi), die Bruder Franziskus vom Herrn Papst erbeten hat, dass sie ihm gewährt und bestätigt würde. Und jener gewährte und bestätigte sie ihm und seinen Brüdern, den damaligen und den zukünftigen.

[3]Bruder Franziskus und wer immer Haupt dieses Ordens sein wird, verspreche Gehorsam und Ehrerbietung dem Herrn Papst Innozenz und dessen Nachfolgern.

[4]Und die anderen Brüder sollen verpflichtet sein, dem Bruder Franziskus und seinen Nachfolgern zu gehorchen.

(Kap. 1) Dass die Brüder leben sollen ohne Eigentum, in Keuschheit und in Gehorsam

[1]Regel und Leben dieser Brüder ist dieses, nämlich zu leben in Gehorsam, in Keuschheit und ohne Eigentum und unseres Herrn Jesu Christi Lehre und Fußspuren zu folgen, der sagt: [2]»*Wenn du vollkommen sein willst, geh* und verkaufe alles, was *du hast, und gib es den Armen, und du wirst einen Schatz im Himmel haben; und dann komm, folge mir nach*«. [3]Und: »*Wenn jemand mir nachfolgen will, verleugne er sich selbst, nehme sein Kreuz auf sich und folge mir*«.

[4]Ebenso: »*Wenn jemand zu mir kommen will und nicht Vater und Mutter und Frau und Kinder und Brüder und Schwestern hasst, ja selbst sogar sein eigenes Leben, kann er mein Jünger*

mam suam, non potest meus esse discipulus«. [5]Et: »*Omnis, qui reliquerit patrem aut matrem, fratres aut sorores, uxorem aut filios, domos aut agros propter me, centuplum accipiet et vitam aeternam possidebit*«.

(Cap. 2) De receptione et vestimentis fratrum

[1]Si quis divina inspiratione volens accipere hanc vitam venerit ad nostros fratres, benigne recipiatur ab eis. [2]Quodsi fuerit firmus accipere vitam nostram, multum caveant sibi fratres, ne de suis temporalibus negotiis se intromittant, sed ad suum ministrum, quam citius possunt, eum repraesentent. [3]Minister vero benigne ipsum recipiat et confortet et vitae nostrae tenorem sibi diligenter exponat. [4]Quo facto, praedictus, si vult et potest spiritualiter sine impedimento, omnia sua vendat et ea omnia pauperibus studeat erogare.

[5]Caveant [autem] sibi fratres et [ministri] fratrum, quod de negotiis suis nullo modo intromittant se [6]neque [accipiant] aliquam pecuniam neque per se neque per interpositam personam. [7]Si tamen indigent, alia necessaria corporis praeter pecuniam recipere possunt fratres causa necessitatis sicut alii pauperes.

[8]Et cum reversus fuerit, minister concedat ei pannos probationis usque ad annum, scilicet duas tunicas sine caputio et cingulum et braccas et caparonem usque ad cingulum. [9]Finito vero anno et termino probationis recipiatur ad obedientiam. [10]Postea non licebit ei ad aliam religionem accedere neque »extra obedientiam evagari« iuxta mandatum domini papae, [nam] secundum evangelium [...] »*nemo mittens manum ad aratrum et aspiciens retro aptus est regno Dei*«.

5 Vgl. Mt 19,29; Mk 10,29; Lk 18,29. **2** 10 Lk 9,62.

nicht sein«. [5]Und: »*Jeder, der Vater oder Mutter, Brüder oder Schwestern, Frau oder Kinder, Häuser oder Äcker um meinetwillen verlässt, wird Hundertfaches erhalten und das ewige Leben besitzen*«.

(Kap. 2) Von der Aufnahme und der Kleidung der Brüder

[1]Wenn jemand auf Gottes Eingebung hin dieses Leben annehmen will und zu unseren Brüdern kommt, werde er liebevoll von ihnen aufgenommen. [2]Wenn er nun entschlossen ist, unser Leben anzunehmen, sollen sich die Brüder sehr hüten, sich in seine zeitlichen Angelegenheiten einzumischen; vielmehr sollen sie ihn bei ihrem Minister vorstellen, so schnell sie können. [3]Der Minister aber nehme ihn gütig auf und bestärke ihn und erkläre ihm sorgfältig die Eigenart unseres Lebens. [4]Ist das geschehen, dann soll der Genannte, wenn er will und vom Geist erfüllt es ungehindert kann, all seine Habe verkaufen und alles unter die Armen zu verteilen suchen.

[5]Hüten sollen sich [aber] die Brüder und die Minister der Brüder, sich irgendwie in seine Angelegenheiten einzumischen; [6]und sie dürfen keinerlei Geld annehmen, weder selber noch durch eine Mittelsperson. [7]Wenn die Brüder jedoch Mangel leiden, können sie andere lebensnotwendige Dinge, Geld ausgenommen, der Notlage wegen wie andere Arme annehmen.

[8]Und wenn er wieder zurückkommt, soll der Minister ihm die Kleidung für die Probezeit auf ein Jahr gewähren, nämlich zwei Kutten ohne Kapuze, einen Strick und Hosen und einen Kaparon bis zum Gürtelstrick. [9]Ist aber Jahr und Frist der Probezeit beendet, soll er zum Gehorsam angenommen werden. [10]Danach soll es ihm nicht erlaubt sein, in einen anderen Orden einzutreten, noch »sich außerhalb des Gehorsams herumzutreiben«, entsprechend der Anordnung des Herrn Papstes, denn nach dem Evangelium *ist keiner, der die Hand an den Pflug legt und rückwärts schaut, für das Reich Gottes geeignet.*

[11]Si autem aliquis venerit qui sua dare non potest sine impedimento et habet spiritualem voluntatem, relinquat illa, et sufficit [ei].

[12]Nullus recipiatur contra formam et institutionem sanctae Ecclesiae.

[13]Alii vero fratres qui promiserunt obedientiam habeant unam tunicam cum caputio et aliam sine caputio, si necesse fuerit, et cingulum et braccas.

[14]Et omnes fratres vilibus vestibus induantur, et possint eas repeciare de saccis et aliis peciis cum benedictione Dei; quia dicit Dominus in evangelio: »*Qui in veste pretiosa sunt et in deliciis*« et »*qui mollibus vestiuntur, in domibus regum sunt*«.[15]Et licet dicantur hypocritae, non tamen cessent bene facere nec quaerant caras vestes in hoc saeculo, ut possint habere vestimentum in regno caelorum.

(Cap. 3) De divino officio et ieiunio

[1]Dicit Dominus: *Hoc genus* daemoniorum *non potest exire nisi in* ieiunio et *oratione*; [2]et iterum: »*Cum ieiunatis nolite fieri sicut hypocritae tristes*«.

[3]Propter hoc omnes fratres sive clerici sive laici faciant divinum officium, laudes et orationes, secundum quod debent facere. [4]Clerici faciant officium et dicant pro vivis et pro mortuis secundum consuetudinem clericorum. [5][…] Pro defectu [autem] et negligentia fratrum dicant omni die *Miserere mei Deus* cum *Pater noster;* [6][…] pro fratribus defunctis dicant *De profundis* cum *Pater noster*.

[7]Et libros tantum necessarios ad implendum eorum officium

14 Lk 7,25; Mt 11,8. **3** 1 Vgl. Mk 9,29. 2 Mt 6,16. 5 Ps 51. 6 Ps 130.

[11]Wenn nun aber jemand kommt, der seine Habe nicht ungehindert weggeben kann, obwohl er das geistliche Verlangen danach hat, so soll er seine Habe verlassen, und das genügt für ihn.

[12]Niemand darf aufgenommen werden gegen die Rechtsform und Anordnung der heiligen Kirche.

[13]Die anderen Brüder aber, die Gehorsam versprochen haben, sollen nur eine Kutte mit Kapuze haben und, falls notwendig, eine weitere ohne Kapuze, sowie Strick und Hosen.

[14]Und alle Brüder sollen geringwertige Kleidung tragen, und sie können sie mit Sackleinen und anderen Stücken verstärken, mit dem Segen Gottes, denn der Herr sagt im Evangelium: »*Die kostbare Kleider tragen und üppig leben* und *die sich weichlich kleiden, sind an den Höfen der Könige*«. [15]Und mag man sie auch Heuchler nennen, so sollen sie doch nicht aufhören, gut zu handeln; und sie sollen keine teuren Kleider suchen in dieser Welt, damit sie das Kleid im Himmelreich erhalten können.

(Kap. 3) Vom Göttlichen Offizium und vom Fasten

[1]Der Herr sagt: »*Diese Art* von Dämonen *kann nur durch Fasten und Gebet ausgetrieben werden*«. [2]Und wiederum: »*Wenn ihr fastet, dann werdet nicht wie traurige Heuchler*«.

[3]Daher sollen alle Brüder, seien sie Kleriker oder Laien, das Göttliche Offizium, die Lobpreisungen und Gebete verrichten, gemäß dem, wozu sie verpflichtet sind. [4]Die Kleriker sollen das Offizium verrichten und es für Lebende und Verstorbene beten nach der Gewohnheit der Kleriker. [5]Für Versagen und Nachlässigkeiten der Brüder aber sollen sie jeden Tag (den Psalm) »*Erbarme dich meiner, o Gott*« mit dem *Vaterunser* beten; [6]für die verstorbenen Brüder (den Psalm) »*Aus der Tiefe*« mit dem *Vaterunser*.

[7]Und an Büchern sollen sie nur so viele haben können, wie

possint habere. [8]Et laicis etiam scientibus legere psalterium liceat eis habere illud. [9]Aliis vero nescientibus litteras librum habere non liceat.

[10]Laici [vero] dicant *Credo in Deum* et viginti quattuor *Pater noster* cum *Gloria Patri* pro matutino; pro laudibus vero quinque; pro prima *Credo in Deum* et septem *Pater noster* cum *Gloria Patri;* pro tertia, sexta et nona, [pro qualibet] septem; pro vesperis duodecim; pro completorio *Credo in Deum* et septem *Pater noster* cum *Gloria Patri;* pro mortuis septem *Pater noster* cum *Requiem aeternam;* [...] pro defectu et negligentia fratrum tria *Pater noster* [quolibet] die.

[11]Et similiter omnes fratres ieiunent a festo Omnium Sanctorum usque ad Natale et ab Epiphania, quando Dominus noster Jesus Christus incepit ieiunare, usque ad Pascha. [12]Aliis [autem] temporibus non teneantur secundum hanc vitam nisi sexta feria ieiunare. [13]Et liceat eis manducare de omnibus cibis, qui apponuntur eis, secundum evangelium.

(Cap. 4) De ministris et aliis fratribus qualiter ordinentur

[1]In nomine Domini!

[2]Omnes fratres, qui constituuntur ministri et servi aliorum fratrum, in provinciis et in locis, in quibus fuerint, collocent suos fratres, quos saepe visitent et spiritualiter moneant et confortent. [3]Et omnes alii fratres mei benedicti diligenter obediant eis in his quae spectant ad salutem animae et non sunt contraria vitae nostrae.

13 Vgl. Lk 10,8.

zur Erfüllung ihres Amtes notwendig sind. [8]Und auch den Laien, die den Psalter zu lesen verstehen, soll es erlaubt sein, einen solchen zu haben. [9]Den anderen aber, die des Lesens unkundig sind, soll es nicht gestattet sein, ein Buch zu haben.

[10]Die Laien aber sollen *»Ich glaube an Gott«* (*Credo*) beten und vierundzwanzig *Vaterunser* mit *»Ehre sei dem Vater«* für die Matutin; für die Laudes aber fünf; für die Prim *»Ich glaube an Gott«* und sieben *Vaterunser* mit *»Ehre sei dem Vater«*; für die Terz, Sext und Non auch je sieben; für die Vesper zwölf; für die Komplet *»Ich glaube an Gott«* und sieben *Vaterunser* mit *»Ehre sei dem Vater«*; für die Verstorbenen sieben *Vaterunser* mit *»Herr, gib ihnen die ewige Ruhe«*; [...] für Versagen und Nachlässigkeiten der Brüder jeden Tag drei *Vaterunser.*

[11]Und ebenso sollen alle Brüder fasten vom Fest Allerheiligen bis Weihnachten und von Epiphanie, als unser Herr Jesus Christus zu fasten begann, bis Ostern. [12]Zu anderen Zeiten aber sollen sie diesem Leben gemäß nicht zum Fasten verpflichtet sein, außer am Freitag. [13]Und es soll ihnen erlaubt sein, von allen Speisen zu *essen,* die ihnen *vorgesetzt werden,* gemäß dem Evangelium.

(Kap. 4) Von den Ministern und den anderen Brüdern in ihrem Verhältnis zueinander

[1]Im Namen des Herrn!

[2]Alle Brüder, die als Minister und Diener der anderen Brüder eingesetzt sind, sollen die Brüder auf die Provinzen und Orte verteilen, in denen sie sein sollen: Und sie sollen die Brüder oft aufsuchen und geistlich ermahnen und bestärken. [3]Und alle meine anderen [gesegneten] Brüder sollen ihnen sorgfältig gehorchen in den Dingen, die das Heil der Seele angehen und unserem Leben nicht zuwider sind.

[4]Et faciant inter se sicut dicit Dominus: »*Quaecumque vultis, ut faciant vobis homines, et vos facite illis*«; [5]et: »*Quod* [*tibi*] *non vis fieri, non facias alteri*«.

[6]Et recordentur ministri et servi, quod dicit Dominus: »*Non* veni *ministrari sed ministrare*« et [quod] commissa est eis cura animarum fratrum, [7]de quibus, si [aliquis] perderetur propter eorum culpam et malum exemplum, *in die iudicii* oportebit eos *reddere rationem* coram Domino Jesu Christo.

(Cap. 5) De correctione fratrum in offensione

[1]Ideoque animas vestras et fratrum vestrorum custodite; quia »*horrendum est incidere in manus Dei viventis*«. [2]Si quis autem ministrorum alicui fratrum aliquid contra vitam nostram praeciperet vel contra animam suam, non teneatur ei obedire; quia illa obedientia non est, in qua delictum vel peccatum committitur. [3]Verumtamen omnes fratres qui sunt sub ministris et servis, facta ministrorum et servorum considerent rationabiliter et diligenter, [4]et si viderint aliquem illorum carnaliter et non spiritualiter ambulare pro rectitudine vitae nostrae, post tertiam admonitionem, si non se emendaverit, in capitulo Pentecostes renuntient ministro et servo totius fraternitatis nulla contradictione impediente.

[5]Si vero inter fratres, ubicumque [sint], fuerit aliquis frater volens carnaliter et non spiritualiter ambulare, fratres, cum quibus est, moneant eum [et] instruant et corripiant humiliter

4 4 Mt 7,12. 5 Tob 4,16. 6 Mt 20,28. 7 Vgl. Mt 12,36. **5** 1 Hebr 10,31.

[4]Und sie sollen sich untereinander so benehmen, wie der
Herr sagt: »*Was immer ihr wünscht, dass es euch die Menschen
tun, das tut auch ihr ihnen*«; [5]und: »*Was du nicht willst, dass es
dir geschehe, das tu auch keinem anderen an*«.
[6]Und die Minister und Diener sollen sich zu Herzen neh-
men, was der Herr sagt: »*Ich bin nicht gekommen, bedient zu
werden, sondern zu dienen*«, und dass ihnen die Sorge für die
Seelen der Brüder anvertraut ist, [7]über die sie, wenn einer von
ihnen durch ihre Schuld und ihr schlechtes Beispiel verloren-
gehen sollte, *am Tage des Gerichtes Rechenschaft ablegen* müs-
sen vor dem Herrn Jesus Christus.

(Kap. 5) Von der Zurechtweisung der Brüder bei Verfehlung

[1]Darum behütet eure und eurer Brüder Seelen; denn *furchtbar
ist es, in die Hände des lebendigen Gottes zu fallen.* [2]Wenn aber
[einer der Minister] einem der Brüder etwas gegen unser Leben
oder gegen dessen Seele befehlen sollte, dann ist der Bruder
nicht verpflichtet, ihm zu gehorchen. Denn das ist nicht Ge-
horsam, wenn dabei ein Vergehen oder eine Sünde begangen
wird. [3]Jedoch sollen alle Brüder, die den Ministern und Die-
nern unterstellt sind, mit verständiger Sorgfalt auf das achten,
was die Minister und Diener tun. [4]Und wenn sie sehen, dass
einer von ihnen fleischlich wandelt und nicht geistlich, wie es
für unser Leben richtig wäre, und er sich nach der dritten Er-
mahnung nicht bessert, dann sollen sie, ohne sich durch einen
Einspruch davon abbringen zu lassen, auf dem Pfingstkapitel
dem Minister und Diener der gesamten Brüderschaft Bericht
erstatten.
[5]Wenn sich aber, [wo sie auch seien], unter den Brüdern ein
Bruder fände, der fleischlich und nicht geistlich wandeln woll-
te, dann sollen die Brüder, mit denen er zusammen ist, ihn de-
mütig und sorgfältig ermahnen [und] ihn aufmerksam machen

et diligenter. [6]Quod si ille post tertiam admonitionem noluerit se emendare, quam citius possunt, mittant eum vel significent suo ministro et servo, qui minister et servus de eo faciat sicut sibi secundum Deum melius videbitur expedire.

[7]Et caveant omnes fratres tam ministri et servi quam alii, quod propter peccatum alterius vel malum [exemplum] non turbentur vel irascantur, quia diabolus propter delictum unius multos vult corrumpere; [8]sed spiritualiter, sicut melius possunt, adiuvent illum qui peccavit, quia *non est* sanis opus *medicus, sed male habentibus.*

[9]Similiter omnes fratres non habeant in hoc potestatem vel dominationem maxime inter se. [10][Dicit enim] Dominus in evangelio: »*Principes gentium dominantur eorum, et qui maiores sunt potestatem exercent in eos*«, *non* sic *erit inter* fratres; [11][sed] quicumque *voluerit inter* eos *maior fieri sit* eorum *minister* et servus; [12]et *qui maior est* inter eos *fiat sicut* [junior].

[13]Nec aliquis frater malum faciat vel malum dicat alteri; [14]immo magis *per caritatem spiritus* voluntarie serviant et obediant *invicem.* [15]Et haec est vera et sancta obedientia Domini nostri Jesu Christi. [16]Et omnes fratres, [quotiescumque] *declinaverint a mandatis Domini* et extra obedientiam evagaverint, sicut dicit propheta, sciant se esse maledictos extra obedientiam [*quoadusque*] steterint in tali peccato scienter. [17]Et quando [perseverant] in mandatis Domini, quae promiserunt per sanctum evangelium et vitam ipsorum, sciant se in vera obedientia stare, et benedicti sint a Domino.

8 Vgl. Mt 9,12; Mk 2,17. 10 Mt 20,25; 20,26a. 11 Vgl. Mt 20,26b. 12 Lk 22,26. 14 Vgl. Gal 5,13. 16 Ps 119,21.

und zur Rede stellen. [6]Wenn nun jener sich nach dreimaliger Ermahnung nicht bessern wollte, dann sollen sie ihn so bald wie möglich zu seinem Minister und Diener schicken oder ihn demselben anzeigen, auf dass der Minister und Diener so mit ihm verfahre, wie er es vor Gott am besten erachtet.

[7]Und hüten sollen sich alle Brüder, sowohl die Minister und Diener als auch die anderen, wegen der Sünde oder dem schlechten Beispiel eines anderen in Verwirrung oder Zorn zu geraten, denn der Teufel will durch die Sünde eines Einzelnen viele verderben. [8]Vielmehr sollen sie, so gut sie können, dem, der gesündigt hat, geistlichen Beistand leisten; denn *nicht die Gesunden bedürfen des Arztes, sondern die Kranken.*

[9]Ebenso soll hierbei kein Bruder Macht oder Herrschaft ausüben, am wenigsten unter den Brüdern selbst. [10]Denn wie der Herr im Evangelium sagt: »*Die Fürsten der Völker herrschen über diese, und die die Größeren sind, üben Macht unter ihnen aus*«. So soll es unter den Brüdern nicht sein. [11]Sondern wer *der Größere unter* ihnen *werden will*, der sei ihr *Diener* und Knecht, [12]und *wer der Größere* unter ihnen ist, *werde wie* der Jüngere.

[13]Und kein Bruder soll einem anderen Böses tun oder Böses sagen. [14]Ja, vielmehr sollen sie *durch die Liebe des Geistes einander* freiwillig dienen und gehorchen. [15]Und das ist der wahre und heilige Gehorsam unseres Herrn Jesus Christus. [16]Und alle Brüder, sooft sie *von den Geboten des Herrn abweichen* und sich außerhalb des Gehorsams herumtreiben, wie der Prophet sagt, sollen wissen, dass sie verflucht sind außerhalb des Gehorsams, [...] *solange* sie wissentlich in dieser Sünde bleiben. [17]Und wenn sie ausharren in den Geboten des Herrn, die sie durch das heilige Evangelium und ihre Lebensweise versprochen haben, mögen sie wissen, dass sie im wahren Gehorsam stehen und vom Herrn gesegnet sind.

(Cap. 6) De recursu fratrum ad ministros et quod aliquis frater non vocetur prior

[1]Fratres, in quibuscumque locis sunt, si non possunt vitam nostram observare, quam citius possunt, recurrant ad suum ministrum hoc [ipsi] significantes. [2]Minister vero taliter eis studeat providere, sicut [...] vellet sibi fieri, si in consimili casu esset.

[3]Et nullus vocetur prior, sed generaliter omnes vocentur fratres minores. [4]Et *alter alterius* lavet *pedes.*

(Cap. 7) De modo serviendi et laborandi

[1]Omnes fratres, in quibuscumque locis steterint apud alios ad serviendum vel laborandum, non sint camerarii [nec cellarii, nec] praesint in domibus [eorum] quibus serviunt; nec recipiant aliquod officium, quod scandalum generet vel *animae suae faciat detrimentum*; [2]sed sint minores et subditi omnibus, qui in eadem domo sunt.

[3]Et fratres, qui sciunt laborare, laborent et eandem artem exerceant, quam noverint, si non fuerit contra salutem animae [suae] et honeste poterit operari. [4]Nam propheta ait: »*Labores [manuum tuarum quia] manducabis, beatus es et bene tibi erit*«. [5]Et apostolus: *Qui non vult operari* non *manducet*; [6]et: *Unusquisque* in ea arte et officio, *in quo vocatus est, permaneat.*

[7]Et [possint pro labore accipere] omnia necessaria praeter pecuniam. [8]Et cum necesse fuerit, vadant pro eleemosynis sicut alii [fratres]. [9]Et liceat eis habere ferramenta et instrumenta suis artibus [necessaria].

6 2 Vgl. Mt 7,12. 4 Vgl. Joh 13,14. **7** 1 Vgl. Mk 8,36. 4 Ps 128,2. 5 Vgl. 2 Thess 3,10. 6 Vgl. 1 Kor 7,20.24.

(Kap. 6) Über die Zuflucht der Brüder zu den Ministern, und dass kein Bruder »Prior« genannt werde

[1]Wenn Brüder, an welchen Orten sie auch sind, unser Leben nicht beobachten können, sollen sie so schnell wie möglich zu ihrem Minister Zuflucht nehmen und ihm dies mitteilen. [2]Der Minister aber bemühe sich, so für sie zu sorgen, wie er [...] wünschte, dass ihm geschähe, wenn er in einer ähnlichen Lage wäre.

[3]Und keiner soll »Prior« genannt werden, sondern alle sollen schlechthin »Mindere Brüder« heißen. [4]Und *einer wasche des anderen Füße.*

(Kap. 7) Von der Weise zu dienen und zu arbeiten

[1]Keiner der Brüder, an welchen Orten sie auch bei anderen zum Dienen oder Arbeiten sich aufhalten, soll Kämmerer [noch] Kellermeister sein, noch überhaupt eine leitende Stelle in den Häusern derer innehaben, denen sie dienen. Auch sollen sie kein Amt übernehmen, das Ärgernis hervorrufen oder *ihrer Seele Schaden zufügen würde.* [2]Sie sollen vielmehr Mindere und allen untergeben sein, die im gleichen Hause sind.

[3]Und die Brüder, die arbeiten können, sollen arbeiten und das Handwerk ausüben, das sie verstehen, wenn es nicht gegen das Heil ihrer Seele ist und ehrbar ausgeübt werden kann. [4]Denn der Prophet sagt: »*Weil du die Mühen deiner Hände genießen wirst, bist du selig und wird es dir wohl ergehen*«. [5]Und der Apostel: »*Wer nicht arbeiten will, soll auch nicht essen*«. [6]Und: »*Ein jeder bleibe* bei dem Handwerk und Dienst, *in dem er berufen wurde*«.

[7]Und für die Arbeit können sie alles Notwendige annehmen außer Geld. [8]Und wenn es notwendig wird, mögen sie um Almosen bitten gehen wie andere Brüder. [9]Und es soll ihnen erlaubt sein, das für ihr Handwerk notwendige Werkzeug und Gerät zu haben.

[10]Omnes fratres *studeant bonis operibus insudare,* quia scriptum est: Semper *facito aliquid* boni, *ut te diabolus inveniat occupatum.* [11]Et iterum: »Otiositas inimica est animae«. [12]Ideo servi Dei semper orationi vel alicui bonae operationi insistere debent.

[13]Caveant sibi fratres, ubicumque fuerint, in eremis vel in aliis locis, quod nullum locum sibi approprient nec alicui defendant. [14]Et quicumque ad eos venerit, amicus vel adversarius, fur vel latro, benigne recipiatur.

[15]Et ubicumque sunt fratres et in quocumque loco se invenerint, spiritualiter et diligenter debeant se revidere et honorare ad »*invicem sine murmuratione*«.[16]Et caveant sibi, quod non se ostendant tristes extrinsecus et nubilosos hypocritas; sed ostendant se *gaudentes in Domino* [...], hilares et convenienter gratiosos.

(Cap. 8) Quod fratres non recipiant pecuniam

[1]Dominus praecipit in evangelio: *Videte* [*et*] *cavete ab omni* malitia et *avaritia*; [2]et: *Attendite vobis* a [sollicitudinibus] huius saeculi *et a curis huius vitae.*

[3]Unde nullus fratrum, ubicumque sit et quocumque vadit, aliquo modo tollat nec recipiat nec recipi faciat pecuniam aut denarios neque occasione vestimentorum nec librorum nec pro pretio alicuius laboris, immo nulla occasione, nisi propter manifestam necessitatem infirmorum fratrum; quia non debemus maiorem utilitatem habere et reputare in pecunia et denariis quam in lapidibus. [4]Et illos vult diabolus [obcaecare], qui eam appetunt vel reputant lapidibus meliorem. [5]Caveamus er-

15 1 Petr 4,9. 16 Vgl. Phil 4,4. **8** 1 Vgl. Lk 12,15. 2 Vgl. Lk 21,34.

[10]Alle Brüder »*sollen sich bemühen, mit Eifer gute Werke zu verrichten*«, denn es steht geschrieben: »*Sei immer dabei, etwas Gutes zu tun, damit der Teufel dich beschäftigt finde*«. [11]Und ebenso: »*Müßiggang ist der Seele Feind*«. [12]Daher müssen die Knechte Gottes immer dem Gebete oder einer guten Beschäftigung obliegen.

[13]Hüten sollen sich die Brüder, wo sie auch sein mögen, in Einsiedeleien oder an anderen Orten, sich den Ort anzueignen oder einem anderen streitig zu machen. [14]Und mag zu ihnen kommen, wer da will, Freund oder Feind, Dieb oder Räuber, so soll er gütig aufgenommen werden.

[15]Und wo die Brüder auch sind und an welchem Ort sie sich auch treffen, da müssen sie sich geistlich und aufmerksam wiedersehen und *einander ohne Murren* ehren. [16]Und sie sollen sich hüten, sich nach außen hin traurig und wie düstere Heuchler zu zeigen; vielmehr sollen sie sich als solche zeigen, die *sich im Herrn freuen,* heiter und liebenswürdig, wie es sich geziemt.

(Kap. 8) Dass die Brüder kein Geld annehmen sollen

[1]Der Herr befiehlt im Evangelium: »*Gebt acht und hütet euch vor jeglicher* Bosheit und *Habsucht*«; [2]und: »*Seid auf der Hut* vor dem geschäftigen Treiben dieser Welt und *vor den Sorgen dieses Lebens*«.

[3]Darum soll keiner der Brüder, wo er auch geht und steht, auf irgendeine Weise Geld oder Münzen bei sich haben oder annehmen oder annehmen lassen, weder für Kleider noch für Bücher noch als Lohn für eine Arbeit; nein, unter keinem Vorwand, es sei denn wegen der offenkundigen Notlage kranker Brüder; denn Geld oder Münzen dürfen für uns keinen größeren Nutzen haben, und wir dürfen sie nicht höher schätzen als Steine. [4]Und jene will der Teufel blenden, die nach Geld verlangen oder es für wertvoller halten als Steine. [5]Hüten wir uns

go nos, qui omnia [reliquimus], ne pro tam modico regnum caelorum perdamus. [6]Et si in aliquo loco inveniremus denarios, de his non curemus tamquam de pulvere, quem pedibus calcamus, quia »*vanitas vanitatum et omnia vanitas*«.

[7]Et si forte, quod absit, aliquem fratrem contigerit pecuniam vel denarios colligere vel habere, excepta solummodo praedicta infirmorum necessitate, omnes fratres [teneant] eum pro falso fratre [...] et fure et latrone et loculos habente, nisi vere poenituerit.

[8]Et nullo modo fratres recipiant nec recipi faciant nec quaerant nec quaeri faciant pecuniam [vel pecunie eleemosynam] neque denarios pro aliquibus domibus vel locis; neque cum persona pro talibus locis [pecuniam] vel denarios quaerente vadant; [9]alia autem servitia, quae non sunt contraria vitae nostrae, possunt fratres locis facere cum benedictione Dei. [10]Fratres tamen in manifesta necessitate leprosorum possunt pro eis quaerere eleemosynam. [11]Caveant tamen multum a pecunia. [12]Similiter caveant omnes fratres, ut pro nullo turpi lucro terras circueant.

(Cap. 9) De petenda eleemosyna

[1]Omnes fratres studeant sequi humilitatem et paupertatem Domini nostri Jesu Christi et recordentur, quod nihil aliud oportet nos habere de toto mundo, nisi, sicut dicit apostolus, *habentes alimenta et quibus tegamur, his contenti* [*simus*]. [2]Et debent gaudere, quando conversantur inter viles et despectas personas, inter pauperes et debiles[,] infirmos et leprosos et iuxta viam mendicantes.

5 Vgl. Mt 19,27. 6 Koh 1,2. 7 Vgl. Joh 12,6. **9** 1 Vgl. 1 Tim 6,8.

also, die wir alles verlassen haben, wegen etwas so Geringem das Himmelreich zu verlieren. [6]Und wenn wir irgendwo Geld finden sollten, wollen wir uns darum nicht mehr kümmern als um Staub, den wir mit Füßen treten, denn *es ist die Eitelkeit der Eitelkeiten, und alles ist Eitelkeit.*

[7]Und sollte es doch vorkommen – was ferne sei –, dass ein Bruder Geld berührt oder Münzen sammelt oder besitzt – ausgenommen allein die erwähnte Notlage der Kranken –, dann sollen alle Brüder ihn für einen falschen Bruder halten [und] für einen Dieb und Räuber und für den, der den Geldbeutel hat, falls er nicht aufrichtig Buße tut.

[8]Und auf keine Weise dürfen die Brüder Geld annehmen oder annehmen lassen, weder Geld noch Geldalmosen noch Münzen für irgendwelche Häuser oder Orte erbitten oder erbitten lassen. Sie sollen auch niemanden begleiten, der für solche Orte Geld oder Münzen sammelt. [9]Andere Dienste aber, die unserem Leben nicht zuwider sind, können die Brüder den Orten erweisen mit dem Segen Gottes. [10]Doch wenn Aussätzige in offenkundiger Notlage sind, können die Brüder für sie auch um Almosen bitten. [11]Sie sollen sich aber sehr vor dem Geld hüten. [12]Ebenso sollen alle Brüder sich hüten, um eines schnöden Gewinnes willen durch die Lande zu ziehen.

(Kap. 9) Vom Betteln um Almosen

[1]Alle Brüder sollen bestrebt sein, der Demut und Armut unseres Herrn Jesus Christus nachzufolgen. Und sie sollen beherzigen, dass wir von der ganzen Welt nichts anderes nötig haben als, wie der Apostel sagt, *Nahrung und Kleidung;* [*das soll uns genügen*]. [2]Und sie müssen sich freuen, wenn sie sich unter unbedeutenden und verachteten Leuten aufhalten, unter Armen und Schwachen, Kranken und Aussätzigen und Bettlern am Wege.

[3]Et cum necesse fuerit, vadant pro eleemosynis. [4]Et non verecundentur et magis recordentur, quia Dominus noster Jesus *Christus, Filius Dei vivi* omnipotentis, *posuit faciem* suam *ut petram durissimam*, nec verecundatus [est]; [5]et fuit pauper et hospes et vixit de eleemosynis ipse et beata Virgo et discipuli eius.

[6]Et quando facerent eis homines verecundiam et nollent eis dare eleemosynam, referant inde gratias Deo; quia de verecundiis recipient magnum honorem ante tribunal Domini nostri Jesu Christi. [7]Et sciant, quod verecundia non patientibus, sed inferentibus imputatur. [8]Et eleemosyna est hereditas et iustitia, quae debetur pauperibus, quam nobis acquisivit Dominus noster Jesus Christus. [9]Et fratres, qui eam acquirendo laborant, magnam mercedem habebunt et faciunt lucrari et acquirere tribuentes; quia omnia quae [homines relinquent] in mundo, peribunt, sed de caritate et [...] eleemosynis, quas fecerunt, habebunt praemium a Domino.

[10]Et secure manifestet unus alteri necessitatem suam, ut sibi necessaria inveniat et ministret. [11]Et quilibet diligat et nutriat fratrem suum, sicut mater diligit et nutrit filium suum, in quibus ei Deus gratiam largietur. [12]Et [»*qui manducat non manducantem non spernat, et qui non manducat*] *manducantem non iudicet*«.

[13]Et quandocumque necessitas supervenerit, liceat universis fratribus, ubicumque fuerint, uti omnibus cibis, quos possunt homines manducare, sicut Dominus dicit de David, qui *comedit panes propositionis, quos non licebat manducare nisi sacerdotibus.* [14]Et recordentur, quod dicit Dominus: *Attendite autem vobis ne forte graventur corda vestra in crapula et ebrietate et curis huius vitae et superveniat* in vobis *repentina dies illa;*

4 Joh 11,27; Jes 50,7. 11 Vgl. 1 Thess 2,7. 12 Röm 14,3b. 13 Vgl. Mt 12,4; Mk 2,26.

3Und wenn es notwendig werden sollte, mögen sie um Al-
mosen bitten gehen. 4Und sie sollen sich nicht schämen, viel-
mehr daran denken, dass unser Herr Jesus *Christus, der* Sohn
des lebendigen Gottes, des Allmächtigen, sein *Antlitz wie den*
härtesten Felsen gemacht hat und sich nicht geschämt hat. 5Und
er ist arm gewesen und Gast und hat von Almosen gelebt, er
selbst und die selige Jungfrau und seine Jünger.

6Und wenn ihnen die Menschen Schmach antun würden
und ihnen kein Almosen geben wollten, dann sollen sie Gott
dafür danken; denn für solche Schmach werden sie große Ehre
vor dem Richterstuhl unseres Herrn Jesus Christus erhalten.
7Und sie sollen wissen, dass die Schmach nicht denen ange-
rechnet wird, die sie erleiden, sondern denen, die sie zufügen.
8Und das Almosen ist das Erbe und die Gerechtigkeit, die den
Armen zusteht und die uns unser Herr Jesus Christus erwor-
ben hat. 9Und die Brüder, die sich abmühen, es zu sammeln,
werden großen Lohn erhalten, und sie bewirken, dass auch die
Spender ihn gewinnen und erwerben, denn alles, was die
Menschen in der Welt zurücklassen, wird vergehen, aber von
der Wohltätigkeit und den Almosen, die sie gegeben haben,
werden sie ihren Lohn haben vom Herrn.

10Und vertrauensvoll soll einer dem anderen seine Not of-
fenbaren, damit er ihm das Notwendige ausfindig mache und
verschaffe. 11Und jeder liebe und nähre seinen Bruder, wie eine
Mutter ihren Sohn liebt und nährt; dabei wird Gott ihm Gnade
schenken. 12Und *wer isst, verachte den nicht, der nicht isst; und*
wer nicht isst, verurteile den nicht, der isst.

13Und wenn einmal Not über sie kommt, soll es allen Brü-
dern, wo sie auch sein mögen, erlaubt sein, sich aller Speisen
zu bedienen, die Menschen essen können, wie der Herr von
David sagt, der *die Schaubrote* aß, *welche nur die Priester essen*
durften. 14Und sie sollen beherzigen, was der Herr sagt: »*Achtet*
aber auf euch selbst, dass eure Herzen nicht etwa durch Völlerei

[15]*tamquam [laqueus enim superveniat] in omnes, qui sedent super faciem* orbis *terrae.*

[16]Similiter etiam tempore manifestae necessitatis faciant omnes fratres de eorum necessariis, sicut eis Dominus gratiam largietur, quia *necessitas non habet legem.*

(Cap. 10) De infirmis fratribus

[1]Si quis fratrum in [infirmitatem] ceciderit, ubicumque fuerit, alii fratres non dimittant eum, nisi constituatur unus de fratribus vel plures, si necesse fuerit, qui serviant ei, sicut *vellent sibi serviri;* [2]sed in maxima necessitate possunt ipsum dimittere alicui personae quae suae debeat satisfacere infirmitati.

[3]Et rogo fratrem infirmum, ut referat de omnibus gratias Creatori; et [...] qualem vult eum Dominus talem se esse desideret sive sanum sive infirmum, quia omnes, quos Deus *ad vitam praeordinavit aeternam,* flagellorum atque infirmitatum stimulis et compunctionis [spirito] erudit, sicut Dominus dicit: »*Ego quos amo [arguo] et castigo*«.

[4][Si autem] quis turbabitur vel irascetur sive contra Deum sive contra fratres, vel si forte sollicite postulaverit medicinas nimis desiderans liberare carnem cito morituram, quae est animae inimica, a malo sibi evenit et carnalis est, et non videtur esse de fratribus, quia plus diligit corpus quam animam.

15 Vgl. Lk 21,34–35. **10** 1 Vgl. Mt 7,12. 3 Vgl. Apg 13,48; Offb 3,19.

und Trunkenheit und von den Sorgen dieses Lebens beschwert werden und jener Tag nicht unversehens über euch hereinbricht; [15]*denn wie eine Schlinge* [nämlich] *wird er über alle kommen, die den Erdkreis bewohnen«.*

[16]Ähnlich dürfen auch alle Brüder mit dem für sie Notwendigen zur Zeit offenkundiger Not verfahren, wie ihnen der Herr die Gnade schenkt; denn *Not hat kein Gebot.*

(Kap. 10) Von den kranken Brüdern

[1]Wenn einer der Brüder schwer krank werden sollte, mag er sein wo auch immer, dann sollen die anderen Brüder ihn nicht verlassen, ohne einen oder, wenn notwendig, mehrere Brüder bestimmt zu haben, die ihm dienen, wie *sie selber bedient werden wollten.* [2]Im äußersten Notfall können sie ihn einer Person anvertrauen, die sich seiner Krankheit annehmen soll.

[3]Und ich bitte den kranken Bruder, für alles dem Schöpfer Dank zu sagen, und er möge so zu sein verlangen, wie der Herr ihn will, gesund oder krank. Denn alle, die Gott *zum ewigen Leben vorherbestimmt hat,* die unterweist er durch Stacheln von Schlägen und Krankheiten und durch den Geist der Reue, wie der Herr sagt: »*Die ich liebe, weise ich zurecht und züchtige sie*«.

[4]Wenn er sich hingegen aufregt oder in Zorn gerät, sei es gegen Gott oder gegen die Brüder, oder wenn er vielleicht aufdringlich Arzneien fordert, da er zu sehr sein Fleisch zu befreien begehrt, das doch bald sterben wird und ein Feind der Seele ist, dann kommt ihm das vom Bösen, und er ist fleischlich und scheint nicht zu den Brüdern zu gehören, weil er den Leib mehr liebt als die Seele.

(Cap. 11) Quod fratres non blasphement nec detrahant, sed diligant se ad invicem

[1]Et omnes fratres caveant sibi, ut non calumnientur [aliquem] neque contendant verbis, [2]immo studeant retinere silentium, quandocumque eis [Dominus] gratiam largietur. [3]Neque litigent inter se neque cum aliis, sed procurent humiliter [rispondere] dicentes: [*Inutiles servi sumus*].

[4]Et non irascantur, *quia omnis qui irascitur fratri suo, reus erit iudicio; qui* [*autem*] *dixerit fratri suo raca, reus erit concilio; qui* [*autem*] *dixerit fatue, reus erit gehennae ignis.*

[5]Et diligant se ad invicem sicut dicit Dominus: »*Hoc est praeceptum meum, ut diligatis invicem, sicut dilexi vos*«. [6]Et ostendant ex operibus dilectionem, quam habent ad invicem, sicut dicit apostolus: »*Non diligamus verbo neque lingua, sed opere et veritate*«.

[7]Et *neminem blasphement*; [8]non murmurent, non detrahant aliis, quia scriptum est: *Susurrones* et *detractores* Deo sunt *odibiles.* [9]Et sint modesti *omnem ostendentes mansuetudinem ad omnes homines*; [10]non iudicent, non condemnent. [11]Et, sicut dicit Dominus, non considerent minima peccata aliorum, [12]immo magis sua recogitent *in amaritudine animae suae.* [13]Et contendant *intrare per angustam portam*, [14]quia dicit Dominus: »*Angusta porta et arcta via est, quae ducit ad vitam; et pauci sunt, qui inveniunt eam*«.

11 1 Vgl. 2 Tim 2,14. 3 Vgl. Lk 17,10. 4 Mt 5,22. 5 Joh 15,12. 6 Vgl. Jak 2,18; 1 Joh 3,18. 7 Vgl. Tit 3,2. 8 Vgl. Röm 1,29. 9 Vgl. Tit 3,2. 11 Vgl. Mt 7,3; Lk 6,41. 12 Jes 38,15. 13 Lk 13,24. 14 Mt 7,14.

(Kap. 11) Dass die Brüder nicht lästern und nicht verleumden, sondern sich gegenseitig lieben sollen

[1]Und alle Brüder sollen sich hüten, [jemanden] zu verleumden
und sich in Wortgezänk einzulassen; [2]vielmehr sollen sie be-
müht sein, Schweigen zu bewahren, wann immer ihnen [der
Herr] die Gnade geben wird. [3]Auch sollen sie nicht untereinan-
der oder mit anderen herumstreiten, sondern bemüht sein, de-
mütig zu antworten und zu sagen: *Wir sind unnütze Knechte.*

[4]Und sie sollen nicht zürnen, weil *jeder, der seinem Bruder
zürnt, dem Gerichte verfallen wird. Wer [aber] zu seinem Bru-
der sagt: »Taugenichts!«, wird dem Spruch des Hohen Rates ver-
fallen. Wer [aber] zu ihm sagt: »Narr!«, wird dem Feuer der Höl-
le verfallen.*

[5]Und sie sollen sich gegenseitig lieben, wie der Herr sagt:
*»Das ist mein Gebot, dass ihr einander liebt, wie ich euch geliebt
habe«.* [6]Und sie sollen die Liebe, die sie zueinander haben, im
Handeln zeigen, wie der Apostel sagt: *»Lasst uns nicht mit dem
Wort und der Zunge lieben, sondern in Tat und Wahrheit«.*

[7]Und *sie sollen niemanden beschimpfen*; [8]sie sollen nicht
murren, andere nicht verleumden, denn es steht geschrieben:
»[Einflüsterer] und Verleumder sind Gott verhasst«. [9]Und sie sei-
en *bescheiden und sollen allen Menschen jegliche Sanftmut er-
weisen.* [10]Sie sollen nicht richten, nicht verdammen. [11]Und wie
der Herr sagt, sollen sie die geringsten Sünden anderer nicht in
Betracht ziehen; [12]stattdessen sollen sie mehr die eigenen *in der
Bitterkeit ihrer Seele* überdenken. [13]Und *sie sollen sich bemühen,
durch die enge Pforte einzutreten,* [14]denn der Herr sagt: *»Eng ist
die Pforte und schmal der Weg, der zum Leben führt; und nur
wenige sind es, die ihn finden«.*

(Cap. 12) De malo visu et frequentia mulierum

[1]Omnes fratres, ubicumque sunt vel vadunt, caveant sibi a malo visu et frequentia mulierum. [2]Et nullus cum eis consilietur aut per viam vadat solus aut ad mensam in una paropside comedat. [3]Sacerdotes honeste loquantur cum eis dando poenitentiam vel [aliquod] spirituale consilium. [4]Et nulla penitus mulier ab aliquo fratre recipiatur ad obedientiam, sed dato sibi consilio spirituali, ubi voluerit agat poenitentiam.

[5]Et multum omnes nos custodiamus et omnia membra nostra munda teneamus, quia dicit Dominus: »[*Omnis*] *qui viderit mulierem ad concupiscendam eam, iam moechatus est eam in corde suo*«. [6]Et apostolus: *An* ignoratis, quia *membra vestra templum sunt Spiritus Sancti?*; [7]itaque qui *templum Dei violaverit, disperdet illum Deus.*

(Cap. 13) De vitanda fornicatione

[1]Si quis fratrum diabolo instigante fornicaretur, [habitum quem ex] sua turpi iniquitate amisit, [...] ex toto deponat et a nostra religione penitus [expellatur]. [2]Et postea poenitentiam faciat de peccatis.

(Cap. 14) Quomodo fratres debeant ire per mundum

[1]Quando fratres vadunt per mundum, *nihil* portent per viam *neque* sacculum *neque peram neque panem neque pecuniam neque virgam.* [2]Et *in quamcumque domum* intraverint, dicant *primum: Pax huic domui.* [3]Et *in eadem domo* manentes edant et bibant *quae apud illos sunt.*

12 5 Mt 5,28. 6 Vgl. 1 Kor 6,19. 7 1 Kor 3,17. **13** 2 Vgl. 1 Kor 5,4–5.
14 1 Vgl. Lk 9,3; 10,4; Mt 10,10. 2 Vgl. Lk 10,5. 3 Vgl. Lk 10,7.

(Kap. 12) Vom unlauteren Blick und Umgang mit Frauen

[1]Alle Brüder, wo sie auch gehen oder stehen, sollen sich in acht nehmen vor unlauteren Blicken und dem Umgang mit Frauen. [2]Und keiner soll allein mit ihnen beraten oder des Weges ziehen oder bei Tisch mit ihnen aus einer Schüssel essen. [3]Die Priester sollen ehrbar mit ihnen sprechen, wenn sie ihnen die Buße oder sonst einen geistlichen Rat erteilen. [4]Und auf keinen Fall darf eine Frau von einem Bruder in ein Gehorsamsverhältnis aufgenommen werden, sondern nachdem er ihr einen geistlichen Rat erteilt hat, mag sie Buße tun, wo sie will.

[5]Und wir müssen alle sehr auf uns aufpassen und alle unsere Glieder rein bewahren, denn der Herr sagt: »*Jeder, der eine Frau anschaut, um sie zu begehren, hat schon in seinem Herzen Ehebruch mit ihr begangen*«. [6]Und der Apostel: »*Oder wisst ihr nicht, dass eure Glieder ein Tempel des Heiligen Geistes sind?*« [7]Darum: »*Wer den Tempel Gottes entweiht, den wird Gott vernichten*«.

(Kap. 13) Vom Meiden der Unzucht

[1]Wenn ein Bruder auf Anreiz des Teufels Unzucht treiben sollte, dann soll er den Habit, den er durch seine abscheuliche Freveltat verloren hat, ganz ablegen und vollends aus unserem Orden ausgestoßen werden. [2]Und danach mag er Buße tun für die Sünden.

(Kap. 14) Wie die Brüder durch die Welt ziehen sollen

[1]Wenn die Brüder durch die Welt ziehen, sollen sie unterwegs nichts bei sich tragen, *weder Beutel noch Tasche noch Brot noch Geld noch Stab.* [2]Und *wenn sie ein Haus betreten, sollen sie zuerst sagen: »Friede diesem Hause!«* [3]Und solange sie *in diesem Haus* bleiben, mögen sie essen und trinken, *was die Menschen dort haben.*

[4]*Non* resistant *malo*, sed [si quis eos in maxillam] percusserit, praebeant [ei] *et alteram.* [5]Et *qui aufert eis vestimentum,* [*etiam*] *tunicam* non prohibeant. [6]*Omni petenti* se tribuant; et [si quis] *aufert* [ea] *quae sua sunt,* non repetant.

(Cap. 15) Quod fratres non equitent

[1]Iniungo omnibus fratribus meis tam clericis quam laicis euntibus per mundum vel morantibus in locis, quod nullo modo apud se nec apud alium nec alio aliquo modo bestiam aliquam habeant.

[2]Nec [etiam] eis liceat equitare, nisi infirmitate vel magna necessitate cogantur.

(Cap. 16) De euntibus inter saracenos et alios infideles

[1]Dicit Dominus: »*Ecce ego mitto vos sicut oves in medio luporum.* [2]*Estote ergo prudentes sicut serpentes et simplices sicut columbae*«.

[3]Unde quicumque [fratrum divina inspiratione] voluerit ire inter saracenos et alios infideles, vadat de licentia sui ministri et servi. [4]Minister [vero] det eis licentiam et non contradicat, si viderit eos [esse] idoneos ad mittendum; nam tenebitur Domino reddere rationem, si in hoc vel in aliis processerit indiscrete.

[5]Fratres vero, qui vadunt, duobus modis inter eos possunt spiritualiter conversari. [6]Unus modus est, quod non faciant lites neque contentiones, sed sint subditi *omni humanae creaturae propter Deum* et confiteantur se esse christianos.

4 Vgl. Mt 5,39; Lk 6,29. 5 Vgl. Lk 6,29. 6 Vgl. Lk 6,30. **16** 2 Mt 10,16. 4 Vgl. Lk 16,2. 6 1 Petr 2,13.

[4]*Sie sollen dem Bösen nicht* widerstehen, sondern wenn sie jemand auf die eine Wange schlägt, sollen sie ihm *auch die andere* hinhalten. [5]Und *wer ihnen das Kleid wegnimmt, dem sollen sie auch das Hemd* nicht verweigern. [6]*Jedem, der sie bittet,* sollen sie geben; *und wer wegnimmt, was ihnen gehört,* von dem sollen sie es nicht zurückfordern.

(Kap. 15) Dass die Brüder nicht zu Pferde reiten sollen

[1]Ich gebiete allen meinen Brüdern, Klerikern wie Laien, mögen sie durch die Welt ziehen oder in Niederlassungen weilen, auf keinen Fall bei sich oder bei einem anderen oder auf sonst eine Weise ein Tier zu halten.

[2]Es soll ihnen auch nicht gestattet sein, zu Pferd zu reiten, wenn sie nicht durch Schwäche oder große Not dazu gezwungen sind.

(Kap. 16) Von denen, die unter die Sarazenen und andere Ungläubige gehen

[1]Der Herr sagt: »*Seht, ich sende euch wie Schafe mitten unter Wölfe.* [2]*Seid daher klug wie Schlangen und einfältig wie Tauben*«.

[3]Daher soll jeder [der Brüder], der auf göttliche Eingebung hin unter die Sarazenen und andere Ungläubige gehen will, mit der Erlaubnis seines Ministers und Dieners gehen. [4]Der Minister aber soll ihnen ohne Widerspruch die Erlaubnis geben, wenn er sieht, dass sie zur Mission tauglich sind; denn er wird dem Herrn Rechenschaft ablegen müssen, wenn er hierin oder in anderen Dingen unüberlegt vorgegangen ist.

[5]Die Brüder, die dann hinausziehen, können in zweifacher Weise unter ihnen geistlich wandeln. [6]Eine Art besteht darin, dass sie weder zanken noch streiten, sondern *um Gottes willen jeder menschlichen Kreatur* untertan sind und bekennen, dass sie Christen sind.

[7]Alius modus est, quod, cum viderint placere [Deo], annuntient verbum Dei, ut credant [in] Deum omnipotentem, Patrem et Filium et Spiritum Sanctum, creatorem omnium, redemptorem et salvatorem Filium, et ut baptizentur et efficiantur christiani, quia [*nisi*] *quis renatus* [...] *fuerit ex aqua et Spiritu Sancto, non potest intrare in regnum Dei.*

[8]Haec et alia, quae placuerint Domino, ipsis et aliis dicere possunt, quia dicit Dominus in evangelio: »*Omnis, qui confitebitur me coram hominibus, confitebor et ego eum coram Patre meo, qui in caelis est*«. [9]Et: »*Qui erubuerit me et sermones meos,* [*hunc*] *Filius hominis erubescet* [...], *cum venerit in maiestate sua et Patris et* [*sanctorum*] *angelorum*«.

[10]Et omnes fratres, ubicumque sunt, recordentur, quod dederunt se et reliquerunt corpora sua Domino [nostro] Jesu Christo. [11]Et pro eius amore debent se exponere inimicis tam visibilibus quam invisibilibus; quia dicit Dominus: »*Qui perdiderit animam suam propter me, salvam faciet* eam *in vitam aeternam*«. [12]»*Beati qui persecutionem patiuntur propter iustitiam, quoniam ipsorum est regnum caelorum*«. [13]»*Si me persecuti sunt, et vos persequentur*«. [14][...] Si persequuntur *vos in* una *civitate, fugite in aliam.* [15]*Beati estis, cum vos oderint homines* et *maledixerint vobis* et persequentur vos et *separaverint vos et exprobraverint et eiecerint nomen vestrum tamquam malum* et cum *dixerint omne malum adversum vos mentientes propter me.* [16]*Gaudete in illa die et exsultate, quoniam merces vestra* multa *est in caelis.* [17][*Dico autem*] *vobis amicis meis,* [*ne*] *terreamini ab his,* [18]*et nolite timere eos qui occidunt corpus et post hoc non habent amplius quid faciant.* [19]*Videte, ne turbemini.* [20]*In patientia* [...] *vestra possidebitis animas vestras*; [21]qui [*autem*] *perseveraverit usque in finem, hic salvus erit.*

7 Vgl. Joh 3,5. 8 Mt 10,32. 9 Vgl. Lk 9,26. 11 Vgl. Lk 9,24; Mt 25,46. 12 Mt 5,10. 13 Joh 15,20. 14 Vgl. Mt 10,23. 15 Mt 5,11; Lk 6,22. 16 Lk 6,23; vgl. Mt 5,12. 17 Vgl. Lk 12,4. 18 Mt 10,28; Lk 12,4. 19 Mt 24,6. 20 Lk 21,19. 21 Mt 10,22; 24,13.

[7]Die andere Art ist die, dass sie, wenn sie sehen, dass es [Gott] gefällt, das Wort Gottes verkünden, damit jene an den allmächtigen Gott glauben, den Vater und den Sohn und den Heiligen Geist, den Schöpfer aller Dinge, an den Sohn, den Erlöser und Retter, und sich taufen lassen und Christen werden; denn *wer nicht wiedergeboren wird aus Wasser und Heiligem Geist, kann nicht in das Reich Gottes* eingehen.

[8]Dieses und anderes, was dem Herrn gefällt, können sie ihnen und anderen sagen, denn der Herr sagt im Evangelium: »*Jeder, der mich vor den Menschen bekennen wird, den werde auch ich vor meinem Vater bekennen, der im Himmel ist*«. [9]Und: »*Wer sich meiner und meiner Worte schämt, dessen wird sich auch der Menschensohn schämen, wenn er in seiner und des Vaters und der heiligen Engel Herrlichkeit kommen wird*«.

[10]Und alle Brüder, wo sie auch sind, sollen beherzigen, dass sie sich unserem Herrn Jesus Christus übergeben und ihm ihre Leiber überlassen haben. [11]Und um seiner Liebe willen müssen sie sich den sichtbaren wie den unsichtbaren Feinden aussetzen; denn der Herr sagt: »*Wer sein Leben um meinetwillen verliert, wird es retten zum ewigen Leben*«. [12]»*Selig, die Verfolgung leiden um der Gerechtigkeit willen, denn ihrer ist das Himmelreich*«. [13]»*Wenn sie mich verfolgt haben, werden sie auch euch verfolgen*«. [14][…] *Wenn sie euch in einer Stadt verfolgen, flieht in eine andere.* [15]*Selig seid ihr*, wenn euch die Menschen hassen *und euch schmähen und verfolgen und euch ausstoßen und verhöhnen und euren Namen schlechtmachen und wenn sie euch fälschlich alles Böse nachsagen um meinetwillen.* [16]*Freut euch an jenem Tage und jubelt*, denn reich ist euer Lohn im Himmel. [17]*Ich sage aber euch, meinen Freunden: Lasst euch von diesen nicht erschrecken* [18]*und fürchtet jene nicht, die den Leib töten und danach euch nichts weiter antun können.* [19]*Seht zu, dass ihr nicht in Verwirrung geratet.* [20]*In eurer Geduld werdet ihr eure Seelen besitzen.* [21]*Wer aber ausharrt bis ans Ende, der wird gerettet werden.*

(Cap. 17) De praedicatoribus

[1]Nullus [fratrum] praedicet contra formam et institutionem sanctae Ecclesiae et nisi concessum sibi fuerit a ministro suo. [2][...] Caveat [vero] sibi minister, ne alicui indiscrete concedat. [3]Omnes tamen fratres operibus praedicent. [4]Et nullus minister vel praedicator appropriet sibi ministerium fratrum vel officium praedicationis, sed quacumque hora ei iniunctum fuerit, sine omni contradictione dimittat suum officium.

[5]Unde deprecor in caritate, quae Deus est, omnes fratres meos praedicatores, oratores, laboratores, tam clericos quam laicos, ut studeant se humiliare in omnibus, [6]non gloriari nec in se gaudere nec interius se exaltare de bonis verbis et operibus, immo de nullo bono, quod Deus facit vel dicit et operatur in eis aliquando et per ipsos, secundum quod dicit Dominus: »*Verumtamen in hoc nolite gaudere, quia spiritus vobis subiciuntur*«.

[7]Et firmiter sciamus, [quod] non pertinent ad nos nisi vitia et peccata. [8]Et magis debemus gaudere, *cum in tentationes varias* incideremus et cum [sustinemus] quascumque animae vel corporis angustias aut tribulationes in hoc mundo propter vitam aeternam.

[9]Omnes ergo fratres caveamus ab omni superbia et vana gloria; [10][...] custodiamus nos a sapientia huius mundi et a *prudentia carnis*; [11]spiritus enim carnis vult et studet multum ad verba habenda, sed parum ad operationem, [12]et quaerit non religionem et sanctitatem [interiorem spiritus]; sed vult et desiderat [...] religionem et sanctitatem foris apparentem hominibus. [13]Et isti sunt, de quibus dicit Dominus: »*Amen dico vobis, receperunt mercedem suam*«.

17 5 Vgl. 1 Joh 4,16. 6 Lk 10,20. 8 Vgl. Jak 1,2. 10 Röm 8,6. 13 Mt 6,2.

(Kap. 17) Von den Predigern

[1]Keiner der Brüder soll gegen Vorschrift und Anordnung der heiligen Kirche predigen und nur, wenn es ihm von seinem Minister erlaubt ist. [2]Der Minister hüte sich jedoch, jemandem unüberlegt die Erlaubnis zu erteilen. [3]Alle Brüder sollen jedoch durch Werke predigen. [4]Und kein Minister oder Prediger soll sich das Amt des Ministers (der Brüder) oder das der Predigt aneignen, sondern zu jeder Zeit, wenn es ihm befohlen wird, soll er ohne jeden Widerspruch auf sein Amt verzichten.

[5]Daher bitte ich in der Liebe, die Gott ist, alle meine Brüder, ob sie nun predigen, beten oder arbeiten, sowohl die Kleriker wie die Laien, dass sie danach trachten, sich in allem zu demütigen, [6]sich nicht zu rühmen, weder selbstgefällig zu sein noch innerlich sich zu erheben wegen guter Worte und Werke, überhaupt über gar nichts Gutes, das Gott bisweilen in ihnen und durch sie tut oder spricht und wirkt, gemäß dem Wort des Herrn: »Doch *freut euch* nicht *darüber, dass euch die Geister unterworfen* sind«.

[7]Und wir sollen fest überzeugt sein, dass nur Laster und Sünden zu uns gehören. [8]Und wir müssen uns mehr freuen, *wenn wir in mancherlei Versuchungen geraten* und wenn wir in dieser Welt um des ewigen Lebens willen vielerlei Ängste und Trübsale an Seele und Leib ertragen.

[9]Darum wollen wir Brüder uns alle hüten vor jeglichem Stolz und eitlem Ruhm. [10][…] Wir wollen uns in acht nehmen vor der Weisheit dieser Welt und vor *der Klugheit des Fleisches.* [11]Denn der Geist des Fleisches drängt und treibt sehr an, Worte zu machen, wenig aber zum Wirken. [12]Und er sucht nicht die Frömmigkeit und innere Heiligkeit des Geistes, sondern will und ersehnt eine Frömmigkeit und Heiligkeit, die nach außen hin den Menschen auffällt. [13]Und das sind jene, von denen der Herr sagt: »Wahrlich, *ich sage euch, sie haben ihren Lohn schon empfangen*«.

[14]Spiritus autem Domini vult mortificatam et despectam, vilem et abiectam [et opprobriosam] esse carnem. [15]Et studet ad humilitatem et patientiam et puram [simplicitatem] et veram pacem spiritus. [16]Et semper super omnia desiderat divinum timorem et divinam sapientiam et divinum amorem Patris et Filii et Spiritus Sancti.

[17]Et omnia bona Domino Deo altissimo et summo reddamus et omnia bona ipsius esse [recognoscamus] et de omnibus ei gratias referamus, a quo bona cuncta procedunt.

[18]Et ipse altissimus et summus, solus verus Deus habeat et ei reddantur et ipse recipiat omnes honores et reverentias, omnes laudes et benedictiones, omnes gratias et [omnem] gloriam, cuius est omne bonum, qui solus est bonus.

[19]Et quando videmus vel audimus malum [dici] vel [fieri] vel [blasphemari] Deum, nos bene dicamus et bene faciamus et laudemus Deum, *qui est benedictus in saecula.*

(Cap. 18) Qualiter ministri conveniant ad invicem

[1]Quolibet anno unusquisque minister cum fratribus suis possit convenire, ubicumque placuerit eis, in festo sancti Michaelis archangeli de his quae ad Deum pertinent, tractaturus. [2]Omnes [autem] ministri, qui sunt in ultramarinis et ultramontanis partibus, semel in tribus annis, et alii ministri semel in anno veniant ad capitulum [in Pentecoste] apud ecclesiam sanctae Mariae de Portiuncula, nisi a ministro et servo totius fraternitatis aliter fuerit ordinatum.

18 Vgl. Lk 18,19. 19 Vgl. Röm 12,21; 1,25.

[14]Der Geist des Herrn aber will, dass das Fleisch abgetötet und verachtet sei, unbedeutend [und] unbeachtet und schändlich. [15]Und er strebt nach Demut und Geduld, nach reiner Einfalt und dem wahren Frieden des Geistes. [16]Und über alles ersehnt er stets die Gottesfurcht und die göttliche Weisheit und die göttliche Liebe des Vaters und des Sohnes und des Heiligen Geistes.

[17]Und alles Gute wollen wir dem Herrn, dem erhabensten und höchsten Gott, zurückerstatten und alles Gute als sein Eigentum anerkennen und für alles Dank sagen ihm, von dem alles Gute herkommt.

[18]Und er, der erhabenste und höchste, einzige wahre Gott, möge erhalten, und ihm sollen erwiesen werden, und er möge empfangen alle Ehren und Ehrenbezeugungen, alle Loblieder und Preisungen, allen Dank und alle Herrlichkeit, er, dem jegliches Gute gehört und *der allein gut ist.*

[19]Und wenn wir sehen oder hören, wie man Böses sagt oder tut oder Gott lästert, dann wollen wir Gutes sagen und Gutes tun und Gott loben, *der gepriesen ist in Ewigkeit.*

(Kap. 18) Wie die Minister zusammenkommen sollen

[1]Alljährlich kann jeder Minister mit seinen Brüdern am Fest des heiligen Erzengels Michael zusammenkommen, wo immer es ihnen gefällt, um das zu behandeln, was sich auf Gott bezieht. [2]Alle Minister aber, die in den Gebieten jenseits des Meeres und jenseits (d. h. nördlich) der Alpen sind, sollen einmal in drei Jahren und die anderen Minister einmal im Jahr zum Pfingstkapitel bei der Kirche der heiligen Maria von Portiunkula kommen, falls es nicht vom Minister und Diener der gesamten Bruderschaft anders angeordnet wird.

(Cap. 19) Quod fratres vivant catholice

[1]Omnes fratres sint catholici, vivant et loquantur catholice. [2]Si quis vero erraverit a fide et vita catholica in dicto vel in facto et non se emendaverit, a nostra fraternitate penitus expellatur.

[3]Et omnes clericos et omnes religiosos habeamus pro dominis in his quae spectant ad salutem animae et a nostra religione non [deviant]; [4]et ordinem et officium eorum et administrationem in Domino veneremur.

(Cap. 20) De poenitentia et receptione corporis et sanguinis Domini nostri Jesu Christi

[1][…] Fratres mei benedicti tam clerici quam laici confiteantur peccata sua sacerdotibus nostrae religionis. [2]Et si non [poterunt], confiteantur aliis discretis et catholicis sacerdotibus scientes firmiter et attendentes, [quod] a quibuscumque sacerdotibus catholicis acceperint poenitentiam et absolutionem, absoluti erunt procul dubio ab illis peccatis, si poenitentiam sibi iniunctam procuraverint humiliter et fideliter observare.

[3]Si vero tunc [sacerdotem habere non poterunt], confiteantur fratri suo, sicut dicit apostolus Jacobus: »*Confitemini alterutrum peccata vestra*«. [4]Non tamen [ob] hoc dimittant recurrere ad [sacerdotes], quia potestas ligandi et solvendi solis sacerdotibus est concessa. [5]Et sic contriti et confessi sumant corpus et sanguinem Domini nostri Jesu Christi cum magna humilitate et veneratione recordantes, quod [ipse] Dominus dicit: *Qui manducat* carnem meam *et bibit* sanguinem meum *habet vitam aeternam*; [6]et: »*Hoc facite in meam commemorationem*«.

20 3 Jak 5,16. 5 Vgl. Joh 6,54. 6 Lk 22,19.

(Kap. 19) Dass die Brüder katholisch leben sollen

[1]Alle Brüder sollen katholisch sein, katholisch leben und reden. [2]Wenn aber einer in Wort oder Werk vom katholischen Glauben und Leben abirren sollte und sich nicht bessert, soll er aus unserer Bruderschaft gänzlich ausgestoßen werden.

[3]Und alle Kleriker und alle Ordensleute sollen wir als Herren betrachten in den Dingen, die das Heil der Seele angehen und nicht von unserer Lebensart abweichen. [4]Und ihrer Weihe und ihrem Amt und Dienst wollen wir im Herrn Ehrfurcht erweisen.

(Kap. 20) Von der Beichte und dem Empfang des Leibes und Blutes unseres Herrn Jesus Christus

[1][...] Meine [gesegneten] Brüder, seien sie Kleriker oder Laien, sollen ihre Sünden Priestern unseres Ordens beichten. [2]Und wenn sie das nicht können, mögen sie bei anderen besonnenen und katholischen Priestern beichten; dabei sollen sie fest wissen und beachten: Von welchen katholischen Priestern auch immer sie Buße und Lossprechung erhalten haben, sind sie ohne Zweifel von jenen Sünden losgesprochen, wenn sie sich bemüht haben, die ihnen auferlegte Buße demütig und getreu zu verrichten.

[3]Wenn sie aber gerade keinen Priester haben können, mögen sie ihrem Bruder beichten, wie der Apostel Jakobus sagt: »*Bekennt einander eure Sünden*«. [4]Doch dürfen sie deswegen nicht unterlassen, sich (später) an [Priester] zu wenden, weil die Binde- und Lösegewalt allein den Priestern übertragen ist. [5]Und nach solcher Reue und Beichte sollen sie den Leib und das Blut unseres Herrn Jesus Christus mit großer Demut und Verehrung empfangen, eingedenk, dass der Herr [selbst] sagt: »*Wer mein Fleisch isst* und *mein Blut trinkt, hat das ewige Leben*«; [6]und: »*Tut dies zu meinem Gedächtnis*«.

(Cap. 21) De laude et exhortatione, quam possunt omnes fratres facere

[1]Et hanc vel talem exhortationem et laudem omnes fratres mei, quandocumque placuerit eis, annuntiare possunt inter quoscumque homines cum benedictione Dei:

[2]Timete et honorate, laudate et benedicite, *gratias agite* et adorate Dominum Deum omnipotentem in trinitate et unitate, Patrem et Filium et Spiritum Sanctum, creatorem omnium.

[3]Agite poenitentiam, *facite dignos fructus poenitentiae*, quia [scitote quod] cito moriemur. [4]»*Date et dabitur vobis*«. [5]*Dimittite et* dimittetur vobis. [6]Et *si non dimiseritis hominibus peccata eorum*, Dominus non *dimittet vobis peccata vestra*; *confitemini* omnia *peccata vestra*. [7]Beati qui moriuntur in poenitentia, quia erunt in regno caelorum. [8]Vae illis qui non moriuntur in poenitentia, quia erunt *filii diaboli*, cuius opera faciunt et ibunt *in ignem aeternum*. [9]Cavete et abstinete ab omni malo et perseverate usque in finem in bono.

(Cap. 22) De admonitione fratrum

[1]Attendamus omnes fratres quod dicit Dominus: *Diligite inimicos vestros* et *benefacite his qui oderunt vos*, [2][nam et] Dominus noster Jesus Christus, cuius sequi vestigia debemus, traditorem suum vocavit amicum et crucifixoribus suis sponte se obtulit. [3]Amici igitur nostri sunt omnes illi qui nobis iniuste inferunt tribulationes et angustias, verecundias et iniurias, dolores et tormenta, martyrium et mortem; [4]quos multum diligere debemus, quia ex hoc quod nobis inferunt, habemus vitam aeternam.

21 2 1 Thess 5,18. 3 Vgl. Mt 3,2; Lk 3,8. 4 Lk 6,38. 5 Vgl. Lk 6,37. 6 Mt 6,15; Mk 11,26; vgl. Jak 5,16. 8 1 Joh 3,10; vgl. Joh 8,41; Mt 18,8; 25,41. **22** 1 Vgl. Mt 5,44. 2 Vgl. 1 Petr 2,21; Mt 26,50.

(Kap. 21) Von der Lob- und Mahnrede, die alle Brüder
halten können

[1]Und diese oder eine ähnliche Mahn- und Lobrede können alle
meine Brüder mit Gottes Segen bei allen Leuten halten, wann
immer sie es für gut finden:

[2]Fürchtet und ehrt; lobt und preist, *sagt Dank* und betet an
den Herrn, den allmächtigen Gott in der Dreifaltigkeit und
Einheit, den Vater und den Sohn und den Heiligen Geist, den
Schöpfer von allem.

[3]Tut Buße, bringt würdige Früchte der Buße, wisst nämlich,
dass wir bald sterben werden. [4]»*Gebt, und es wird euch gegeben
werden*«. [5]*Vergebt, und es wird* euch *vergeben werden.* [6]Und
wenn ihr den Menschen ihre Sünden nicht vergebt, wird der Herr
euch eure Sünden nicht vergeben. Bekennt alle *eure Sünden.* [7]Se-
lig, die in Buße sterben, denn sie werden im Himmelreich sein.
[8]Wehe jenen, die nicht in Buße sterben, denn sie werden *Kin-
der des Teufels* sein, dessen Werke sie tun, und sie werden *in
das ewige Feuer* kommen. [9]Nehmt euch in acht und enthaltet
euch von allem Bösen und harrt aus im Guten bis ans Ende.

(Kap. 22) Ermahnung der Brüder

[1]Achten wir, Brüder alle, aufmerksam darauf, was der Herr
sagt: »*Liebt eure Feinde und tut denen Gutes, die euch hassen*«;
[2]denn auch unser Herr Jesus Christus, dessen Fußspuren wir
folgen müssen, hat seinen Verräter *Freund* genannt und sich
freiwillig seinen Kreuzigern überliefert. [3]Darum sind alle jene
unsere Freunde, die uns ungerecht Drangsal und Ängste,
Schmach und Unrecht, Schmerzen und Qualen, Martyrium
und Tod antun; [4]diese müssen wir sehr lieben, weil wir für
das, was sie uns antun, das ewige Leben erlangen.

[5]Et odio habeamus corpus nostrum cum [suis] vitiis et peccatis; quia carnaliter vivendo vult [...] nobis auferre amorem [Domini nostri] Jesu Christi et vitam aeternam et se ipsum cum omnibus perdere in infernum; [6]quia nos per culpam nostram sumus foetidi, miseri et bono contrarii, ad mala autem prompti et voluntarii, quia, sicut Dominus dicit in evangelio: [7]*De corde [hominum] procedunt et exeunt cogitationes malae, adulteria, fornicationes, homicidia, furta, avaritia, nequitia, dolus, impudicitia, oculus malus, falsa testimonia, blasphemia, [superbia], stultitia.* [8]*Haec omnia mala ab intus* de corde hominis *procedunt* et »*haec sunt, quae coinquinant hominem*«.

[9]Nunc autem, postquam dimisimus mundum, nihil aliud habemus facere, nisi [ut solliciti simus] sequi voluntatem Domini et placere [...] ipsi. [10]Multum caveamus, ne simus terra secus viam vel petrosa vel spinosa, secundum quod dicit Dominus in evangelio: [11]*Semen est verbum Dei.* [12]Quod autem *secus viam cecidit et conculcatum est, hi sunt qui audiunt verbum [regni] et non* intelligunt; [13]et *confestim venit diabolus et rapit, quod seminatum est in cordibus eorum et tollit verbum de* cordibus *eorum, ne credentes salvi fiant.* [14]Quod autem *super petrosam* cecidit, *hi sunt, qui cum audierint verbum, statim cum gaudio suscipiunt illud.* [15]*Facta autem tribulatione et persecutione propter verbum, continuo scandalizantur* et hi radicem in se non habent, *sed temporales sunt*, quia *ad tempus credunt et in tempore tentationis recedunt.* [16]*Quod autem in spinis cecidit, hi sunt qui verbum Dei audiunt, et sollicitudo* et *aerumnae istius*

7 Vgl. Mk 7,21; Mt 15,19. 8 Vgl. Mk 7,23; Mt 15,10. 11 Lk 8,11. 12 Vgl. Lk 8,5; 8,12; Mt 13,19. 13 Mk 4,15; Lk 8,12; Mt 13,19. 14 Vgl. Mt 13,20; Mk 4,16; Lk 8,13. 15 Mt 13,21; vgl. Mk 4,17; Lk 8,13. 16 Lk 8,14; vgl. Mk 4,18; Mt 13,22; Mk 4,19.

[5]Und hassen wollen wir unseren Leib mit seinen Lastern
und Sünden; denn durch ein fleischliches Leben will er uns die
Liebe unseres Herrn Jesus Christus und das ewige Leben rau-
ben und sich selbst mit allen in die Hölle stürzen. [6]Denn durch
unsere Schuld sind wir verweslich, erbärmlich und dem Guten
zuwider, zum Bösen aber bereit und willig. Wie der Herr im
Evangelium sagt, [7]kommen ja vom Herzen der Menschen her-
vor und gehen von dort aus: *»böse Gedanken, Ehebrüche, Un-*
zucht, Mordtaten, Diebstähle, Habsucht, Bosheit, Arglist,
Schamlosigkeit, [*scheeler Blick*], *falsche Zeugnisse, Gotteslaste-*
rung, Stolz, Torheit. [8]*All dies Böse kommt von innen,* aus dem
Herzen des Menschen, *und dies ist es, was den Menschen unrein*
macht«.

[9]Jetzt aber, nachdem wir die Welt verlassen haben, haben
wir nichts anderes zu tun, als darauf bedacht zu sein, dem Wil-
len des Herrn zu folgen und ihm […] zu gefallen. [10]Wir wollen
uns sehr davor hüten, Erdreich am Wege zu sein oder steiniges
oder mit Dornen bewachsenes Erdreich, gemäß dem, was der
Herr im Evangelium sagt: [11]*»Der Same ist das Wort Gottes.*
[12]*Was aber an den Weg fiel und zertreten wurde,* das *sind jene,*
die das Wort des Reiches hören und nicht verstehen; [13]*und sofort*
kommt der Teufel und raubt, was in ihre Herzen gesät ist, und
nimmt das Wort aus ihren Herzen, damit sie nicht glauben und
gerettet werden. [14]Was aber *auf steiniges Erdreich fiel, das sind*
jene, die, wenn sie das Wort gehört haben, es sofort mit Freude
aufnehmen. [15]*Kommen aber um des Wortes willen Trübsal und*
Verfolgung, so nehmen sie sofort Anstoß; und diese haben keine
Wurzel in sich, *sondern sind unbeständig, weil sie für gewisse*
Zeit glauben und in der Zeit der Versuchung abfallen. [16]*Was aber*
in die Dornen fiel, das sind jene, die das Wort Gottes hören; und
das geschäftige Treiben und die Sorgen dieser Welt und der Trug
des Reichtums und die Begierden nach den übrigen Dingen
schleichen sich ein und ersticken das Wort, und sie bleiben ohne

saeculi et fallacia divitiarum et circa reliqua concupiscentiae introeuntes suffocant verbum et sine fructu [*efficitur*]. [17]*Quod autem in terram bonam seminatum est, hi sunt, qui in corde bono et optimo audientes verbum* intelligunt et *retinent et fructum afferunt in patientia.*

[18]Et propterea nos fratres, sicut dicit Dominus, dimittamus *mortuos sepelire mortuos suos.* [19]Et multum caveamus a malitia et subtilitate satanae, qui vult, [ne] homo mentem suam et cor [...] habeat ad [Dominum] Deum. [20]Et circuiens desiderat cor hominis sub specie alicuius mercedis vel adiutorii tollere et suffocare verbum et praecepta Domini a memoria. [21]Et volens cor hominis per saecularia negotia et curam excaecare et ibi habitare, sicut dicit Dominus: *Cum immundus spiritus exierit ab homine, ambulat per loca arida et inaquosa quaerens requiem;* [22]*et non inveniens dicit: Revertar in domum meam, unde exivi.* [23]*Et veniens invenit eam vacantem scopis mundatam et ornatam.* [24][*Tunc*] *vadit et assumit* alios septem *spiritus nequiores se, et ingressi habitant ibi, et* [*fiunt*] *novissima hominis illius peiora prioribus.*

[25]Unde, omnes fratres, custodiamus nos multum, ne sub specie alicuius mercedis vel operis vel adiutorii perdamus [aut] tollamus nostram mentem et cor a Domino. [26]Sed in sancta *caritate, quae Deus est,* rogo omnes fratres tam ministros quam alios, ut omni impedimento remoto et omni cura et sollicitudine postposita, quocumque modo melius possunt, servire, amare, honorare et adorare Dominum Deum mundo corde et pura mente faciant, quod ipse super omnia quaerit, [27][Ac] semper faciamus [...] habitaculum et mansionem ipsi, qui est Dominus Deus omnipotens, Pater et Filius et Spiritus Sanctus,

17 Lk 8,15; Mt 13,23. 18 Mt 8,22. 21 Mt 12,43. 22 Lk 11,24. 23 Mt 12,44. 24 Vgl. Lk 11,26. 26 Vgl. 1 Joh 4,16. 27 Vgl. Joh 14,23; Lk 21,36.

Frucht. [17]*Was aber in gutes Erdreich gesät ist, das sind jene, die*
mit gutem und bestem Herzen das Wort hören, es verstehen und
festhalten und Frucht bringen in Geduld«.

[18]Und darum wollen wir Brüder, wie der Herr sagt, »*die Toten*
ihre Toten begraben lassen«. [19]Und wir wollen uns sehr hüten vor
der Bosheit und Durchtriebenheit Satans, der will, dass der
Mensch seinen Sinn und sein Herz nicht bei Gott [dem Herrn]
habe. [20]Und er geht umher und möchte das Herz des Menschen
unter dem Vorwand einer Belohnung oder Hilfe rauben und das
Wort und die Weisungen des Herrn im Gedächtnis ersticken.
[21]Und er will durch weltliche Geschäfte und Sorgen das Herz des
Menschen blind machen und darin wohnen, wie der Herr sagt:
»*Wenn der unreine Geist von einem Menschen ausgefahren ist,*
schweift er durch öde und wasserlose Orte, Ruhe suchend; [22]*und*
da er sie nicht findet, spricht er: Ich will in mein Haus zurückkeh-
ren, von dem ich ausgegangen bin. [23]*Und er kommt und findet es*
leer, mit Besen gesäubert und geschmückt. [24]*Dann geht er hin und*
nimmt noch sieben andere Geister hinzu, die schlimmer sind als
er selbst; und sie ziehen ein und wohnen darin. Und die letzten
Dinge dieses Menschen [*werden*] *ärger* [*sein*] *als die ersten*«.

[25]Darum, ihr Brüder alle, wollen wir sehr wachsam sein, da-
mit wir nicht unter dem Vorwand einer Belohnung oder eines
(guten) Werkes oder einer Hilfeleistung die Gnade Gottes ver-
lieren oder unseren Sinn und unser Herz vom Herrn abwen-
den. [26]Vielmehr bitte ich in der heiligen *Liebe, die Gott ist*, alle
Brüder, sowohl die Minister wie die anderen, dass sie sich mü-
hen, jegliches Hindernis zu beseitigen und alle Sorge und Be-
sorgnis hintanzustellen, um jeweils, so gut sie können, mit ge-
läutertem Herzen und reinem Sinn Gott dem Herrn zu die-
nen, ihn zu lieben, anzubeten und zu ehren, was er selbst über
alles wünscht. [27]Und immer wollen wir ihm Wohnung und
Bleibe bereiten, ihm, der da ist der Herr, der allmächtige Gott,
der Vater und der Sohn und der Heilige Geist, der sagt: »*Seid*

qui dicit: *Vigilate itaque omni tempore orantes, ut digni habeamini fugere omnia* mala, *quae ventura sunt et stare ante Filium hominis.* [28]*Et cum stabitis ad orandum dicite: Pater noster qui es in caelis.* [29]Et adoremus eum puro corde, *quoniam oportet semper orare et non deficere;* [30]*nam Pater tales quaerit* adoratores. [31]*Spiritus est Deus et eos qui adorant eum, in spiritu et veritate oportet eum adorare.* [32]Et ad ipsum recurramus tamquam ad *pastorem et episcopum animarum* nostrarum, qui dicit: *Ego sum pastor bonus, qui pasco oves meas et* [*animam meam pono*] *pro ovibus meis.*

[33]*Omnes vos fratres estis;* [34]*et patrem nolite* vobis vocare *super terram, unus est enim Pater vester, qui in caelis est.* [35]*Nec vocemini magistri;* unus est enim magister vester, qui in caelis est: [Christus].

[36]*Si manseritis in me, et verba mea in vobis manserint, quodcumque volueritis, petetis et fiet vobis.* [37]*Ubicumque sunt duo vel tres congregati in nomine meo, ibi sum in medio eorum.* [38]*Ecce* ego sum vobiscum *usque ad consummationem saeculi.* [39]*Verba, quae locutus sum vobis, spiritus et vita sunt.* [40]Ego *sum via, veritas et vita.*

[41]Teneamus ergo verba, vitam et doctrinam et sanctum eius evangelium qui dignatus est pro nobis rogare Patrem suum et nobis eius nomen manifestare dicens: *Pater clarifica nomen tuum* et *clarifica Filium tuum, ut Filius tuus clarificet te.* [42]Pater, *manifestavi nomen tuum hominibus, quos dedisti mihi; quia verba quae dedisti mihi, dedi eis; et ipsi acceperunt et cognoverunt* [*vere*], *quia a te exivi et crediderunt quia tu me misisti.* [43]*Ego pro eis* rogo, *non pro mundo,* [44]*sed pro his quos dedisti*

28 Mk 11,25; Lk 11,2; Mt 6,9. 29 Lk 18,1. 31 Vgl. Joh 4,23–24. 32 1 Petr 2,25; vgl. Joh 10,14–15. 35 Vgl. Mt 23,8–10. 36 Joh 15,7. 37 Mt 18,20. 38 Mt 28,20. 39 Joh 6,64. 40 Joh 14,6. 41 Joh 12,28a; 17,1b. 42 Joh 17,6. 44 Joh 17,8–10.

daher allezeit wachsam im Gebet, damit ihr würdig befunden
werdet, allem kommenden Unheil zu entgehen und vor dem
Menschensohn zu stehen. 28*Und wenn ihr steht zum Gebet, dann*
sprecht: Vater unser, der du bist in *den Himmeln«.* 29Und wir
wollen ihn anbeten mit reinem Herzen, *denn* man *muss immer*
beten, ohne nachzulassen; 30*denn der Vater sucht solche Anbeter.*
31*Gott ist Geist, und die ihn anbeten, müssen ihn im Geist und in*
der Wahrheit anbeten. 32Und zu ihm wollen wir unsere Zu-
flucht nehmen als *dem Hirten und Bischof* unserer *Seelen,* der
sagt: »*Ich bin der gute Hirt, der ich meine Schafe weide und mein*
Leben für meine Schafe gebe«.

33*Ihr alle seid Brüder.* 34Und *lasst euch nicht Vater nennen auf*
Erden, denn nur einer ist euer Vater: der im Himmel. 35*Und lasst*
euch auch nicht Meister nennen; denn nur einer ist euer Meister,
der im Himmel ist: Christus.

36*Wenn ihr in mir bleibt und meine Worte in euch bleiben,*
dann mögt ihr bitten, um was immer ihr wollt, und es wird euch
zuteilwerden. 37*Überall, wo zwei oder drei in meinem Namen*
versammelt sind, da bin ich mitten unter ihnen. 38*Seht, ich bin*
bei euch bis zur *Vollendung der Welt.* 39*Die Worte, die ich zu*
euch gesprochen habe, sind Geist und Leben. 40*Ich bin der Weg,*
die Wahrheit und das Leben.

41Lasst uns also die Worte, das Leben und die Lehre und das
heilige Evangelium dessen festhalten, der sich herabgelassen
hat, für uns seinen Vater zu bitten und uns seinen Namen kund-
zutun, indem er sprach: [»*Vater, verherrliche deinen Namen*«
und »*verherrliche deinen Sohn, damit dein Sohn dich verherrli-*
che«]. 42»*Vater, ich habe deinen Namen den Menschen kundgetan,*
die du mir gegeben hast; denn ich habe die Worte, die du mir gege-
ben hast, ihnen gegeben, und sie haben sie angenommen und
wahrhaft erkannt, dass ich von dir ausgegangen bin, und haben
geglaubt, dass du mich gesandt hast. 43*Ich bitte für sie, nicht für*
die Welt, 44*sondern für die, welche du mir gegeben hast, denn sie*

mihi, quia tui sunt et omnia mea tua sunt. [45]*Pater sancte, serva
eos in nomine tuo quos dedisti mihi, ut* [...] *sint unum sicut et
nos.* [46]*Haec loquor in mundo, ut habeant gaudium* [*impletum*] *in
semetipsis.* [47]*Ego dedi eis sermonem tuum; et mundus eos odio
habuit, quia non sunt de mundo, sicut et ego non sum de mundo.*
[48]*Non rogo ut tollas eos de mundo, sed ut serves eos a malo.* [49]Mi-
rifica *eos in veritate.* [50]*Sermo tuus veritas est.* [51]*Sicut tu me misis-
ti in mundum, et ego misi eos in mundum.* [52]*Et pro eis* [*ego*] *sanc-
tifico meipsum, ut sint ipsi sanctificati in veritate.* [53]*Non pro eis
rogo tantum, sed pro eis, qui credituri sunt propter verbum eo-
rum in me, ut sint consummati in unum, et cognoscat mundus,
quia tu me misisti et dilexisti eos, sicut* [*et*] *me dilexisti.* [54]*Et no-
tum* faciam *eis nomen tuum, ut dilectio, qua dilexisti me,* sit in
ipsis *et ego in ipsis.* [55]*Pater, quos dedisti mihi, volo, ut ubi* ego
sum, *et illi sint mecum, ut videant claritatem* tuam in regno
tuo. [...]

(Cap. 23) Oratio et gratiarum actio

[1]Omnipotens, sanctissime, altissime et summe Deus, *Pater
sancte* et iuste, *Domine* rex *caeli et terrae*, propter temetipsum
gratias agimus tibi, [quia] per sanctam voluntatem tuam et per
[unigenitum] Filium tuum cum Spiritu Sancto creasti omnia
spiritualia et corporalia et nos *ad imaginem* [...] *et similitudi-
nem* [tuam] factos *in paradiso posuisti.* [2]Et nos per culpam nos-
tram cecidimus.

[3]Et gratias agimus tibi, quia sicut per Filium tuum nos cre-
asti, sic per [veram et] sanctam dilectionem tuam, *qua dilexis-
ti* nos, ipsum verum Deum et verum hominem ex gloriosa

45 Joh 17,11b. 48 Joh 17,13b–15. 53 Vgl. Joh 17,17–20; 17,23. 54 Vgl. Joh 17,26. 55 Joh 17,24; Mt 20,21. **23** 1 Joh 17,11; vgl. Mt 11,25; Gen 1,26; 2,15. 3 Vgl. Joh 17,26.

sind dein, und all das Meine ist dein. [45]*Heiliger Vater, bewahre sie*
in deinem Namen, die du mir gegeben hast, damit sie eins seien
wie auch wir. [46]*Dies sage ich, solange ich in der Welt bin, damit sie*
die Freude ganz in sich haben. [47]*Ich habe ihnen dein Wort anver-*
traut; aber die Welt hat sie gehasst, weil sie nicht von der Welt
sind, wie auch ich nicht von der Welt bin. [48]*Ich bitte nicht, dass du*
sie aus der Welt nimmst, sondern dass du sie vor dem Bösen be-
wahrst. [49]Verherrliche sie *in der Wahrheit.* [50]*Dein Wort ist*
Wahrheit. [51]*Wie du mich in die Welt gesandt hast, so habe auch*
ich sie in die Welt gesandt. [52]*Und für sie weihe ich mich selbst, da-*
mit sie in Wahrheit geweiht seien. [53]*Nicht für sie allein bitte ich,*
sondern für jene, die auf ihr Wort hin an mich glauben werden,
damit sie vollkommen eins seien und die Welt erkenne, dass du
mich gesandt und sie geliebt hast, wie du [*auch*] *mich geliebt hast.*
[54]*Und ich will ihnen deinen Namen kundtun, damit die Liebe, mit*
der du mich geliebt hast, in ihnen sei und ich in ihnen. [55]*Vater, ich*
will, dass, wo ich bin, auch die bei mir seien, die du mir gegeben
hast, damit sie deine Herrlichkeit schauen in deinem Reich«.

(Kap. 23) Gebet und Danksagung

[1]Allmächtiger, heiligster, erhabenster und höchster Gott, *heili-*
ger und gerechter *Vater, Herr,* König *des Himmels und der Erde,*
wir sagen dir Dank um deiner selbst willen, weil du durch dei-
nen heiligen Willen und durch deinen eingeborenen Sohn mit
dem Heiligen Geist alles Geistige und Körperliche geschaffen
und uns, geformt *nach* deinem *Bild und Gleichnis, ins Paradies*
gestellt hast. [2]Und durch unsere eigene Schuld sind wir gefal-
len.

[3]Und wir sagen dir Dank, weil du, gleichwie du uns durch
deinen Sohn erschaffen hast, so durch deine wahre und heilige
Liebe, *mit der du uns geliebt hast*, ihn selbst als wahren Gott
und wahren Menschen aus der glorreichen, seligsten, immer-
währenden Jungfrau, der heiligen Maria, hast geboren werden

semper Virgine beatissima sancta Maria nasci fecisti et per crucem et sanguinem et mortem ipsius nos captivos redimi voluisti.

[4]Et gratias agimus tibi, quia ipse Filius tuus [iterum] venturus est in gloria maiestatis suae mittere maledictos, qui poenitentiam non egerunt et te non cognoverunt, in ignem aeternum, et dicere omnibus, qui te cognoverunt et adoraverunt et tibi servierunt in poenitentia: *Venite, benedicti Patris mei*, percipite *regnum,* quod *vobis paratum* est ab origine *mundi.*

[5]Et quia nos omnes miseri et peccatores non sumus digni nominare te, suppliciter exoramus, ut Dominus noster Jesus Christus *Filius* tuus *dilectus, in quo* tibi *bene complacuit*, una cum Spiritu Sancto Paraclito gratias agat [...], sicut tibi et ipsi placet, pro omnibus, qui tibi semper sufficit ad omnia, per quem nobis tanta fecisti. Alleluia.

[6]Et gloriosam matrem beatissimam Mariam semper Virginem, beatum Michaelem, Gabrielem et Raphaelem et omnes choros beatorum [spirituum], seraphim, cherubim, thronorum, dominationum, principatuum, potestatum, virtutum, angelorum, archangelorum, beatum Joannem Baptistam, Joannem Evangelistam, Petrum, Paulum et beatos patriarchas, prophetas, Innocentes, apostolos, evangelistas, discipulos, martyres, confessores, virgines, beatos Eliam et Enoch, et omnes sanctos, qui fuerunt et erunt et sunt, propter tuum amorem humiliter deprecamur, ut, sicut tibi placet, pro his tibi gratias referant summo vero Deo, aeterno et vivo, cum Filio tuo carissimo Domino nostro Jesu Christo et Spiritu Sancto Paraclito *in saecula saeculorum. Amen. Alleluia.*

[7]Et Domino Deo universos intra sanctam Ecclesiam catholicam et apostolicam servire volentes et omnes [ecclesiasticos]

4 Vgl. Mt 25,34. 5 Vgl. Mt 17,5. 6 Vgl. Kol 1,15; Offb 19,3; 19,4.
7 Vgl. Offb 7,9; Lk 17,10.

lassen, und weil du durch sein Kreuz und sein Blut und seinen Tod uns, die gefangen waren, hast erlösen wollen.

[4]Und wir sagen dir Dank, weil er, dein Sohn, [wieder] kommen wird in der Herrlichkeit seiner Majestät, um die Verdammten, die nicht Buße getan und dich nicht erkannt haben, ins ewige Feuer zu stürzen und um allen, die dich erkannt und angebetet und dir in Buße gedient haben, zu sagen: »*Kommt, ihr Gesegneten meines Vaters*, nehmt *das Reich* in Besitz, das *euch bereitet* ist vom Anbeginn *der Welt*«.

[5]Und da wir Elenden und Sünder allesamt nicht würdig sind, dich zu nennen, so bitten wir flehentlich, unser Herr Jesus Christus, dein *geliebter Sohn*, an *dem du dein Wohlgefallen hast*, möge mit dem Heiligen Geiste, dem Tröster, dir für alles Dank sagen, wie es dir und ihm gefällt; er ist es ja, der dir stets für alles zur Genüge ist und durch den du so viel für uns getan hast. Alleluja.

[6]Und die glorreiche, seligste, allzeit jungfräuliche Mutter Maria, die seligen Michael, Gabriel und Raphael und alle Chöre der seligen Geister: die Seraphim, Cherubim, Throne, Herrschaften, Fürstentümer, Gewalten, Mächte, Engel, Erzengel, den seligen Johannes den Täufer, Johannes den Evangelisten, Petrus, Paulus und die seligen Patriarchen, die Propheten, die Unschuldigen Kinder, die Apostel, Evangelisten, Jünger, Märtyrer, Bekenner, Jungfrauen, die seligen Elias und Henoch und alle Heiligen, die waren und sein werden und sind, bitten wir um deiner Liebe willen demütig, dass sie so, wie es dir gefällt, für all das Dank sagen dir, dem höchsten, wahren Gott, dem ewigen und lebendigen, mit deinem vielgeliebten Sohn, unserem Herrn Jesus Christus, und dem Heiligen Geiste, dem Tröster, *von Ewigkeit zu Ewigkeit. Amen. Alleluja.*

[7]Und alle, die in der heiligen, katholischen und apostolischen Kirche Gott dem Herrn dienen wollen, und alle kirchlichen Stände: die Priester, Diakone, Subdiakone, Akolythen,

ordines, sacerdotes, diaconos, subdiaconos, acolythos, exorcistas, lectores, ostiarios et omnes clericos, universos religiosos et [universas] religiosas, omnes [pueros] et parvulos, pauperes et egenos, reges et principes, laboratores et agricolas, servos et dominos, omnes virgines et continentes et maritatas, laicos, masculos et feminas, omnes infantes, adolescentes, iuvenes et senes, sanos et infirmos, omnes pusillos et magnos, et *omnes populos, gentes, tribus et linguas*, omnes nationes et omnes homines ubicumque terrarum, qui sunt et erunt, humiliter rogamus et supplicamus nos omnes fratres minores, *servi inutiles*, ut omnes in vera fide et poenitentia perseveremus, quia aliter nullus salvari potest.

[8]Omnes diligamus *ex toto corde, ex tota anima, ex tota mente, ex tota virtute et fortitudine*, ex toto intellectu, ex *omnibus viribus*, toto nisu, toto affectu, totis visceribus, totis desideriis et voluntatibus *Dominum Deum*, qui totum corpus, totam animam et totam vitam dedit et dat omnibus nobis, qui nos creavit, redemit et sua sola misericordia salvabit, qui nobis miserabilibus et miseris, putridis et foetidis, ingratis et malis omnia bona fecit et facit.

[9]Nihil ergo [...] aliud desideremus, nihil aliud velimus, nihil aliud placeat et delectet nos nisi Creator et Redemptor et Salvator noster, solus verus Deus, qui est plenum bonum, omne bonum, totum bonum, verum et summum bonum, qui *solus* est *bonus*, pius, mitis, suavis et dulcis, qui solus est sanctus, iustus, verus [...] et rectus, qui solus est benignus, innocens, mundus, a quo et per quem et in quo est omnis venia, omnis gratia, omnis gloria omnium poenitentium, [omnium] iustorum, omnium beatorum in caelis congaudentium.

8 Vgl. Mk 12,30; 12,33; Lk 10,27; Tob 13,5. 9 Vgl. Lk 18,19; Röm 11,36.

Exorzisten, Lektoren, Ostiarier und alle Kleriker, alle Ordensmänner und alle Ordensfrauen überall; alle Kinder und Kleinen, die Armen und Notleidenden, die Könige und Fürsten, die Arbeiter und Bauern, die Knechte und Herren, alle Jungfrauen, die enthaltsamen wie die verheirateten Frauen, die Laien, Männer und Frauen, alle Kleinkinder, Heranwachsenden, Jugendlichen und Greise, die Gesunden und Kranken, alle Kleinen und Großen und *alle Völker, Geschlechter, Stämme und Sprachen*, alle Nationen und alle Menschen, wo auch immer auf Erden, die sind und sein werden, bitten wir Mindere Brüder alle, *unnütze Knechte*, demütig und flehen sie an, wir möchten doch alle im wahren Glauben und in der Buße ausharren; denn anders kann niemand gerettet werden.

[8]Lasst uns alle *aus ganzem Herzen, aus ganzer Seele, aus ganzer Gesinnung, aus aller Kraft und Stärke, mit ganzen Verstand, mit allen Kräften*, mit ganzer Anstrengung, mit ganzer Zuneigung, mit unserem ganzen Inneren, mit allen Wünschen und aller Willenskraft *Gott den Herrn* lieben, der uns allen den ganzen Leib, die ganze Seele und das ganze Leben geschenkt hat und schenkt; der uns erschaffen hat, erlöst hat und uns einzig durch sein Erbarmen retten wird, der uns Elenden und Armseligen, Üblen und Verweslichen, Undankbaren und Bösen alles Gute erwiesen hat und erweist.

[9]Nichts anderes wollen wir darum ersehnen, nichts anderes wollen, nichts anderes soll uns gefallen und erfreuen als unser Schöpfer und Erlöser und Retter, der allein wahre Gott, der ist die Fülle des Guten, alles Gute, das gesamte Gut, das wahre und höchste Gut, der *allein gut* ist, gnädig, milde, süß und freundlich, der allein heilig ist, gerecht, wahr und richtig, der allein gütig, uneigennützig, rein ist, von dem und durch den und in dem alle Vergebung, alle Gnade, alle Herrlichkeit für alle Büßenden und alle Gerechten herkommt, und das Glück für alle Seligen, die sich zusammen im Himmel erfreuen.

[10]Nihil ergo impediat, nihil separet, nihil interpolet, [11][quin] nos omnes omni loco, omni hora et omni tempore, quotidie et continue credamus veraciter et humiliter et in corde teneamus et amemus, honoremus, adoremus, serviamus, laudemus et benedicamus, glorificemus et superexaltemus, magnificemus et gratias agamus altissimo et summo Deo aeterno, trinitati et unitati, Patri et Filio et Spiritui Sancto, creatori omnium, [salvatori] in se credentium et sperantium et diligentium eum, qui sine initio [est] et sine fine, immutabilis, invisibilis, inenarrabilis, ineffabilis, incomprehensibilis, investigabilis, benedictus, laudabilis, gloriosus, superexaltatus, sublimis, excelsus, suavis, amabilis, delectabilis et totus [semper] super omnia desiderabilis in saecula [saeculorum]. Amen.

(Cap. 24) Conclusio

[1]In nomine Domini!

Rogo omnes fratres, ut addiscant tenorem et sensum eorum quae in ista vita ad salvationem animae nostrae scripta sunt et ista frequenter ad memoriam reducant. [2]Et exoro Deum, ut ipse, qui est omnipotens, trinus et unus, benedicat omnes docentes, discentes, habentes, recordantes et operantes ista quoties repetunt et faciunt quae ibi ad [salvationem] animae nostrae scripta sunt, [3]et deprecor omnes cum osculo pedum, ut multum diligant, custodiant et reponant.

[4]Et ex parte Dei omnipotentis et domini papae et per obedientiam ego frater Franciscus firmiter praecipio et iniungo, ut ex his, quae in ista vita scripta sunt, nullus minuat vel in ipsa

11 Vgl. Röm 11,33; Dan 3,52. **24** 4 Vgl. Deut 4,2; 12,32.

[10] Nichts also soll uns hindern, nichts trennen, nichts dazwischenkommen. [11]Überall, an jedem Ort, zu jeder Stunde und zu jeder Zeit, täglich und unablässig wollen wir alle wahrhaft und demütig an ihn glauben und an ihm im Herzen festhalten und ihn lieben, ehren, anbeten, ihm dienen, ihn loben und benedeien, verherrlichen und hoch erheben, ihn preisen und ihm Dank erweisen, dem erhabensten und höchsten ewigen Gott, der Dreifaltigkeit und Einheit, dem Vater und dem Sohn und dem Heiligen Geist, dem Schöpfer von allem, [...] Retter derer, die an ihn glauben und auf ihn hoffen und ihn lieben, der ohne Anfang ist und ohne Ende, unveränderlich, unsichtbar, unbeschreiblich, unaussprechlich, unbegreiflich, unerforschlich, gepriesen, lobwürdig, ruhmreich, hocherhoben, hehr, erhaben, süß, liebenswert, ergötzlich und stets ganz ersehnenswert über alles von Ewigkeit zu Ewigkeit. Amen.

(Kap. 24) Schluss

[1]Im Namen des Herrn!

Ich bitte alle Brüder, den Wortlaut und Sinn dessen, was in dieser Lebensregel zum Heile unserer Seele geschrieben ist, auswendig zu lernen und sich häufig ins Gedächtnis zu rufen. [2]Und ich flehe zu Gott, dass er selbst, der allmächtig, dreifaltig und einer ist, all jene, die dieses lehren, lernen, bei sich haben, zu Herzen nehmen und vollbringen, so oft segne, wie sie das wiederholen und tun, was daselbst zum Heil unserer Seele geschrieben steht. [3]Und ich beschwöre alle mit dem Kuss der Füße, diese Regel von Herzen zu lieben, zu befolgen und aufzubewahren.

[4]Und vonseiten Gottes, des Allmächtigen, und des Herrn Papstes und im Gehorsam gebiete ich, Bruder Franziskus, streng und befehle, dass von dem, was in dieser Lebensform geschrieben steht, keiner etwas streiche oder ihr etwas Weite-

scriptum aliquod desuper addat nec aliam regulam fratres habeant.

[5]Gloria Patri et Filio et Spiritui Sancto, sicut erat in principio et nunc et semper et in saecula saeculorum. Amen.

res schriftlich hinzufüge, wie auch, dass die Brüder keine andere Regel haben sollen.

5Ehre sei dem Vater und dem Sohn und dem Heiligen Geist, wie es war im Anfang, so auch jetzt und allezeit und in Ewigkeit. Amen.

3 Regula bullata – Bullierte Regel

Der Entwicklungsprozess der franziskanischen Regel, der vom *Propositum vitae* (1209/10) über verschiedene Entwicklungsstufen zur Nicht-bullierten Regel (1221) erfolgte, wurde auch in der Folgezeit fortgesetzt und fand zu Lebzeiten des Franziskus seinen Endpunkt in der Schaffung einer abschließenden Regel-Fassung; diese wurde durch Papst Honorius III. mit der Bulle »*Solet annuere*« am 29. November 1223 bestätigt (*Regula bullata*). Das Originalschreiben des Nachfolgers Petri mit dem inserierten Regeltext ist erhalten geblieben und wird im Sacro Convento zu Assisi aufbewahrt. Zudem ist eine Abschrift der Bulle mit geringfügigen Textabweichungen in den päpstlichen Registern im Vatikanischen Archiv erhalten. Die Entstehung dieser letzten Regel wird nach Chronistenangaben wahrscheinlich auf Betreiben von Kurialen sowie von gebildeten Brüdern zurückzuführen sein. Diese sollen den Heiligen vielfach gedrängt haben, seine *vita* in konziserer und normativerer Form als in der Nicht-bullierten Regel zu fixieren. Hierauf soll sich Franziskus an einen einsamen Ort (Fonte Colombo b. Rieti) zurückgezogen und mit Unterstützung durch juristisch gebildete Mitbrüder wie Leo von Assisi und Bonizio von Bologna einen neuen Regeltext konzipiert bzw. diktiert haben. Spätestens auf dem Pfingstkapitel 1223 wird der Poverello den Regeltext mit seinen Mitbrüdern besprochen und eventuell noch verändert haben. Zusätzliche Hilfe erfuhr der Heilige durch Kardinal Hugolin, der den Text ebenfalls – wahrscheinlich unter kirchenrechtlichen Gesichtspunkten – redigierte. Trotz dieser Mitwirkung durch gebildete Fratres und den Ordensprotektor wird man den endgültigen Regeltext als originäres Werk von Franziskus betrachten dürfen. Angebliche korrigierende Eingriffe von Kurialen, die das Werk im Gegensatz zu den Intentionen des Gründers repressiv verändert hätten, sind aber (u.a. gegen P. Sabatier) nicht nachweisbar.

Sicherlich unterscheidet sich die bullierte Regel, die in zwölf Kapitel gegliedert ist, hinsichtlich ihres bedeutend kleineren Umfangs und des weitgehenden Fehlens umfangreicher Bibelzitate von der Vorgängerversion. Dennoch stellt auch die *regula bullata* ein wichtiges »geistliches Dokument« dar, das die spirituellen Grundlagen der Franziskanergemeinschaft auf Dauer festlegte. Zudem hat man der bullierten Regel einen starken Symbolismus zugeschrieben, der sich – von späteren Chronisten betont – u. a. in der Analogie von Moses – Franziskus und Sinai – Fonte Colombo manifestiert. Dennoch sind juridifizierende Tendenzen im Regelwerk nicht zu übersehen. Diese trugen sicherlich den praktischen Erfordernissen bezüglich einer auch rechtlich handhabbaren Ordensregel angesichts der permanenten personellen wie räumlichen Expansion der Franziskanergemeinschaft Rechnung. Doch blieben gravierende Unterschiede u. a. im Bereich normativer Regelungen oder gar hinsichtlich der Festlegung von Sanktionsmechanismen bei Regelabweichungen durch »sündige Fratres« im Vergleich zu den Regeln der »alten Orden« weiter bestehen. Dessen ungeachtet wurde durch die Bulle von Honorius III. erstmals die franziskanische *vita* als neue Lebensform in der Kirche approbiert und als »katholisch« anerkannt. Zugleich wurden kirchenrechtlich fundierte Grundlagen für das künftige Wirken der Franziskanergemeinschaft in Kirche und Gesellschaft gelegt.

Datierung: Publikation des Regeltextes in der päpstlichen Bulle vom 29. November 1223.

Lat. Text nach EO 366–371; Varianten nach PS 322–338. Dt. Übers. nach FQ 94–102. – Der Text der päpstlichen Original-Bulle, in welche der Regel-Text inseriert ist (EO 366–371), wird in Parenthese (d. h. vor und nach der *regula*) in Klammern vermerkt; die geringfügigen sprachlichen Abweichungen der Version im päpstlichen Registereintrag werden hier nicht berücksichtigt (Veränderungen nachgewiesen in EO 363 f.). – Vgl. allgemein Werkbuch zur Regel des hl. Franziskus. Werl 1955; K. Eßer, Die endgültige Regel der Minderen Brüder im Licht der neuesten Forschung. Werl 1965; ESt 331 f.; EO 363–372; F 12 f., 305 ff.; Fon 169–181; Sai 99–106; HG 162–173; PL 297–305; Uribe, Regla; FQ 65–67, 94–102; Ll XCI ff., 109–123; PS 318–339; FF 51 ff., 89–98; L IV, 83 f., 119–131. – Vgl. DF 1501–1540, bes. 1512 ff.

(Honorius, episcopus, servus servorum Dei, dilectis filiis, fratri Francisco et allis fratribus de ordine Fratrum Minorum, salutem et apostolicam benedictionem.

Solet annuere Sedes Apostolica piis votis et honestis petentium desideriis favorem benivolum impertiri. Eapropter, dilecti in Domino filii, vestris piis precibus inclinati, ordinis vestri regulam, a bonae memoriae Innocentio papa, praedecessore nostro, approbatam, annotatam praesentibus, auctoritate vobis apostolica confirmamus et praesentis scripti patrocinio communimus. Quae talis est:)

(Cap. 1) In nomine Domini!

Incipit vita Minorum Fratrum

[1]Regula et vita Minorum Fratrum haec est, scilicet Domini nostri Jesu Christi sanctum Evangelium observare vivendo in obedientia, sine proprio et in castitate.

[2]Frater Franciscus promittit obedientiam et reverentiam domino papae Honorio ac successoribus eius canonice intrantibus et Ecclesiae Romanae.

[3]Et alii fratres teneantur fratri Francisco et eius successoribus obedire.

(Cap. 2) De his qui volunt vitam istam accipere, et qualiter recipi debeant

[1]Si qui voluerint hanc vitam accipere et venerint ad fratres nostros, mittant eos ad suos ministros provinciales, quibus solummodo et non aliis recipiendi fratres licentia concedatur. [2]Ministri vero diligenter examinent eos de fide catholica et ecclesiasti-

(Honorius, Bischof, Diener der Diener Gottes, den geliebten Söhnen, Bruder Franziskus und den anderen Brüdern vom Orden der Minderen Brüder; Heil und Apostolischen Segen.

Der Apostolische Stuhl pflegt sich frommem Begehren zu neigen und geziemenden Wünschen der Bittsteller wohlwollende Förderung zu erteilen. Daher, im Herrn geliebte Söhne, haben Wir Uns euren frommen Bitten geneigt und bestätigen euch kraft apostolischer Vollmacht die Regel eures Ordens, die von Papst Innozenz, Unserem Vorgänger seligen Angedenkens, gutgeheißen wurde und in vorliegendem Schreiben festgehalten ist, und bekräftigen sie durch den Schutz gegenwärtigen Schreibens. Sie lautet wie folgt:)

(Kap. 1) Im Namen des Herrn!

Es beginnt die Lebensweise der Minderen Brüder

[1]Regel und Leben der Minderen Brüder ist dieses, nämlich unseres Herrn Jesus Christus heiliges Evangelium zu beobachten durch ein Leben in Gehorsam, ohne Eigentum und in Keuschheit.

[2]Bruder Franziskus verspricht Gehorsam und Ehrerbietung dem Herrn Papst Honorius und seinen rechtmäßig gewählten Nachfolgern sowie der Römischen Kirche.

[3]Und die anderen Brüder sollen verpflichtet sein, dem Bruder Franziskus und seinen Nachfolgern zu gehorchen.

(Kap. 2) Von denen, die dieses Leben annehmen wollen und wie sie aufgenommen werden sollen

[1]Wenn jemand dieses Leben annehmen will und zu unseren Brüdern kommt, sollen diese ihn zu ihren Provinzialministern schicken; diesen allein und sonst niemand sei die Befugnis zugestanden, Brüder aufzunehmen. [2]Die Minister aber sollen sie sorgfältig über den katholischen Glauben und die Sakramente

cis sacramentis. [3]Et si haec omnia credant et velint ea fideliter confiteri et usque in finem firmiter observare [4]et uxores non habent vel, si habent, et iam monasterium intraverint uxores vel, licentiam eis dederint auctoritate dioecesani episcopi, voto continentiae iam emisso, et illius sint aetatis uxores, quod non possit de eis oriri suspicio, [5]dicant illis verbum sancti Evangelii, quod vadant et vendant omnia sua et ea studeant pauperibus erogare. [6]Quod si facere non potuerint, sufficit eis bona voluntas.

[7]Et caveant fratres et eorum ministri, ne solliciti sint de rebus suis temporalibus, ut libere faciant de rebus suis, quidquid Dominus inspiraverit eis. [8]Si tamen consilium requiratur, licentiam habeant ministri mittendi eos ad aliquos Deum timentes, quorum consilio bona sua pauperibus erogentur.

[9]Postea concedant eis pannos probationis, videlicet duas tunicas sine caputio et cingulum, et braccas et caparonem usque ad cingulum, [10]nisi eisdem ministris aliud secundum Deum aliquando videatur.

[11]Finito vero anno probationis, recipiantur ad obedientiam promittentes vitam istam semper et regulam observare. [12]Et nullo modo licebit eis de ista religione exire iuxta mandatum domini papae, [13]quia secundum sanctum Evangelium *nemo mittens manum ad aratrum et aspiciens retro aptus est regno Dei.*

[14]Et illi qui iam promiserunt obedientiam habeant unam tunicam cum caputio et aliam sine caputio qui voluerint habe-

2 5 Vgl. Mt 19,21. 13 Lk 9,62.

der Kirche prüfen. [3]Und wenn sie dies alles glauben und es treu bekennen und bis ans Ende fest beobachten wollen; [4]und wenn sie keine Ehefrauen haben oder ihre Frauen – falls sie eine haben – auch schon in ein Kloster eingetreten sind oder ihnen nach Ablegung des Gelübdes der Enthaltsamkeit mit Ermächtigung des Diözesanbischofs die Erlaubnis gegeben haben und die Frauen solchen Alters sind, dass kein Verdacht über sie entstehen kann, [5]dann sollen die Minister ihnen das Wort des heiligen Evangeliums sagen, dass sie hingehen und all das Ihrige verkaufen und sich bemühen, es unter die Armen zu verteilen. [6]Wenn sie das nicht tun können, genügt ihnen der gute Wille.

[7]Und die Brüder und ihre Minister sollen sich hüten, sich um deren zeitliche Habe zu kümmern, damit sie ungehindert mit ihrer Habe tun können, was der Herr ihnen eingeben mag. [8]Wenn sie jedoch um Rat ersucht werden, soll es den Ministern erlaubt sein, sie an gottesfürchtige Leute zu verweisen, nach deren Rat ihre Güter an die Armen verteilt werden mögen.

[9]Danach sollen sie ihnen die Kleidung für die Probezeit gewähren, nämlich zwei Kutten ohne Kapuze und einen Strick und Hosen und einen Kaparon bis zum Gürtelstrick, [10]falls nicht den erwähnten Ministern einmal etwas anderes vor Gott angemessen erscheinen sollte.

[11]Ist dann das Probejahr beendet, sollen sie zum Gehorsam angenommen werden, indem sie versprechen, dieses Leben und diese Regel immer zu befolgen. [12]Und gemäß der Anordnung des Herrn Papstes soll ihnen unter keinen Umständen erlaubt sein, aus diesem Orden auszutreten, [13]weil nach dem heiligen Evangelium *niemand, der die Hand an den Pflug legt und rückwärts schaut, zum Reiche Gottes tauglich ist.*

[14]Und jene, die den Gehorsam schon versprochen haben, sollen eine Kutte mit Kapuze und, falls sie wollen, eine weitere

re. [15]Et qui necessitate coguntur possint portare calciamenta. [16]Et fratres omnes vestimentis vilibus induantur et possint ea repeciare de saccis et aliis peciis cum benedictione Dei. [17]Quos moneo et exhortor, ne despiciant neque iudicent homines, quos vident mollibus vestimentis et coloratis indutos, uti cibis et potibus delicatis, [18]sed magis unusquisque iudicet et despiciat semetipsum.

(Cap. 3) De divino officio et ieiunio, et quomodo fratres debeant ire per mundum

[1]Clerici faciant divinum officium secundum ordinem sanctae Romanae Ecclesiae excepto psalterio, [2]ex quo habere poterunt breviaria. [3]Laici vero dicant viginti quatuor *Pater noster* pro matutino, pro laude quinque, pro prima, tertia, sexta, nona, pro qualibet istarum septem, pro vesperis autem duodecim, pro completorio septem; [4]et orent pro defunctis.

[5]Et ieiunent a festo Omnium Sanctorum usque ad Nativitatem Domini. [6]Sanctam vero quadragesimam, quae incipit ab Epiphania usque ad continuos quadraginta dies, quam Dominus suo sancto ieiunio consecravit, qui voluntarie eam ieiunant benedicti sint a Domino, et qui nolunt non sint astricti. [7]Sed aliam usque ad Resurrectionem Domini ieiunent. [8]Aliis autem temporibus non teneantur nisi sexta feria ieiunare. [9]Tempore vero manifestae necessitatis non teneantur fratres ieiunio corporali.

[10]Consulo vero, moneo et exhortor fratres meos in Domino Jesu Christo, ut quando vadunt per mundum, non litigent neque contendant verbis, nec alios iudicent; [11]sed sint mites, pacifici et modesti, mansueti et humiles, honeste loquentes

17 Vgl. Mt 11,8. **3** 6 Vgl. Mt 4,2. 10 Vgl. 2 Tim 2,14.

ohne Kapuze haben. [15]Und die durch Not gezwungen sind, können Schuhwerk tragen. [16]Und alle Brüder sollen geringwertige Kleidung tragen und sie mit Sackleinen und anderen Tuchstücken verstärken können, mit dem Segen Gottes. [17]Ich warne und ermahne sie, jene Leute nicht zu verachten oder zu verurteilen, die sie weiche und farbenfrohe Kleider tragen und sich auserlesener Speisen und Getränke bedienen sehen, [18]sondern vielmehr soll jeder sich selbst verurteilen und verachten.

(Kap. 3) Vom Göttlichen Offizium und vom Fasten, und wie die Brüder durch die Welt ziehen sollen

[1]Die Kleriker sollen das Göttliche Offizium nach der Ordnung der heiligen Kirche von Rom verrichten, den Psalter ausgenommen; [2]darum dürfen sie Breviere haben. [3]Die Laien aber sollen vierundzwanzig *Vaterunser* beten für die Matutin, für die Laudes fünf, für Prim, Terz, Sext, Non je sieben pro Hore; für die Vesper aber zwölf, für die Komplet sieben; [4]und sie sollen für die Verstorbenen beten.

[5]Und sie sollen fasten vom Fest Allerheiligen bis zur Geburt des Herrn. [6]Jene aber, die die heilige vierzigtägige Fastenzeit, die von Epiphanie an ohne Unterbrechung vierzig Tage dauert und die der Herr durch sein heiliges Fasten geweiht hat, freiwillig halten, sollen vom Herrn gesegnet sein; und die nicht wollen, sollen nicht verpflichtet sein. [7]Die andere Fastenzeit bis zur Auferstehung des Herrn sollen sie jedoch halten. [8]Zu anderen Zeiten aber sollen sie nicht zum Fasten gehalten sein, außer am Freitag. [9]Jedoch zur Zeit offensichtlicher Not sollen die Brüder zu leiblichem Fasten nicht gehalten sein.

[10]Ich rate aber meinen Brüdern, warne und ermahne sie im Herrn Jesus Christus, dass sie, wenn sie durch die Welt ziehen, nicht streiten noch sich in Wortgezänk einlassen, noch andere richten. [11]Vielmehr sollen sie milde, friedfertig und bescheiden, sanftmütig und demütig sein und mit allen anständig reden,

omnibus, sicut decet. [12]Et non debeant equitare, nisi manifesta necessitate vel infirmitate cogantur.

[13]*In quamcumque domum* intraverint, *primum* dicant: *Pax huic domui.* [14]Et secundum sanctum Evangelium de omnibus cibis, qui apponuntur eis, liceat manducare.

(Cap. 4) Quod fratres non recipiant pecuniam

[1]Praecipio firmiter fratribus universis, ut nullo modo denarios vel pecuniam recipiant per se vel per interpositam personam. [2]Tamen pro necessitatibus infirmorum et aliis fratribus induendis, per amicos spirituales, ministri tantum et custodes sollicitam curam gerant secundum loca et tempora et frigidas regiones, sicut necessitati viderint expedire; [3]eo semper salvo, ut, sicut dictum est, denarios vel pecuniam non recipiant.

(Cap. 5) De modo laborandi

[1]Fratres illi, quibus gratiam dedit Dominus laborandi, laborent fideliter et devote, [2]ita quod, excluso otio animae inimico, sanctae orationis et devotionis spiritum non extinguant, cui debent cetera temporalia deservire. [3]De mercede vero laboris pro se et suis fratribus corporis necessaria recipiant praeter denarios vel pecuniam et hoc humiliter, [4]sicut decet servos Dei et paupertatis sanctissimae sectatores.

13 Vgl. Lk 10,5. 14 Vgl. Lk 10,8. **5** 2 Vgl. 1 Thess 5,19.

wie es sich gehört. [12]Und sie dürfen nicht zu Pferd reiten, falls sie nicht durch offenbare Not oder Schwäche gezwungen werden.

[13]*Welches Haus* sie auch betreten, sollen sie *zuerst* sagen: »*Friede diesem Hause*«. [14]Und nach dem heiligen Evangelium soll es ihnen erlaubt sein, von allen Speisen zu essen, die ihnen vorgesetzt werden.

(Kap. 4) Dass die Brüder kein Geld annehmen sollen

[1]Ich gebiete allen Brüdern streng, auf keine Weise Münzen oder Geld anzunehmen, weder selbst noch durch eine Mittelsperson. [2]Doch für die Bedürfnisse der Kranken und die Bekleidung der anderen Brüder sollen einzig die Minister und Kustoden mit Hilfe geistlicher Freunde gewissenhaft Sorge tragen je nach Ort und Zeit und kalten Gegenden, so wie sie nach ihrer Ansicht der Not abhelfen können; [3]immer aber mit dem Vorbehalt, dass sie, wie gesagt, Münzen oder Geld nicht annehmen.

(Kap. 5) Von der Art zu arbeiten

[1]Jene Brüder, denen der Herr die Gnade gegeben hat, arbeiten zu können, sollen in Treue und Hingabe arbeiten, [2]und zwar so, dass sie den Müßiggang, den Feind der Seele, ausschließen, aber den Geist des heiligen Gebetes und der Hingabe nicht auslöschen, dem die übrigen zeitlichen Dinge dienen müssen. [3]Was aber den Lohn der Arbeit angeht, so mögen sie für sich und ihre Brüder das zum leiblichen Unterhalt Notwendige annehmen, außer Münzen oder Geld; und dies demütig, [4]wie es sich für Knechte Gottes und Anhänger der heiligsten Armut geziemt.

(Cap. 6) Quod nihil approprient sibi fratres, et de eleemosyna petenda et de fratribus infirmis

[1]Fratres nihil sibi approprient nec domum nec locum nec aliquam rem. [2]Et tanquam *peregrini et advenae* in hoc saeculo in paupertate et humilitate Domino famulantes vadant pro eleemosyna confidenter, [3]nec oportet eos verecundari, quia Dominus pro nobis se fecit pauperem in hoc mundo.

[4]Haec est illa celsitudo altissimae paupertatis, quae vos, carissimos fratres meos, heredes et reges regni caelorum instituit, pauperes rebus fecit, virtutibus sublimavit. [5]Haec sit *portio* vestra, quae perducit *in terram viventium.* [6]Cui, dilectissimi fratres, totaliter inhaerentes nihil aliud pro nomine Domini nostri Jesu Christi in perpetuum sub caelo habere velitis.

[7]Et, ubicumque sunt et se invenerint fratres, ostendant se domesticos invicem inter se.

[8]Et secure manifestet unus alteri necessitatem suam, quia, si mater nutrit et diligit filium suum carnalem, quanto diligentius debet quis diligere et nutrire fratrem suum spiritualem?

[9]Et, si quis eorum in infirmitate[m] ceciderit, alii fratres debent ei servire, sicut vellent sibi serviri.

(Cap. 7) De poenitentia fratribus peccantibus imponenda

[1]Si qui fratrum, instigante inimico, mortaliter peccaverint, pro illis peccatis, de quibus ordinatum fuerit inter fratres, ut recurratur ad solos ministros provinciales, teneantur praedicti

6 2 Vgl. 1 Petr 2,11. 3 Vgl. 2 Kor 8,9. 4 Vgl. Jak 2,5. 5 Vgl. Ps 142,6. 8 Vgl. 1 Thess 2,7. 9 Vgl. Mt 7,12.

(Kap. 6) Dass die Brüder nichts als ihr Eigentum erwerben dürfen, sowie vom Bitten um Almosen und von den kranken Brüdern

[1]Die Brüder sollen sich nichts aneignen, weder Haus noch Ort noch sonst eine Sache. [2]Und gleichwie *Pilger und Fremdlinge* in dieser Welt, die dem Herrn in Armut und Demut dienen, mögen sie voll Vertrauen um Almosen bitten gehen [3]und sollen sich dabei nicht schämen, weil der Herr sich für uns in dieser Welt arm gemacht hat.

[4]Dies ist jene Erhabenheit der höchsten Armut, die euch, meine geliebtesten Brüder, zu Erben und Königen des Himmelreiches eingesetzt, an Dingen arm, aber an Tugenden reich gemacht hat. [5]Diese soll euer *Anteil* sein, der hinführt ins *Land der Lebenden.* [6]Ihr ganz und gar anhängend, geliebteste Brüder, trachtet danach, um des Namens unseres Herrn Jesus Christus willen auf immer unter dem Himmel nichts anderes besitzen zu wollen!

[7]Und wo immer die Brüder sind und sich treffen, sollen sie sich einander als Hausgenossen erzeigen.

[8]Und zuversichtlich soll einer dem anderen seine Not offenbaren; denn wenn schon eine Mutter ihren leiblichen Sohn nährt und liebt, um wie viel sorgfältiger muss einer seinen geistlichen Bruder lieben und nähren?

[9]Und wenn einer von ihnen in Krankheit fällt, dann müssen die anderen Brüder ihm so dienen, wie sie selbst bedient sein wollten.

(Kap. 7) Von der Buße, die sündigen Brüdern auferlegt werden soll

[1]Wenn Brüder auf Anreiz des bösen Feindes tödlich sündigen und es sich um solche Sünden handelt, für die unter den Brüdern verordnet ist, dass man sich allein an die Provinzialminister wende, sollen diese Brüder sich an sie wenden, sobald sie

fratres ad eos recurrere quam citius poterint, sine mora. [2]Ipsi vero ministri, si presbyteri sunt, cum misericordia iniungant illis poenitentiam; si vero presbyteri non sunt, iniungi faciant per alios sacerdotes ordinis, sicut eis secundum Deum melius videbitur expedire. [3]Et cavere debent, ne irascantur et conturbentur propter peccatum alicuius, quia ira et conturbatio in se et in aliis impediunt caritatem.

(Cap. 8) De electione generalis ministri huius fraternitatis et de capitulo Pentecostes

[1]Universi fratres unum de fratribus istius religionis teneantur semper habere generalem ministrum et servum totius fraternitatis et ei teneantur firmiter obedire. [2]Quo decedente, electio successoris fiat a ministris provincialibus et custodibus in capitulo Pentecostes, in quo provinciales ministri teneantur semper insimul convenire, ubicumque a generali ministro fuerit constitutum; [3]et hoc semel in tribus annis vel ad alium terminum maiorem vel minorem, sicut a praedicto ministro fuerit ordinatum.

[4]Et si aliquo tempore appareret universitati ministrorum provincialium et custodum, praedictum ministrum non esse sufficientem ad servitium et communem utilitatem fratrum, teneantur praedicti fratres, quibus electio data est, in nomine Domini alium sibi eligere in custodem. [5]Post capitulum vero Pentecostes ministri et custodes possint singuli, si voluerint et eis expedire videbitur, eodem anno in suis custodiis semel fratres suos ad capitulum convocare.

können, ohne Verzug. [2]Die Minister ihrerseits sollen, wenn sie Priester sind, ihnen mit Erbarmen eine Buße auferlegen; wenn sie aber nicht Priester sind, sollen sie die Buße durch andere Priester des Ordens auferlegen lassen, wie es ihnen vor Gott am besten scheint. [3]Und sie müssen sich hüten, wegen der Sünde, die jemand begangen hat, zornig und aufgeregt zu werden; denn Zorn und Aufregung verhindern in ihnen selbst und in den anderen die Liebe.

(Kap. 8) Von der Wahl des Generalministers dieser Bruderschaft und vom Pfingstkapitel

[1]Die Brüder in ihrer Gesamtheit sollen gehalten sein, immer einen von den Brüdern dieses Ordens als Generalminister und Diener der gesamten Bruderschaft zu haben, und sollen fest verpflichtet sein, ihm zu gehorchen. [2]Wenn er [abtritt], so werde die Wahl des Nachfolgers von den Provinzialministern und Kustoden auf dem Pfingstkapitel durchgeführt, zu dem die Provinzialminister stets dort zusammenkommen sollen, wo es der Generalminister festgelegt hat; [3]und das einmal in drei Jahren oder zu einem anderen, späteren oder früheren Zeitpunkt, so wie es der genannte Minister verordnen wird.

[4]Und sollte es jemals der Gesamtheit der Provinzialminister und Kustoden scheinen, der erwähnte Minister sei zum Dienst und gemeinsamen Wohl der Brüder unzureichend, dann sollen die genannten Brüder, denen die Wahl zusteht, gehalten sein, sich im Namen des Herrn einen anderen zum Hüter (ihrer Lebensart) zu wählen. [5]Nach dem Pfingstkapitel aber können die einzelnen Minister und Kustoden, wenn sie wollen und es für nützlich erachten, noch im gleichen Jahre ihre Brüder in ihren Kustodien einmal zum Kapitel zusammenrufen.

(Cap. 9) De praedicatoribus

[1]Fratres non praedicent in episcopatu alicuius episcopi, cum ab eo illis fuerit contradictum. [2]Et nullus fratrum populo penitus audeat praedicare, nisi a ministro generali huius fraternitatis fuerit examinatus et approbatus, et ab eo officium sibi praedicationis concessum.

[3]Moneo quoque et exhortor eosdem fratres, ut in praedicatione, quam faciunt, sint *examinata* et *casta* eorum *eloquia*, ad utilitatem et aedificationem populi, [4]annuntiando eis vitia et virtutes, poenam et gloriam cum brevitate sermonis; *quia verbum* abbreviatum fecit *Dominus super terram.*

(Cap. 10) De admonitione et correctione fratrum

[1]Fratres, qui sunt ministri et servi aliorum fratrum, visitent et moneant fratres suos et humiliter et caritative corrigant eos, non praecipientes eis aliquid, quod sit contra animam suam et regulam nostram.

[2]Fratres vero, qui sunt subditi, recordentur, quod propter Deum abnegaverunt proprias voluntates. [3]Unde firmiter praecipio eis, ut obediant suis ministris in omnibus quae promiserunt Domino observare et non sunt contraria animae et regulae nostrae.

[4]Et ubicumque sunt fratres, qui scirent et cognoscerent, se non posse regulam spiritualiter observare, ad suos ministros debeant et possint recurrere. [5]Ministri vero caritative et benigne eos recipiant et tantam familiaritatem habeant circa ipsos, ut dicere possint eis et facere sicut domini servis suis; [6]nam ita debet esse, quod ministri sint servi omnium fratrum.

9 3 Vgl. Ps 12,7; 18,31. 4 Vgl. Röm 9,28.

(Kap. 9) Von den Predigern

[1]Die Brüder dürfen im Bistum eines Bischofs nicht predigen, wenn es ihnen von diesem untersagt worden ist. [2]Und keiner der Brüder soll es jemals wagen, dem Volke zu predigen, wenn er nicht vorher vom Generalminister dieser Bruderschaft geprüft und bestätigt und ihm von diesem das Predigtamt gewährt worden ist.

[3]Ich warne auch und ermahne diese Brüder, dass in der Predigt, die sie halten, ihre *Worte wohlbedacht und lauter* sein sollen, zum Nutzen und zur Erbauung des Volkes, [4]indem sie zu ihnen sprechen von den Lastern und Tugenden, von der Strafe und Herrlichkeit, und dies mit kurzen Worten, *weil der Herr auf Erden sein* Wort kurz gefasst hat.

(Kap. 10) Von der Ermahnung und Zurechtweisung der Brüder

[1]Jene Brüder, die Minister und Diener der anderen Brüder sind, sollen ihre Brüder aufsuchen und ermahnen und sie in Demut und Liebe zurechtweisen, ohne ihnen etwas zu befehlen, was gegen ihre Seele und unsere Regel wäre.

[2]Die Brüder aber, die Untergebene sind, sollen beherzigen, dass sie um Gottes willen dem eigenen Willen entsagt haben. [3]Daher gebiete ich ihnen streng, dass sie ihren Ministern in allem gehorchen, was sie zu halten dem Herrn versprochen haben und was nicht ihrer Seele und unserer Regel zuwider ist.

[4]Und falls irgendwo Brüder sind, die wissen und erkennen sollten, dass sie die Regel nicht geistlich beobachten können, dann sollen und können sie zu ihren Ministern Zuflucht nehmen. [5]Die Minister aber sollen sie liebevoll und gütig aufnehmen und ihnen mit so großer Herzlichkeit begegnen, dass sie mit ihnen reden und tun können wie Herren mit ihren Knechten. [6]Denn so soll es sein, dass die Minister die Knechte aller Brüder sind.

[7]Moneo vero et exhortor in Domino Jesu Christo, ut caveant fratres *ab omni* superbia, vana gloria, invidia, *avaritia*, cura et sollicitudine huius saeculi, detractione et murmuratione, et non curent nescientes litteras litteras discere; [8]sed attendant, quod super omnia desiderare debent habere Spiritum Domini et sanctam eius operationem, [9]orare semper ad eum puro corde et habere humilitatem, patientiam in persecutione et infirmitate [10]et diligere eos qui nos persequuntur et reprehendunt et arguunt, quia dicit Dominus: *Diligite inimicos vestros et orate pro persequentibus et calumniantibus vos.* [11]*Beati qui persecutionem patiuntur propter iustitiam, quoniam ipsorum est regnum caelorum.* [12]*Qui autem perseveraverit usque in finem hic salvus erit.*

(Cap. 11) Quod fratres non ingrediantur monasteria monacharum

[1]Praecipio firmiter fratribus universis, ne habeant suspecta consortia vel consilia mulierum, [2]et ne ingrediantur monasteria monacharum praeter illos, quibus a sede apostolica concessa est licentia specialis;

[3]nec fiant compatres virorum vel mulierum [ne] hac occasione inter fratres vel de fratribus scandalum oriatur.

(Cap. 12) De euntibus inter saracenos et alios infideles

[1]Quicumque fratrum divina inspiratione voluerint ire inter saracenos et alios infideles petant inde licentiam a suis ministris

10 7 Vgl. Lk 12,15; Mt 13,22. 10 Vgl. Mt 5,44. 11 Mt 5,10. 12 Mt 10,22.

[7]Ich warne aber und ermahne im Herrn Jesus Christus, dass die Brüder sich hüten mögen *vor allem* Stolz, eitlem Ruhm, Neid, *Habsucht*, der Sorge und dem geschäftigen Treiben dieser Welt, vor Verleumden und Murren. [8]Und die von Wissenschaften keine Kenntnis haben, sollen sich nicht sorgen, Wissenschaften zu lernen, sondern mehr darauf achten, dass sie über alles verlangen müssen, den Geist des Herrn zu haben und sein heiliges Wirken, [9]immer zu Gott zu beten mit reinem Herzen, Demut zu haben, Geduld in Verfolgung und Krankheit [10]und jene zu lieben, die uns verfolgen und tadeln und beschuldigen; denn der Herr sagt: »*Liebt eure Feinde und betet für jene, die euch verfolgen und verleumden.* [11]*Selig, die Verfolgung leiden um der Gerechtigkeit willen, denn ihrer ist das Himmelreich.* [12]*Wer aber ausharrt bis ans Ende, der wird gerettet werden*«.

(Kap. 11) Dass die Brüder die Klöster der Nonnen nicht betreten sollen

[1]Ich befehle streng allen Brüdern, keine verdächtigen Beziehungen oder Beratungen mit Frauen zu haben [2]und die Klöster der Nonnen nicht zu betreten, jene Brüder ausgenommen, denen vom Apostolischen Stuhl eine besondere Erlaubnis erteilt worden ist.

[3]Auch sollen sie keine Patenstelle bei Männern oder Frauen übernehmen, damit nicht bei solcher Gelegenheit unter den Brüdern oder durch die Brüder ein Ärgernis entsteht.

(Kap. 12) Von denen, die unter die Sarazenen und andere Ungläubige gehen

[1]Jene Brüder, die auf göttliche Eingebung hin unter die Sarazenen oder andere Ungläubige gehen wollen, sollen dazu von ih-

provincialibus. [2]Ministri vero nullis eundi licentiam tribuant, nisi eis quos viderint esse idoneos ad mittendum.

[3]Ad haec per obedientiam iniungo ministris, ut petant a domino papa unum de sanctae Romanae Ecclesiae cardinalibus, qui sit gubernator, protector et corrector istius fraternitatis, [4]ut semper subditi et subiecti pedibus eiusdem sanctae Ecclesiae *stabiles in fide catholica* paupertatem et humilitatem et sanctum evangelium Domini nostri Jesu Christi, quod firmiter promisimus, observemus.

(*Nulli ergo omnino hominum liceat hanc paginam nostrae confirmationis infringere vel ei ausu temerario contraire. Si quis autem hoc attentare praesumpserit, indignationem omnipotentis Dei et beatorum Petri et Pauli apostolorum eius se noverit incursurum. Datum Laterani tertio kalendas decembris, Pontificatus nostri anno octavo.*)

12 4 Vgl. Kol 1,23.

ren Provinzialministern die Erlaubnis erbitten. [2]Die Minister aber sollen nur denen die Erlaubnis zu gehen erteilen, die sie für die Mission tauglich erachten.

[3]Außerdem verpflichte ich die Minister im Gehorsam, vom Herrn Papst einen aus den Kardinälen der heiligen Römischen Kirche zu erbitten, der diese Bruderschaft lenke, in Schutz und in Zucht nehme, [4]auf dass wir, allezeit den Füßen dieser heiligen Kirche untertan und unterworfen, *feststehend im* katholischen *Glauben,* die Armut und Demut und das heilige Evangelium unseres Herrn Jesus Christus beobachten, was wir fest versprochen haben.

(*Keinem Menschen soll es nun gestattet sein, dieses Unser Bestätigungsschreiben anzufechten oder mit leichtfertigem Unterfangen dagegen anzukämpfen. Sollte aber jemand sich herausnehmen, dies zu versuchen, so wisse er, dass er sich die Ungnade des allmächtigen Gottes und seiner heiligen Apostel Petrus und Paulus zuziehen wird. Gegeben im Lateran am 29. November im 8. Jahre Unseres Pontifikates.*)

4 Regula pro eremitoriis data – Regel für Einsiedeleien

In diesem normativen Werk trifft Franziskus Regelungen für Mitbrüder, die – zumindest zeitweise – ein kontemplatives Leben in einer der Einsiedeleien der Gemeinschaft führen wollten. In dieser *regula*, die als Ergänzung zur eigentlichen Ordensregel zu verstehen ist, wird eine spezifische Eigenheit frühfranziskanischer Existenz deutlich – nämlich eine *vita mixta* im Wechsel von Apostolat (u. a. in der Wanderpredigt) und Kontemplation (u. a. in Eremitorien). Zugleich werden die Einsiedeleien im Prozess des Sesshaft-Werdens der frühen minoritischen Wanderprediger »eine erste Form franziskanischer Niederlassungen« dargestellt haben. Der Heilige, der zeitweise selbst eine ausschließlich eremitorische Existenz zu führen beabsichtigte, akzeptierte den Wunsch seiner Fratres, sich zumindest temporär zu intensivem Gebet in Einöden zurückziehen zu wollen. Die Brüder sollen sich jedoch nicht allein, sondern in einer Gemeinschaft von drei bis vier Con-Fratres in einem (oftmals umzäunten) Bezirk aufhalten, auf dem um eine Kapelle herum Hütten o. ä. für die Bewohner gruppiert sind – Eremitorien, wie sie noch heute in den Carceri, Fonte Colombo etc. erhalten geblieben sind. Das äußere Leben (*forma vivendi*) der »Einsiedler auf Zeit« wird vom Gründer statutenmäßig nach dem biblischen Modell der Martha

[1]Illi, qui volunt religiose stare in eremis sint tres fratres vel quattuor ad plus; duo ex ipsis sint matres et habeant duos filios vel unum ad minus. [2][Illi] duo qui sunt matres, teneant vitam Marthae et duo filii teneant vitam Mariae et habeant unum claustrum, in quo unusquisque habeat cellulam suam, in qua oret et dormiat.

[3]Et semper dicant completorium de die statim post occasum solis; et studeant retinere silentium; et dicant horas suas; et in matutinis surgant et *primum* quaerant *regnum Dei et iustitiam*

2 Vgl. Lk 10,38–42. 3 Mt 6,33.

und Maria bzw. von »Müttern« und »Söhnen« organisiert. Traditionsgemäß kommt hierbei Martha (den »Müttern«) eine dienende Rolle, Maria (den »Söhnen«) eine vorrangig kontemplative Aufgabe zu. Die Zuweisung der jeweiligen Rolle ist jedoch nicht dauerhaft, sondern variabel. Der Tagesablauf ist streng nach dem Stundengebet geordnet, wobei dem zeitweiligen Stillschweigen gemäß monastischer Tradition große Bedeutung zukommt. Zwar sind Visitationen der Einsiedeleien durch Minister bzw. Kustoden vorgesehen, doch blieben den dort lebenden Fratres aufgrund der »Offenheit« ihrer Regel hinreichende »Spielräume« für eine eigenständige Gestaltung ihrer kontemplativen Lebensform im jeweiligen Eremitorium.

Datierung: Entstehung zwischen 1217/18 und 1221.

Lat. Text nach EO 409 f. Varianten nach PS 344. Dt. Übers. nach FQ 103 f. – Vgl. ESt 137–179, 335 f.; EO 405–412; Eremitismo nel francescanesimo medievale. Assisi 1991; F 16; Fon 213–216; HG 205–207; PL 354 ff.; Sai 61 f.; SB 269–303; Ll LXXIX ff., 61–63; PS 340–345; FF 56 f., 104 f.; LIV 132–134. – Vgl. DF 2125–2128.

[1]Jene, die für ein intensiveres religiöses Leben in Einsiedeleien verweilen wollen, sollen zu drei oder höchstens zu vier Brüdern sein. Zwei von ihnen sollen die Mütter sein und zwei Söhne oder wenigstens einen haben. [2]Jene beiden, die Mütter sind, sollen das Leben der Martha führen, und die beiden Söhne sollen das Leben der Maria führen; diese sollen einen geschlossenen Bezirk haben, in dem ein jeder seine Zelle habe, in der er bete und schlafe.

[3]Und immer sollen sie die Komplet vom Tag sofort nach Sonnenuntergang beten; und sie seien bemüht, das Stillschweigen einzuhalten; und sie sollen ihre Tagzeiten beten;

eius. [4]Et dicant primam hora qua convenit et post tertiam absolvant silentium; et possint loqui et ire ad matres suas. [5]Et, quando placuerit, possint petere ab eis eleemosynam sicut parvuli pauperes propter amorem Domini Dei. [6]Et postea dicant sextam et nonam; et vesperas dicant hora qua convenit.

[7]Et in claustro, ubi morantur non permittant aliquam personam introire et neque ibi comedant.

[8][Et illi] fratres, qui sunt matres, studeant manere remote ab omni persona; et per obedientiam sui ministri custodiant filios suos ab omni persona, ut nemo possit loqui cum eis. [9]Et isti filii non loquantur cum aliqua persona nisi cum matribus suis et cum ministro et custode suo, quando placuerit eos visitare cum benedictione Domini Dei.

[10]Filii vero quandoque officium matrum assumant, sicut vicissitudinaliter eis pro tempore visum fuerit disponendum, quod omnia supradicta sollicite et studiose studeant observare.

und zur Matutin sollen sie aufstehen und *zuerst das Reich Gottes und seine Gerechtigkeit suchen.* [4]Und sie sollen die Prim beten zu entsprechender Stunde, und nach der Terz mögen sie das Stillschweigen lösen, und sie können sprechen und zu ihren Müttern gehen. [5]Und wenn sie wollen, können sie von ihnen Almosen erbitten wie ganz geringe Arme um der Liebe Gottes, des Herrn, willen. [6]Und danach sollen sie die Sext beten und die Non; und die Vesper sollen sie beten zu entsprechender Stunde.

[7]Und in dem geschlossenen Bezirk, wo sie weilen, dürfen sie keiner Person Eintritt gestatten, und sie sollen dort auch nicht essen.

[8][Und jene] Brüder, die Mütter sind, seien bestrebt, von jedermann fernzubleiben; und im Gehorsam gegen ihren Minister sollen sie ihre Söhne vor jedermann behüten, damit niemand mit ihnen sprechen kann. [9]Und die Söhne selbst dürfen mit niemandem reden außer mit ihren Müttern und mit ihrem Minister und Kustos, wenn er sie mit dem Segen Gottes des Herrn aufzusuchen wünscht.

[10]Die Söhne aber sollen bisweilen das Amt der Mütter übernehmen, wie es ihnen gut scheint, dies abwechselnd für eine Zeit zu regeln, auf dass sie sorgsam und eifrig bemüht seien, all das oben Gesagte zu beobachten.

5 Testamentum Senis factum – Das Testament von Siena

Das sog. »kleine Testament« des Poverello ist weder im Original noch im genauen Wortlaut überliefert. Lediglich verschiedene Ordensquellen des 14. Jahrhunderts, insbesondere die »Sammlung von Perugia«, erwähnen dessen Existenz und schildern das Entstehen des Textes. Hiernach hielt sich der Heilige im April oder Mai (1226) in Siena auf, wo er einen Blutsturz erlitt, so dass die ihn begleitenden Brüder sein nahes Ende befürchteten. Daher baten sie ihn sowohl um seinen Segen als auch um ein »*memoriale* [seines] Willens«. Franziskus entsprach ihren Wünschen und diktierte unter Schmerzen dem herbeigerufenen Bruder Benedikt von Piratro (Prato?) seine letztwillige Verfügung. Diese fasste er in drei Sätze zusammen, die seine Hauptanliegen und sein Streben nach einem »Leben nach der Form des Evangeliums« verdeutlichen sollten. Hiernach forderte er in dem »Vor-Testament« die Brüder auf, zum einen immer in brüderlicher Liebe verbunden zu bleiben, zum anderen immer die »Herrin Armut« zu lieben und schließlich immer

1Scribe qualiter benedico cunctis fratribus meis, qui sunt in religione et qui venturi erunt usque ad finem saeculi. (…) 2Quoniam propter debilitatem et dolorem infirmitatis loqui non valeo, breviter in istis tribus verbis patefacio fratribus meis voluntatem meam, videlicet:

3ut in signum memoriae meae benedictionis et mei testamenti semper diligant se ad invicem,

4semper diligant et observent dominam nostram sanctam paupertatem,

5et ut semper praelatis et omnibus clericis sanctae Matris Ecclesiae fideles et subiecti exsistant.

den Prälaten der Kirche treu ergeben zu sein. Zweifellos ist dieses Diktat sowohl hinsichtlich des Wortlautes als auch hinsichtlich der hierbei deutlich werdenden Intentionen des Heiligen als authentisch zu betrachten. Eindrucksvoll ist zudem die im Text geäußerte Gewissheit des Poverello, dass sein Orden nicht nur über seinen Tod hinaus, sondern sogar bis »ans Ende der Welt« Bestand haben werde.

Datierung: Entstehung des (nicht original überlieferten) Diktats im April/Mai 1226 in Siena.

Lat. Text aus »Sammlung von Perugia« nach EO 459, PS 418 und Per 59, 7, 10–13. Dt. Übers. nach FQ 58, 1135. – Vgl. K. Eßer, Das Testament des hl. Franziskus von Assisi. Münster 1955, 212 (Reg.); ESt 339; M. B. Kaczmarek, in: Geistliches Vermächtnis VI. Werl 1980, 70–85; EO 458 f.; F 16; Fon 241; HG 229 f.; PL 386 ff.; Sai 124; PS 409 ff., 418 f.; FF 104; LIV 187 f.; Lehmann, Testament 71–121. – Vgl. auch DF 1805 ff.

1 Schreibe, dass ich alle meine Brüder segne, die im Orden sind und die kommen werden bis zum Ende der Welt. (…) 2 Weil ich wegen der Schwäche und der Schmerzen der Krankheit nicht sprechen kann, tue ich kurz in diesen drei Worten meinen Brüdern meinen Willen kund, nämlich:

3 dass sie sich zum Zeichen des Gedenkens an meinen Segen und an mein Vermächtnis immer gegenseitig lieben;

4 dass sie immer unsere heilige Herrin Armut lieben und beobachten sollen;

5 und dass sie immer den Prälaten und allen Klerikern der heiligen Mutter Kirche treu und untergeben sein sollen.

6 Testamentum – Das Testament

Das sog. »große Testament« des Poverello ist handschriftlich gut bezeugt und stellt zweifellos ein authentisches Werk des Gründers dar. Dieser wird das *mandatum* – möglicherweise nach biblischem Vorbild – wahrscheinlich in mehreren Schüben in schwerer Krankheit kurz vor seinem Tode einem gebildeten Bruder diktiert haben, woraus sich Schwächen in der lateinischen Ausdrucksweise, Italianismen etc. erklären. Mit stark autobiographischen Bezügen betont der Heilige, dass ihm seine *vita* von Gott allein offenbart und seine weitere Existenz vom Streben nach einem »Leben gemäß der Form des Evangeliums« bestimmt wurde. Rückblickend schildert Franziskus einige wichtige Phasen der Entstehung und Entwicklung seiner *fraternitas* bzw. der franziskanischen Lebensform (mit Armutspostulat, Friedenspredigt etc.). Eine zentrale Stellung nehmen die guten Beziehungen der franziskanischen Gemeinschaft zu Kirche und Klerus ein, denen seine Brüder immer in Gehorsam und Verehrung begegnen sollen. Offensichtlich im Bewusstsein zwischenzeitlich im Orden eingetretener Fehlentwicklungen mahnt Franziskus die Fratres nachdrücklich zur genauen Beachtung der Regel, wobei vor allem Verstöße gegen das Armutspostulat, gegen die Gehorsamsverpflichtung gegenüber den Oberen etc. mitunter in scharfer Form und unter strenger Strafandrohung verurteilt werden. Ausdrücklich betont der Poverello, dass die Regel in vorliegender Form genauestens zu beachten ist und ihr Wortlaut weder verändert noch glossiert werden darf. Auch wird untersagt, unter irgendwelchen Vorwänden päpstliche Privilegien zu erlangen und damit gegen das Postulat der *minoritas* zu verstoßen. Schließlich weist der Heilige dar-

(I) [1]Dominus ita dedit mihi fratri Francisco incipere faciendi poenitentiam: quia cum essem in peccatis nimis mihi videbatur amarum videre leprosos. [2]Et ipse Dominus conduxit me inter illos et feci misericordiam cum illis. [3]Et recedente me ab ipsis, id quod videbatur mihi amarum, conversum fuit mihi in

auf hin, dass sein Testament nicht als neue *regula*, sondern nur als »Ermahnung« zu verstehen ist, die vorhandene Regel »besser katholisch [zu] beachten«.

Trotz dieser Mahnungen konnte Franziskus nicht verhindern, dass das *mandatum* schon bald nach seinem Tode zum Gegenstand anhaltender interner Auseinandersetzungen um die Gültigkeit von Regel und Testament sowie um die »wahre franziskanische Lebensform« wurde, die das Ordensleben über Jahrzehnte belasten sollten. Zudem hob Papst Gregor IX. die Verbindlichkeit des Testamentes von Franziskus in der Bulle »*Quo elongati*« (28. September 1230) auf und »[verlagerte] die Verpflichtung zur Beachtung des Testamentes von der rechtlichen auf die spirituelle Ebene« (K. Eßer). Dessen ungeachtet stellt das Testament ein wichtiges autobiographisches Zeugnis für das Wirken des Poverello, für seine spirituellen und apostolischen Anliegen und für die Frühgeschichte der franziskanischen Gemeinschaft dar.

Datierung: Entstehung in den letzten Lebenstagen des Heiligen im September/Oktober 1226 in Portiunkula.

Lat. Text nach EO 438–444. Varianten nach PS 394–404. Dt. Übers. nach FQ 59–62 (Zitat 62). – Vgl. K. Eßer, Das Testament des hl. Franziskus von Assisi. Münster 1955; ESt 336 f.; EO 431–447 (Zitat 447); F 13–16; Fon 225–232; M. Conti, Il discorso d'addio di san Francesco. Roma 2000; HG 216–220; PL 385–409; Sai 124–127; PS 384–405; FF 53–56, 99–104; LIV 74–80; Lehmann, Testament 71–121. – Vgl. auch DF 1805–1826.

(I) [1]So hat der Herr mir, dem Bruder Franziskus, gegeben, das Leben der Buße zu beginnen: denn als ich in Sünden war, kam es mir sehr bitter vor, Aussätzige zu sehen. [2]Und der Herr selbst hat mich unter sie geführt, und ich habe ihnen Barmherzigkeit erwiesen. [3]Und da ich fortging von ihnen, wurde mir das, was mir bitter vorkam, in Süßigkeit der Seele und des Lei-

dulcedinem animi et corporis; et postea parum steti et exivi de saeculo.

[4]Et Dominus dedit mihi talem fidem in ecclesiis, ut ita simpliciter orarem et dicerem: [5]»Adoramus te, *Domine Jesu* Christe, et *ad omnes ecclesias tuas, quae sunt in toto mundo*, et benedicimus tibi, quia per *sanctam* crucem tuam redemisti mundum«.

[6]Postea Dominus dedit mihi et dat tantam fidem in sacerdotibus, qui vivunt secundum formam sanctae Ecclesiae Romanae propter ordinem ipsorum, quod si facerent mihi persecutionem, volo recurrere ad ipsos. [7]Et si haberem tantam sapientiam, quantam Salomon habuit, et invenirem pauperculos sacerdotes huius saeculi in parochiis, [in] quibus morantur, nolo praedicare ultra voluntatem ipsorum. [8]Et ipsos et omnes alios volo timere, amare et honorare, sicut meos dominos. [9]Et nolo in ipsis considerare peccatum, quia Filium Dei discerno in ipsis, et domini mei sunt. [10]Et propter hoc facio, quia nihil video corporaliter in hoc saeculo de ipso altissimo Filio Dei, nisi sanctissimum corpus et sanctissimum sanguinem suum, quod ipsi recipiunt et ipsi soli aliis ministrant. [11]Et haec sanctissima mysteria super omnia volo honorari, venerari et in locis pretiosis collocari. [12]Sanctissima nomina et verba eius scripta, ubicumque invenero in locis illicitis, volo colligere et rogo, quod colligantur et in loco honesto collocentur. [13]Et omnes theologos et, qui ministrant sanctissima verba divina, debemus honorare et venerari, sicut qui ministrant nobis spiritum et vitam.

(II) [14]Et postquam Dominus dedit mihi de fratribus, nemo ostendebat mihi, quid deberem facere, sed ipse Altissimus reve-

13 Vgl. Joh 6,64.

bes verwandelt. Und danach hielt ich eine Weile inne und verließ die Welt.

[4]Und der Herr gab mir in den Kirchen einen solchen Glauben, dass ich in Einfalt so betete und sprach: [5]»Wir beten dich an, *Herr Jesus* Christus, (hier) und *in allen deinen Kirchen auf der ganzen Welt*, und wir preisen dich, weil du durch dein *heiliges* Kreuz die Welt erlöst hast«.

[6]Danach gab und gibt mir der Herr einen so großen Glauben zu den Priestern, die nach der Form der heiligen Römischen Kirche leben, aufgrund ihrer Weihe, dass ich, wenn sie mich verfolgen würden, bei ihnen Zuflucht suchen will. [7]Und wenn ich so große Weisheit hätte, wie Salomon sie gehabt hat, und fände armselige Priester dieser Welt – in den Pfarreien, [in welchen] sie weilen, will ich nicht gegen ihren Willen predigen. [8]Und diese und alle anderen will ich achten, lieben und ehren wie meine Herren. [9]Und ich will in ihnen die Sünde nicht beachten, weil ich den Sohn Gottes in ihnen unterscheide und sie meine Herren sind. [10]Und deswegen tue ich das, weil ich leiblich von ihm, dem höchsten Sohn Gottes, in dieser Welt nichts sehe als seinen heiligsten Leib und sein heiligstes Blut, das sie selbst empfangen und sie allein den anderen darreichen. [11]Und ich will vor allem, dass diese heiligsten Geheimnisse geachtet, verehrt und an kostbaren Stellen aufbewahrt werden. [12]Seine geschriebenen heiligsten Namen und Worte will ich, wo immer ich sie an unpassenden Stellen finden werde, auflesen und bitte, dass sie aufgelesen und an einen ehrbaren Ort hingelegt werden. [13]Und alle Theologen und die Gottes heiligste Worte mitteilen, müssen wir achten und ehren als solche, die uns Geist und Leben mitteilen.

(II) [14]Und nachdem mir der Herr Brüder gegeben hatte, zeigte mir niemand, was ich tun sollte, sondern der Höchste selbst

lavit mihi, quod deberem vivere secundum formam sancti Evangelii. [15]Et ego paucis verbis et simpliciter feci scribi et dominus Papa confirmavit mihi. [16]Et illi qui veniebant ad recipiendam vitam [istam], *omnia quae habere poterant*, dabant pauperibus; et [eramus] contenti tunica una, intus et foris repeciata, [qui volebant] cum cingulo et braccis. [17]Et nolebamus plus habere.

[18]Officium dicebamus clerici secundum alios clericos, laici dicebant: *Pater noster*; et satis libenter manebamus in ecclesiis. [19]Et eramus idiotae et subditi omnibus.

[20]Et ego manibus meis laborabam, et volo laborare; et omnes alii fratres firmiter volo, quod laborent de laboritio, quod pertinet ad honestatem. [21]Qui nesciunt, discant, non propter cupiditatem recipiendi pretium laboris, sed propter exemplum et ad repellendam otiositatem. [22]Et quando non daretur nobis pretium laboris, recurramus ad mensam Domini, petendo eleemosynam ostiatim.

[23]Salutationem mihi Dominus revelavit, ut diceremus: »Dominus det tibi pacem«.

[24]Caveant sibi fratres, ut ecclesias, habitacula paupercula et omnia [alia], quae pro ipsis construuntur, penitus non recipiant, nisi essent, sicut decet sanctam paupertatem, quam in regula promisimus, semper ibi hospitantes sicut *advenae et peregrini.*

[25]Praecipio firmiter per obedientiam fratribus universis, quod ubicumque sunt, non audeant petere aliquam litteram in curia Romana, per se neque per interpositam personam, neque pro ecclesia neque pro alio loco neque sub specie praedicationis neque pro persecutione suorum corporum; [26]sed ubicumque non fuerint recepti, fugiant in aliam terram ad faciendam poenitentiam cum benedictione Dei.

16 Tob 1,3. 24 Vgl. 1 Petr 2,11; Hebr 11,13.

hat mir offenbart, dass ich nach der Form des heiligen Evangeliums leben sollte. [15]Und ich habe es mit wenigen Worten und schlicht aufschreiben lassen, und der Herr Papst hat es mir bestätigt. [16]Und jene, die kamen, [jenes] Leben zu empfangen, gaben *alles, was sie haben mochten*, den Armen. Und [wir] waren zufrieden mit einer einzigen Kutte, innen und außen geflickt, [die wollten] samt Strick und Hosen. [17]Und mehr wollten wir nicht haben.

[18]Das Offizium sprachen wir Kleriker wie andere Kleriker, die Laien sprachen *Vaterunser*; und sehr gern verweilten wir in den Kirchen. [19]Und wir waren ungebildet und allen untertan.

[20]Und ich arbeitete mit meinen Händen und will arbeiten; und ich will nachdrücklich, dass alle anderen Brüder eine Handarbeit verrichten, die ehrbar ist. [21]Die es nicht können, sollen es lernen, nicht aus dem Verlangen, Lohn für die Arbeit zu erhalten, sondern um ein Beispiel zu geben und den Müßiggang zu vertreiben. [22]Und wenn uns einmal der Arbeitslohn nicht gegeben würde, so wollen wir zum Tisch des Herrn Zuflucht nehmen und um Almosen bitten von Tür zu Tür.

[23]Als Gruß, so hat mir der Herr offenbart, sollten wir sagen: »Der Herr gebe dir Frieden!«

[24]Hüten sollen sich die Brüder, Kirchen, ärmliche Wohnungen und alles [andere], was für sie gebaut wird, überhaupt anzunehmen, wenn sie nicht sind, wie es der heiligen Armut entspricht, die wir in der Regel versprochen haben; und sie sollen dort immer herbergen wie *Pilger und Fremdlinge.*

[25]Ich befehle streng im Gehorsam allen Brüdern, wo sie auch sind, ja nicht zu wagen, irgendeinen Brief bei der römischen Kurie zu erbitten, weder selbst noch durch eine Mittelsperson, weder für eine Kirche noch sonst für einen Ort, weder unter dem Vorwand der Predigt noch wegen leiblicher Verfolgung; [26]sondern, wo immer man sie nicht aufnimmt, sollen sie in ein anderes Land fliehen, um mit dem Segen Gottes Buße zu tun.

(III) [27]Et firmiter volo obedire ministro generali huius fraternitatis et alio guardiano, quem sibi placuerit mihi dare. [28]Et ita volo esse captus in manibus suis, ut non possim ire vel facere ultra obedientiam et voluntatem suam, quia dominus meus est.

[29]Et quamvis sim simplex et infirmus, tamen semper volo habere clericum, qui mihi faciat officium, sicut in regula continetur.

[30]Et omnes alii fratres teneantur ita obedire guardianis suis et facere officium secundum regulam. [31]Et qui inventi essent, quod non facerent officium secundum regulam, et vellent alio modo variare, aut non essent catholici, omnes fratres, ubicumque sunt, per obedientiam teneantur, quod ubicumque invenerint aliquem ipsorum, proximiori custodi illius loci, ubi ipsum invenerint, debeant repraesentare.

[32]Et custos firmiter teneatur per obedientiam ipsum fortiter custodire, sicuti hominem in vinculis die noctuque, ita quod non possit eripi de manibus suis, donec propria sua persona ipsum repraesentet in manibus sui ministri. [33]Et minister firmiter teneatur per obedientiam mittendi ipsum per tales fratres, [qui] die noctuque custodiant ipsum sicuti hominem in vinculis, donec repraesentent ipsum coram domino Ostiensi, qui est dominus, protector et corrector totius fraternitatis.

(IV) [34]Et non dicant fratres: »Haec est alia regula«, quia haec est recordatio, admonitio, exhortatio et meum testamentum, quod ego frater Franciscus parvulus facio vobis fratribus meis benedictis propter hoc, ut regulam, quam Domino promisimus, melius catholice observemus.

(III) [27]Und fest will ich dem Generalminister dieser Brüderschaft gehorchen und sonst dem Guardian, den er mir nach seinem Ermessen gibt. [28]Und ich will so gefangen sein in seinen Händen, dass ich nicht gehen noch handeln kann gegen den Gehorsam und seinen Willen, weil er mein Herr ist.

[29]Und obwohl ich einfältig und krank bin, will ich doch immer einen Kleriker haben, der mit mir das Offizium betet, wie es in der Regel steht.

[30]Und alle anderen Brüder sollen gehalten sein, ebenso ihren Guardianen zu gehorchen und das Offizium der Regel gemäß zu halten. [31]Und sollten sich solche finden, die das Offizium nicht der Regel gemäß hielten und durch eine andere Art abändern wollten oder nicht katholisch wären – alle Brüder, wo sie auch sind, sollen im Gehorsam verpflichtet sein, einen solchen, wo sie ihn auch finden, dem nächsten Kustos, jenes Ortes, wo sie ihn gefunden haben, vorzuführen.

[32]Und der Kustos sei streng im Gehorsam verpflichtet, ihn bei Tag und Nacht wie einen Gefangenen scharf zu bewachen, so dass er seinen Händen nicht entrissen werden kann, bis er ihn in eigener Person den Händen seines Ministers übergibt. [33]Und der Minister sei streng im Gehorsam verpflichtet, ihn durch solche Brüder zu schicken, die ihn bei Tag und Nacht wie einen Gefangenen bewachen, bis sie ihn vor den Herrn von Ostia geführt haben, welcher der Herr, Beschützer und Verbesserer der ganzen Bruderschaft ist.

(IV) [34]Und die Brüder sollen nicht sagen: »Dies ist eine andere Regel«; denn dies ist eine Erinnerung, Ermahnung, Aufmunterung und mein Testament, das ich, der ganz kleine Bruder Franziskus, euch, meinen [gesegneten] Brüdern, aus dem Grunde mache, damit wir die Regel, die wir dem Herrn versprochen haben, besser katholisch beobachten.

[35]Et generalis minister et omnes alii ministri et custodes per obedientiam teneantur, in istis verbis non addere vel minuere. [36]Et semper hoc scriptum habeant secum iuxta regulam. [37]Et in omnibus capitulis quae faciunt, quando legunt regulam, legant et ista verba. [38]Et omnibus fratribus meis clericis et laicis praecipio firmiter per obedientiam, ut non mittant glossas in regula neque in istis verbis dicendo: »Ita volunt intelligi«. [39]Sed sicut dedit mihi Dominus simpliciter et pure dicere et scribere regulam et ista verba, ita simpliciter et [pure] sine glossa intelligatis et cum sancta operatione observetis usque in finem.

[40]Et quicumque haec observaverit, in caelo repleatur benedictione altissimi Patris et in terra repleatur benedictione dilecti Filii sui cum sanctissimo Spiritu Paraclito et omnibus virtutibus caelorum et omnibus sanctis. [41]Et ego frater Franciscus parvulus vester servus quantumcumque possum, confirmo vobis intus et foris istam sanctissimam benedictionem.

[35]Und der Generalminister und alle anderen Minister und Kustoden seien im Gehorsam gehalten, diesen Worten nichts hinzuzufügen oder wegzunehmen. [36]Und immer sollen sie dieses Schriftstück bei sich haben neben der Regel. [37]Und auf allen Kapiteln, die sie halten, sollen sie auch diese Worte lesen, wenn sie die Regel lesen. [38]Und allen meinen Brüdern, Klerikern und Laien, befehle ich streng im Gehorsam, dass sie keine Erklärungen zur Regel und auch nicht zu diesen Worten hinzufügen, indem sie sagen: »So wollen sie verstanden werden«. [39]Sondern wie mir der Herr gegeben hat, einfältig und lauter die Regel und diese Worte zu sagen und zu schreiben, so einfältig und [lauter] ohne Erklärung sollt ihr sie verstehen und mit heiligem Wirken bis ans Ende beobachten.

[40]Und wer immer dieses beobachtet, werde im Himmel erfüllt mit dem Segen des höchsten Vaters und auf Erden werde er erfüllt mit dem Segen seines geliebten Sohnes in Gemeinschaft mit dem Heiligsten Geiste, dem Tröster, und allen Kräften des Himmels und allen Heiligen. [41]Und ich, der ganz kleine Bruder Franziskus, euer Knecht, bestätige euch, soviel ich nur kann, innen und außen diesen heiligsten Segen.

II Briefe

Rundschreiben an die Öffentlichkeit

1 Epistola ad clericos (Rec. 1–2) – Der Brief an die Kleriker (1. und 2. Fassung)

Es ist umstritten, ob es sich bei der »*Epistola ad clericos*« um einen authentischen Brief des Heiligen (nach Eßer) oder um die Aufzeichnung einer Predigt in Form eines »schriftlichen Mahnwortes« (nach Lehmann) handelt. Einige Elemente des Schreibens, das keine Adresse und keinen Absender besitzt, verstärken jedoch den Charakter eines Briefes – wie die direkte Anrede »aller Kleriker« (denen sich Franziskus zugehörig fühlt), die Aufforderung zur Vervielfältigung und Verbreitung des Schreibens sowie die Verwendung des Tau-Signums, das der Heilige oftmals zur eigenhändigen Unterzeichnung verwendete. Gegenstand des Briefes ist die von Franziskus seit Beginn seiner Bekehrung gezeigte »Ehrfurcht vor der Eucharistie und deren entsprechende Aufbewahrung«. Hinzu kommt eine umfassende Verehrung des Wortes Gottes, für das Franziskus ehrfürchtigen Umgang fordert – auch im niedergeschriebenen Wort. Diesbezüglich bestehende Missstände konstatiert der Heilige und mahnt zumindest indirekt, diese zu beseitigen.

Überliefert ist das Werk in zwei Fassungen, deren erste, kürzere zwischen 1215 und 1219, wahrscheinlich jedoch vor seiner Orientreise entstand. Die zweite, längere Variante wird nach der Rückkehr von Franziskus von dieser Reise, d.h. nach dem März 1220, verfasst worden sein. Diese längere Fassung zeigt Bezüge zu einem Schreiben von Papst

[1]Attendamus, omnes clerici, magnum peccatum et ignorantiam, quam quidam habent super sanctissimum corpus et sanguinem Domini nostri Jesu Christi et sacratissima nomina et verba eius scripta, quae sanctificant corpus. [2]Scimus, quia non potest esse corpus, nisi prius sanctificetur a verbo.

Honorius III. (»*Sane cum olim*« – November 1219), in dem dieser – wie schon das IV. Lateran-Konzil (1215) – unter Strafandrohung u. a. zur Ehrfurcht vor der Eucharistie auffordert. Der Heilige scheint somit die Initiative des Papstes durch seinen »Brief an die Kleriker« unterstützt zu haben – eine Maßnahme, die er auch durch folgende Schreiben mit ähnlichem Tenor zu fördern suchte.

Die beiden Brieffassungen unterscheiden sich nur geringfügig (in den Sätzen 4, 5, 13), so dass im folgenden der Text der älteren Fassung verwendet wird, während die Varianten der späteren Fassung in den Anmerkungen verzeichnet werden.

Datierung: Entstehung der ersten Fassung nach dem IV. Lateran-Konzil (1215) und vor der Publikation des Schreibens »*Sane cum olim*« November 1219; zweite Fassung nach Erscheinen des erwähnten Papst-Schreibens 1219 bzw. evtl. nach der Orientreise des Heiligen 1220.

Lat. Text nach EO 163–165. Varianten nach PS 140–142. Dt. Übers. nach FQ 121 f. – Vgl. ESt 316–318; EO 155–166 (Zitat 157); L. Lehmann, in: WiWei 52 (1989) 147–178; F 19; Fon 59–61; HG 68–72; PL 421 (Reg.); Sai 52–55; C. Paolazzi, in: AFH 101 (2008) 3–154; Ll LXXIX ff., 65; FQ 121 f.; FF 33 ff., 124, 143 f.; L IV, 155.

[1]Lasst uns beachten, wir Kleriker alle, die große Sünde und Unwissenheit, die manche an den Tag legen gegenüber dem heiligsten Leib und Blut unseres Herrn Jesus Christus und seinen heiligsten Namen und seinen niedergeschriebenen Worten, die den Leib Christi heiligen. [2]Wir wissen, dass der Leib (Christi) nicht sein kann, wenn er nicht zuvor vom Wort ge-

[3]Nihil enim habemus et videmus corporaliter in hoc saeculo de ipso Altissimo, nisi corpus et sanguinem, nomina et verba, per quae facti sumus et redempti *de morte ad vitam*.

[4]Omnes autem illi qui ministrant tam sanctissima mysteria, considerent intra se, maxime hi qui illicite ministrant, quam viles sint calices, corporales et linteamina, ubi sacrificatur corpus et sanguis eiusdem. [5]Et a multis in locis vilibus collocatur et relinquitur, miserabiliter portatur et indigne sumitur et indiscrete aliis ministratur. [6]Nomina etiam et verba eius scripta aliquando pedibus conculcantur; [7]quia *animalis homo non percipit ea quae Dei sunt*.

[8]Non movemur de his omnibus pietate cum ipse pius Dominus in manibus nostris se praebeat et eum tractemus et sumamus quotidie per os nostrum? [9]An ignoramus, quia venire debemus in manus eius?

[10]Igitur de his omnibus et aliis cito et firmiter emendemus; [11]et ubicumque fuerit sanctissimum corpus Domini nostri Jesu Christi illicite collocatum et relictum, removeatur de loco illo et in loco pretioso ponatur et consignetur. [12]Similiter nomina et verba Domini scripta, ubicumque inveniantur in locis [inmundis], colligantur et in loco honesto debeant collocari.

[13]Haec omnia usque in finem universi clerici tenentur super omnia observare. [14]*Et qui hoc non fecerint*, sciant *se debere* co-

3 1 Joh 3,14. 4 *mysteria:* Rec. post.: *ministeria* (EO 164); *illicite:* Rec. post.: *indiscrete* (EO 164); *corporales:* Rec. post.: *corporalia* (EO 164); *eiusdem:* Rec. post.: *Domini nostri* (EO 164). 5 Rec. post.: *collocatur et* fehlt (EO 164). 7 1 Kor 2,14. 13 Rec. post.: »*Et scimus, quia haec omnia tenemur super omnia observare secundum praecepta Domini et constitutiones sanctae Matris Ecclesiae*« (EO 165). 14 *fecerint, sciant:* Rec. post.: *fecerit, sciat* (EO 165); vgl. Mt 12,36.

heiligt wird. [3]Nichts haben und sehen wir nämlich leiblich in dieser Welt von ihm selbst, dem Allerhöchsten, als den Leib und das Blut, die Namen und Worte, durch die wir geschaffen und *vom Tode zum Leben* erlöst sind.

[4]Alle jene aber, die solche heiligsten Geheimnisse verwalten, und besonders die, welche sie in unerlaubter Weise verwalten, mögen in ihrem Innern bedenken, wie minderwertig die Kelche, Korporalien und Altartücher sind, auf denen sein Leib und sein Blut geopfert werden. [5]Und von vielen wird er an ungeziemenden Orten hingelegt und liegen gelassen, achtlos herumgetragen und unwürdig empfangen und unterschiedslos anderen ausgeteilt. [6]Auch Blätter, auf denen seine Namen und Worte geschrieben stehen, werden zuweilen mit den Füßen zertreten; [7]denn *der irdisch gesinnte Mensch erfasst nicht, was Gottes ist.*

[8]Bewegt uns all dies nicht zu gütigem Erbarmen, da er, der gütige Herr, sich selbst in unseren Händen darbietet und wir ihn berühren und täglich durch unseren Mund empfangen dürfen? [9]Oder wissen wir nicht, dass wir in seine Hände gelangen müssen?

[10]Daher wollen wir uns in all diesen und anderen Dingen schnell und entschieden bessern. [11]Und wo immer der heiligste Leib unseres Herrn Jesus Christus in unstatthafter Weise aufbewahrt und liegen gelassen wird, soll er von jener Stelle weggenommen und an einen kostbar ausgestatteten Platz gelegt und verschlossen werden. [12]Ähnlich sollen auch Blätter, auf denen Namen und Worte des Herrn geschrieben stehen, überall, wo man sie an unsauberen Stellen findet, aufgehoben und an ehrenvoller Stelle hingelegt werden.

[13]Die Kleriker insgesamt sind verpflichtet, alle diese Dinge bis zum Ende mehr als alles andere zu beobachten. [14]Und die *das nicht tun, sollen wissen, dass sie am Tag des Gerichtes*

ram Domino nostro Jesu Christo *in die iudicii* reddere *rationem.*

[15]Hoc scriptum, ut melius debeat observari, sciant se benedictos a Domino Deo, qui illud fecerint exemplari.

[Tau-Zeichen]

15 *illud:* Rec. post.: *ipsum* (EO 165).

vor unserem Herrn Jesus Christus *Rechenschaft ablegen müssen.*

[15]Wer dieses Schreiben abschreiben lässt, damit es noch besser befolgt werden kann, soll sich von Gott, dem Herrn, gesegnet wissen.

[Tau-Zeichen]

2 Epistola ad fideles (Recensio prior) – Der erste Brief an die Gläubigen

Das Schriftstück wurde in einem Codex der *Biblioteca Guarnacci di Volterra* entdeckt und zumeist als Vorläufer der größeren Fassung des Schreibens an die Gläubigen (2 Gl) betrachtet. Als Verfasser ist nicht Franziskus allein zu betrachten; vielmehr wird er den Text gemeinsam mit einigen Brüdern konzipiert haben. Unklar sind die Adressaten des Werkes; wahrscheinlich wird es sich um einen größeren Personenkreis von Gläubigen handeln. Umstritten ist, ob es sich bei dem Text – wie von K. Eßer angenommen – um eine Mahnschrift für die »Brüder und Schwestern von der Buße« handelt, die später im sog. Dritten Orden versammelt wurden.

Formal handelt es sich um einen Brief ohne Adresse und Absender, der jedoch eher Züge einer schriftlich fixierten Bußpredigt trägt und enge Bezüge zur Nicht-bullierten Regel (NbR 21) besitzt. Das Werk ist dreigeteilt, wobei sich der erste Abschnitt mit denen beschäftigt, »die Buße tun«. In immer neuen Beispielen loben die Verfasser die Gläubigen, die den Herrn »aus ganzer Kraft« lieben und »Kinder des himmlischen Vaters« sowie »Verlobte« des Herrn Jesus Christus sind. »Ehrenvoll« und »heilig« ist es für diese Menschen, den Willen Gottes auf Erden zu tun. Im zweiten Abschnitt wird kontrastierend das Verhalten derjenigen geschildert, »die nicht Buße tun«. Die Personen, die in Laster und Sünden leben, den fleischlichen Begierden folgen und in ihrem geschäftigen Treiben in der Welt den Willen Gottes missachten, werden zwangsläufig zu Gefangenen des Teufels. Überaus realistisch

°(Haec sunt verba vitae et salutis quae si quis legerit et fecerit inveniet vitam et auriet salutem a domino).

schildern die Autoren das schreckliche Schicksal derer, die nicht nur den »Aufruf zur evangelischen Umkehr« missachtet, sondern sich bis zum Lebensende an materielle Dinge bzw. ihr Vermögen geklammert haben. Sie werden Leib und Seele in ihrem Erdenleben verlieren, niemals geistliche Weisheit besitzen, in die Hölle kommen und dort »ohne Ende gepeinigt werden«. Im dritten, kurzen Endteil des Werkes erweisen sich die Verfasser als »Vermittler der Worte Christi«, die die Gläubigen auffordern, diese weiterzuverbreiten. Andererseits wird – wie in anderen Texten des Poverello (z. B. NbR 4, 6) – mahnend daran erinnert, dass jeder Mensch am Tage des Jüngsten Gerichtes vor Gott Rechenschaft für sein Tun abzulegen und daher zuvor dem Willen Gottes im irdischen Tun zu entsprechen habe.

Datierung: Entstehung längere Zeit vor Schaffung der größeren Brieffassung.

Lat. Überschrift nach P. Sabatier, Collection d'études. Paris 1900, 132–136. Übriger lat. Text nach EO 178–180. Varianten nach PS 174–178. Dt. Übers. nach FQ 123–126. – Vgl. ESt 323 f.; R. Pazzelli, in: ATOR 19 (1987) 233–240; L. Lehmann, in: Laur 29 (1988) 564–608; F 18; Fon 71–76; HG 54–58; PL 422 (Reg.); Sai 41–44; O. Schmucki, in: BF 84–86; C. Paolazzi, in: AFH 101 (2008) 3–154; Ll 166–197; FQ 123–126; PS 172–179; FF 122 f., 131–134; L IV 158–163.

°Dies sind Worte des Lebens und des Heils: Wer sie liest und tut, wird Leben finden und Heil schöpfen vom Herrn.

(Cap. 1) De illis qui faciunt poenitentiam

In nomine Domini

[1]Omnes qui Dominum diligunt *ex toto corde, ex tota anima et mente, ex tota virtute* et diligunt proximos suos sicut se ipsos, [2]et odio habent corpora eorum cum vitiis et peccatis, [3]et recipiunt corpus et sanguinem Domini nostri Jesu Christi, [4]et faciunt fructus dignos poenitentiae:

[5]O quam beati et benedicti sunt illi et illae, dum talia faciunt et in talibus perseverant,

[6]quia *requiescet super* eos *spiritus Domini* et faciet *apud* eos habitaculum *et mansionem,*

[7]et sunt filii patris caelestis, cuius opera faciunt, et sunt sponsi, *fratres et matres* Domini nostri Jesu Christi.

[8]Sponsi sumus, quando Spiritu Sancto coniungitur fidelis anima Domino nostro Jesu Christo.

[9]Fratres [eius] sumus, quando facimus *voluntatem patris qui in caelis est.*

[10]Matres, quando portamus eum in corde et corpore nostro per divinum amorem et puram et sinceram conscientiam; parturimus eum per sanctam operationem, quae lucere debet aliis in exemplum.

[11]O quam gloriosum est, sanctum et magnum in caelis habere patrem!

[12]O quam sanctum, [paraclitum] pulchrum et admirabilem talem habere sponsum!

[13]O quam sanctum et quam dilectum, beneplacitum, humilem, pacificum, dulcem, amabilem et super omnia desiderabilem habere talem fratrem et talem filium: Dominum nostrum

1 1 Vgl. Mk 12,30; vgl. Mt 22,39. 4 Vgl. Lk 3,8. 6 Vgl. Is 11,2; Joh 14,23. 7 Vgl. Mt 5,45; 12,50. 9 Mt 12,50. 10 Vgl. 1 Kor 6,20; Mt 5,16. 13 Vgl. Joh 10,15.

(Kap. 1) Von jenen, die Buße tun

Im Namen des Herrn:

1Alle, die den Herrn *lieben aus ganzem Herzen, aus ganzer*
Seele und ganzem Sinnen, aus ganzer Kraft und ihre Nächsten
lieben wie sich selbst 2und ihr verkehrtes Ich mit seinen Las-
tern und Sünden hassen 3und den Leib und das Blut unseres
Herrn Jesus Christus empfangen 4und würdige Früchte der
Buße bringen:

5O wie selig und gesegnet sind jene Männer und Frauen, die
solches tun und darin ausharren,

6denn auf ihnen *wird der Geist des Herrn ruhen*, und er wird
sich bei ihnen eine Wohnung und *Bleibe* schaffen,

7und sie sind Kinder des himmlischen Vaters, dessen Werke
sie tun, und sie sind Verlobte, *Geschwister und Mütter* unseres
Herrn Jesus Christus.

8Verlobte sind wir, wenn die gläubige Seele durch den Heili-
gen Geist unserem Herrn Jesus Christus verbunden wird.

9[Dessen Brüder] sind wir, wenn wir *den Willen des Vaters*
tun, der im Himmel ist;

10Mütter sind wir, wenn wir ihn durch die göttliche Liebe
und ein reines und lauteres Gewissen in unserem Herzen und
Leibe tragen; wir gebären ihn durch ein heiliges Wirken, das
anderen als Vorbild leuchten soll.

11O, wie ehrenvoll ist es, einen heiligen und großen Vater im
Himmel zu haben!

12O, wie heilig, als Tröster einen solch schönen und wunder-
baren Bräutigam zu haben!

13O, wie heilig und wie erfreulich, einen solch wohlgefälli-
gen, demütigen, Frieden stiftenden, süßen, liebevollen und
über alles ersehnenswerten Bruder und einen solchen Sohn zu
haben: unseren Herrn Jesus Christus, der sein Leben für seine

Jesum Christum, qui posuit animam [suam] pro ovibus suis et oravit patri dicens:

[14]*Pater sancte, serva eos in nomine tuo, quos dedisti mihi* in *mundo; tui erant et mihi dedisti eos.* [15]Et *verba quae mihi dedisti, dedi eis; et ipsi acceperunt et* crediderunt *vere, quia a te exivi et* cognoverunt, *quia tu me misisti.* [16]Rogo pro eis et *non pro mundo.* [17]Benedic et *sanctifica* [eos] *et pro eis sanctifico me ipsum.* [18]*Non pro eis rogo tantum, sed pro eis, qui credituri sunt per verbum* illorum *in me, ut sint* sanctificati *in unum sicut et nos.* [19]Et volo, pater, *ut ubi ego sum et illi sint mecum, ut videant claritatem meam in regno tuo.* Amen.

(Cap. 2) De illis qui non agunt poenitentiam

[1]Omnes autem illi et illae, qui non sunt in poenitentia, [2]et non recipiunt corpus et sanguinem Domini nostri Jesu Christi, [3]et operantur vitia et peccata et qui ambulant post malam concupiscentiam et mala desideria carnis suae, [4]et non observant, quae promiserunt Domino, [5]et serviunt corporaliter mundo carnalibus desideriis et sollicitudinibus saeculi et curis huius vitae: [6][decepti] a diabolo, cuius sunt filii et eius opera faciunt, [7]caeci sunt, quia verum lumen non vident Dominum nostrum Jesum Christum. [8]Sapientiam non habent spiritualem, quia non habent Filium Dei qui est vera sapientia Patris, [9]de quibus dicitur: *Sapientia eorum deglutita est*; et: *Maledicti qui declinant a mandatis tuis.* [10]Vident et agnoscunt, sciunt et faciunt mala et ipsi scienter perdunt animas.

14 Joh 17,11; 17,6. 15 Joh 17,8. 16 Vgl. Joh 17,9. 17 Joh 17,17; 17,19. 18 Joh 17,20; 17,23; 17,11. 19 Joh 17,24; Mt 20,21. **2** 6 Vgl. Joh 8,41. 9 Ps 107,27; 119,21.

Schafe hingegeben und zum Vater gebetet hat, indem er
sprach:
14»*Heiliger Vater, bewahre sie in deinem Namen, die du mir in*
der Welt gegeben hast. Dein waren sie, und du hast sie mir gege-
ben. 15Und *die Worte, die du* mir *gegeben hast, habe ich ihnen*
gegeben; und sie haben sie angenommen und haben in Wahr-
heit geglaubt, *dass ich von dir ausgegangen bin; und* sie haben
erkannt, *dass du mich gesandt hast.* 16Ich bitte für sie und *nicht*
für die Welt. 17Segne und *heilige sie; und für sie weihe ich mich*
selbst. 18*Nicht für sie allein bitte ich, sondern auch für diejenigen,*
die auf jener Wort hin an mich glauben werden, damit sie zur
Einheit geweiht *seien, wie wir es sind.* 19*Und* ich will, Vater, *dass,*
wo ich bin, auch jene mit mir seien, damit sie meine Herrlichkeit
sehen in deinem Reich. Amen«.

(Kap. 2) Von denen, die nicht Buße tun

1Alle jene Männer und Frauen aber, die nicht in Buße leben
2und den Leib und das Blut unseres Herrn Jesus Christus nicht
empfangen 3und Laster und Sünden begehen und die nach der
bösen Begehrlichkeit und den schlechten Strebungen ihres
Fleisches wandeln 4und nicht beobachten, was sie dem Herrn
versprochen haben, 5und die mit ihrem Leib der Welt dienen in
fleischlichen Begierden und geschäftigem Treiben der Welt
und den Sorgen dieses Lebens: 6[Getäuscht vom Teufel sind
sie], dessen Kinder sie sind und dessen Werke sie tun; 7blind
sind sie, weil sie das wahre Licht, unseren Herrn Jesus Chris-
tus, nicht sehen. 8Die geistliche Weisheit besitzen sie nicht,
weil sie den Sohn Gottes nicht haben, der die wahre Weisheit
des Vaters ist. 9Von ihnen wird gesagt: »*Ihre Weisheit ist ver-*
schlungen worden« und: »*Verflucht, die von deinen Geboten ab-*
weichen«. 10Sie sehen und erkennen, wissen und tun das Böse
und verderben selbst wissentlich ihre Seelen.

[11]Videte, caeci, decepti ab inimicis vestris: a carne, mundo et diabolo; quia corpori dulce est facere peccatum et amarum est facere servire Deo; [12]quia omnia vitia et peccata *de corde hominum* exeunt et *procedunt*, sicut dicit Dominus in Evangelio. [13]Et nihil habetis in hoc saeculo neque in futuro. [14]Et putatis diu possidere vanitates huius saeculi, sed decepti estis, quia veniet dies et hora, de quibus non cogitatis, nescitis et ignoratis; infirmatur corpus, mors appropinquat et sic moritur amara morte.

[15]Et ubicumque, quandocumque, qualitercumque moritur homo in criminali peccato sine poenitentia et satisfactione, si potest satisfacere et non satisfacit, diabolus rapit animam suam de corpore eius cum tanta angustia et tribulatione, quod nemo potest scire, nisi qui recipit. [16]Et omnia talenta et potestatem et *scientiam et sapientiam*, quae putabant habere, [auferentur] ab eis. [17]Et propinquis et amicis relinquunt et ipsi tulerunt et diviserunt substantiam eius et dixerunt postea: »Maledicta sit anima sua, quia potuit plus dare nobis et acquirere quam non acquisivit«. [18]Corpus comedunt vermes, et ita perdiderunt corpus et animam in isto brevi saeculo et ibunt in inferno, ubi cruciabuntur sine fine.

[19]Omnes illos quibus litterae istae pervenerint, rogamus *in caritate quae Deus est*, ut ista supracicta odorifera verba Domini nostri Jesu Christi cum divino amore benigne recipant. [20]Et qui nesciunt legere, saepe legere faciant; [21]et apud se retineant cum sancta operatione usque in finem, quia *spiritus et vita sunt.* [22]Et qui hoc non fecerint, tenebuntur reddere *rationem in die iudicii ante tribunal* Domini nostri Jesu *Christi.*

12 Vgl. Mk 7,21. 16 2 Chr 1,12; vgl. Lk 8,18; Mk 4,25. 19 Vgl. 1 Joh 4,16. 21 Joh 6,64. 22 Vgl. Mt 12,36; Röm 14,10.

[11]Seht doch, ihr Blinden, die ihr von euren Feinden getäuscht seid: vom Fleisch, von der Welt und vom Teufel, weil es dem Leib süß ist, die Sünde zu begehen, aber bitter, sich Gott dienstbar zu machen! [12]Denn alle Laster und Sünden *gehen und kommen aus dem Herzen der Menschen hervor,* wie der Herr im Evangelium sagt. [13]Und nichts habt ihr in dieser Welt und auch nicht in der zukünftigen. [14]Und ihr meint, die Eitelkeiten dieser Welt lange zu besitzen, aber ihr täuscht euch; denn es kommt der Tag und die Stunde, an die ihr nicht denkt, die ihr nicht wisst und nicht kennt. Der Leib wird krank, der Tod naht heran, und so sterbt ihr eines bitteren Todes.

[15]Und wo und wann und wie auch immer ein Mensch in einer schweren Sünde ohne Buße und Genugtuung stirbt – wenn er Genugtuung leisten kann und sie nicht leistet –, da reißt der Teufel seine Seele unter solcher Angst und Qual aus dem Leib, wie es niemand verstehen kann, wenn er es nicht selbst erlebt. [16]Und alle Talente und die Macht und *das Wissen und die Weisheit,* die sie zu besitzen wähnten, [werden] ihnen genommen werden. [17]Und sie hinterlassen ihr Vermögen den Verwandten und Freunden. Diese nehmen es an sich, verteilen es und sagen später: »Verflucht sei seine Seele, denn er hätte uns mehr geben und erwerben können, als er erworben hat.« [18]Den Leib fressen die Würmer. Und so haben sie Leib und Seele in dieser kurzen Erdenzeit verloren, und sie kommen in die Hölle, wo sie ohne Ende gepeinigt werden.

[19]Alle jene, zu denen dieser Brief gelangt, bitten wir *in der Liebe, die Gott ist,* dass sie die oben angeführten, Duft tragenden Worte unseres Herrn Jesus Christus mit göttlicher Liebe gutwillig aufnehmen. [20]Und die nicht lesen können, sollen sie sich oft vorlesen lassen. [21]Und sie sollen sie durch heiliges Wirken bis ans Ende bewahren, denn *sie sind Geist und Leben.* [22]Und die das nicht tun, werden *am Tag des Gerichtes vor dem Richterstuhl* unseres Herrn Jesus Christus *Rechenschaft ablegen* müssen.

3 Epistola ad fideles (Recensio posterior) – Der zweite Brief an die Gläubigen

Das umfangreichste Schreiben des Poverello stellt eine erweiterte Form der ersten Fassung des Briefes an die Gläubigen (1 Gl) dar. Als Verfasser ist Franziskus anzusehen, der jedoch die Unterstützung kundiger Mitbrüder erfahren haben dürfte. Durch Krankheit an Reisen gehindert, sucht der Heilige durch seinen Brief sowie durch Boten das Wort Gottes zu verkünden, als dessen Übermittler sich der Poverello sieht. Als Adressaten sind »alle Religiosen in der Welt« und insbesondere die frommen »Männer und Frauen von der Buße« zu betrachten, die später im sog. Dritten Orden zusammengeschlossen wurden. Zwar besitzt das Schreiben in einzelnen Passagen – wie der erste Brief – Züge einer Bußpredigt (*commonitorium*), doch überwiegen normativ-statutarische Elemente in der Darstellung. Diese besitzt eher den Charakter einer »Drittordensregel«, in der Franziskus seiner spirituellen und seelsorgerlichen Verantwortung gegenüber seinen Anhängern gerecht zu werden suchte.

Formal ist die *epistola* neben Prolog und *conclusio* in zwölf Kapitel gegliedert, die einerseits die Buß-Elemente der ersten Fassung aufgreifen und erweitern; andererseits wird – offensichtlich nach einem gewissen Erfahrungsprozess – auf mögliche geistliche Fehlentwicklungen und Irrtümer hingewiesen, die der Heilige abzustellen suchte. Wie in der ersten Form des Schreibens (1 Gl), so wird auch in der erweiterten Fassung in den ersten Kapiteln zum Lobe Gottes aufgerufen und gemahnt, seinem Willen im menschlichen Handeln auf Erden zu ent-

In nomine Domini Patris et Filii et Spiritus Sancti. Amen.

1Universis christianis religiosis, clericis et laicis, masculis et feminis, omnibus qui habitant *in universo mundo*, frater Franciscus, eorum servus et subditus, obsequium cum reverentia, pacem veram de caelo et sinceram in Domino caritatem.

1 Mk 14,9; Röm 1,8.

sprechen. Erneut werden die Gläubigen als »Verlobte« Jesu und als »Kinder des himmlischen Vaters« gewürdigt. Wie in der ersten Fassung der *epistola*, so werden auch in deren erweiterter Version kontrastierend Formen menschlichen Fehlverhaltens dargestellt. Hierzu zählen nunmehr auch – zumindest indirekt angesprochene – zeitgenössische »häretische« Entwicklungen, vor denen der Heilige seine Mitbrüder und Gefolgsleute zu schützen sucht. In geradezu dramatischer Form wird zudem das Schicksal derjenigen behandelt, die im Leben den Aufruf zur Buße unbeachtet ließen, selbst noch im Sterben an materiellen Dingen bzw. an unrechtmäßig Erworbenem hingen und daher die ihnen gebührende Verdammung erfuhren. Im Schlussteil wird – wie in der ersten Fassung – sowohl zur Verbreitung der *epistola* aufgerufen als auch an die Rechtfertigungspflicht für jeden Menschen im Jüngsten Gericht erinnert.

Datierung: Entstehung evtl. in den letzten zwei oder vier Lebensjahren des Heiligen.

Lat. Text nach EO 207–213. Varianten nach PS 186–200. Dt. Übers. nach FQ 127–135. – Vgl. ESt 323f., 341–350; EO 183–215; O. Schmucki, in: WiWei 53 (1990) 157–184; F 18; Fon 77–86; HG 59–67; PL 422 (Reg.); Sai 45–51; O. Schmucki, in: BF 84–86; C. Paolazzi, in: AFH 101 (2008) 3–154; Ll 166–197; PS 180–201; FF 122f., 134–142; L IV, 163–175.

Im Namen des Herrn, des Vaters und des Sohnes und des Heiligen Geistes. Amen.

1 Allen Christen überall: den Ordensleuten, Klerikern und Laien, Männern und Frauen, allen, die *in der ganzen Welt* wohnen, entbietet Bruder Franziskus, ihr Knecht und Untertan, ehrfurchtsvolle Ergebenheit, den wahren Frieden vom Himmel und aufrichtige Liebe im Herrn.

[2]Cum sim servus omnium, omnibus servire teneor et administrare odorifera verba Domini mei. [3]Unde in mente considerans, quod cum personaliter propter infirmitatem et debilitatem mei corporis non possim singulos visitare, proposui litteris praesentibus et nuntiis verba Domini nostri Jesu Christi, qui est Verbum Patris, vobis referre et verba Spiritus Sancti, quae *spiritus et vita sunt.*

(Cap. 1) De Verbo Patris

[4]Istud Verbum Patris tam dignum, tam sanctum et gloriosum nuntiavit altissimus Pater de caelo per sanctum Gabrielem angelum suum in uterum sanctae ac gloriosae virginis Mariae, ex cuius utero veram recepit carnem humanitatis et fragilitatis nostrae. [5]Qui, *cum dives esset* super omnia, voluit ipse in mundo cum beatissima Virgine, matre sua, eligere paupertatem.

[6]Et prope passionem celebravit pascha cum discipulis suis et accipiens panem gratias egit et benedixit et fregit dicens: [7]*Accipite et comedite, hoc est corpus meum. Et accipiens calicem* dixit: *Hic est sanguis meus novi testamenti, qui* pro vobis et *pro multis effundetur in remissionem peccatorum.* [8]Deinde oravit Patrem dicens: *Pater, si fieri potest, transeat a me calix iste.* [9]*Et factus est sudor eius sicut guttae sanguinis decurrentis in terram.* [10]Posuit tamen voluntatem suam in voluntate Patris dicens: *Pater, fiat voluntas tua; non sicut ego volo, sed sicut tu.*

[11]Cuius Patris talis fuit voluntas, ut filius eius benedictus et gloriosus, quem dedit nobis et natus fuit pro nobis, se ipsum per proprium sanguinem suum sacrificium et hostiam in ara

3 Joh 6,64. **1** 5 2 Kor 8,9. 7 Mt 26,26; 26,27. 9 Lk 22,44. 10 Mt 26,42; 26,39.

[2]Da ich der Knecht aller bin, so bin ich verpflichtet, allen zu dienen und ihnen die Duft tragenden Worte meines Herrn zu vermitteln. [3]Deshalb habe ich in meinem Geist bedacht: Weil ich wegen der Krankheit und Schwäche meines Leibes nicht jeden Einzelnen persönlich aufsuchen kann, so habe ich mir vorgenommen, euch durch diesen Brief und durch Boten die Worte unseres Herrn Jesus Christus, der das Wort des Vaters ist, mitzuteilen, sowie auch die Worte des Heiligen Geistes, die *Geist und Leben sind.*

(Kap. 1) Vom Wort des Vaters

[4]Dieses Wort des Vaters, so würdig, so heilig und herrlich, hat der allerhöchste Vater vom Himmel durch seinen heiligen Engel Gabriel in den Schoß der heiligen und glorreichen Jungfrau Maria gesandt, aus deren Schoß es das wirkliche Fleisch unserer Menschlichkeit und Gebrechlichkeit angenommen hat. [5]Er, *der reich* war, wollte vor allem selber in der Welt die Armut erwählen mit der seligsten Jungfrau Maria, seiner Mutter.

[6]Und dem Leiden nahe, feierte er das Ostermahl mit seinen Jüngern; und er nahm das Brot, sagte Dank und segnete es und brach es, wobei er sprach: [7]»*Nehmt und esst, das ist mein Leib*«. *Und er nahm den Kelch und sprach:* »*Dies ist mein Blut des Neuen Bundes, das für euch und für viele vergossen wird zur Vergebung der Sünden*«. [8]Danach betete er zum Vater und sprach: »*Vater, wenn es geschehen kann, so gehe dieser Kelch an mir vorüber.*« [9]*Und sein Schweiß wurde wie Tropfen Blutes, das zur Erde rinnt.* [10]Er legte aber seinen Willen in den Willen des Vaters und sprach: »*Vater, es geschehe dein Wille; nicht wie ich will, sondern wie du*«.

[11]Dieses Vaters Wille war der, dass sein [gesegneter] und glorreicher Sohn, den er uns geschenkt hat und der für uns geboren wurde, sich selbst durch sein eigenes Blut als Opfer und Gabe auf dem Altar des Kreuzes darbringen sollte; [12]nicht sei-

crucis offerret; [12]non propter se, *per quem facta sunt omnia*, sed pro peccatis nostris, [13]*relinquens* nobis *exemplum*, *ut sequamur vestigia eius*. [14]Et vult ut omnes salvemur per eum et recipiamus ipsum puro corde et casto corpore nostro. [15]Sed pauci sunt, qui velint eum recipere et salvi esse per eum, licet eius *iugum suave* sit et *onus* ipsius *leve*.

(Cap. 2) De his qui diligunt tenebras et de his qui diligunt Deum

[16]Qui nolunt gustare, quam *suavis sit Dominus* et diligunt *tenebras magis quam lucem* nolentes adimplere mandata Dei, maledicti sunt; [17]de quibus dicitur per prophetam: *Maledicti qui declinant a mandatis tuis*. [18]Sed, o quam beati et benedicti sunt illi qui Deum diligunt et faciunt sicut dicit ipse Dominus in evangelio: *Diliges Dominum Deum tuum ex toto corde* [tuo] et ex *tota mente* [tua] et *proximum tuum sicut te ipsum*.

(Cap. 3) De dilectione Dei et eius cultu

[19]Diligamus igitur Deum et adoremus eum puro corde et pura mente, [quod] ipse super omnia quaerens dixit: *Veri adoratores adorabunt Patrem in spiritu et veritate*. [20]Omnes enim, *qui adorant eum, in spiritu* veritatis *oportet* eum *adorare*. [21]Et dicamus ei laudes et orationes *die ac nocte* dicendo: *Pater noster, qui es in caelis*, quia *oportet* nos *semper orare et non deficere*.

12 Vgl. Joh 1,3. 13 Vgl. 1 Petr 2,21. 15 Vgl. Mt 11,30. **2** 16 Vgl. Ps 34,9; Joh 3,19. 17 Ps 119,21. 18 Mt 22,37.39. **3** 19 Joh 4,23. 20 Vgl. Joh 4,24. 21 Ps 31,4; Mt 6,9; Lk 18,1.

netwegen, *durch den alles geschaffen ist*, sondern für unsere
Sünden, [13]indem er uns *ein Beispiel hinterließ*, damit wir *seinen
Fußspuren folgen.* [14]Und er will, dass wir alle durch ihn gerettet
werden und ihn mit unserem reinen Herzen und keuschen
Leibe empfangen. [15]Aber es sind nur wenige, die ihn empfan-
gen und durch ihn gerettet sein wollen, obgleich doch *sein Joch
süß ist und seine Bürde leicht.*

(Kap. 2) Wehe denen, die Gottes Gebote missachten; selig, die sie halten

[16]Die nicht kosten wollen, wie *süß der Herr ist,* und *die Finster-
nis mehr lieben als das Licht*, weil sie Gottes Gebote nicht erfül-
len wollen, die sind verflucht. [17]Von ihnen wird durch den Pro-
pheten gesagt: »*Verflucht, die von deinen Geboten abweichen*«.
[18]Hingegen: o wie selig und gesegnet sind jene, die Gott lieben
und so handeln, wie der Herr selbst im Evangelium sagt: »*Du
sollst den Herrn, deinen Gott, lieben aus deinem ganzen Herzen
und aus deinem ganzen Sinnen und deinen Nächsten wie dich
selbst*«.

(Kap. 3) Wer Gott liebt, betet ihn an

[19]Lasst uns also Gott lieben und ihn anbeten mit reinem Her-
zen und reinem Sinn, weil er selbst dies über alles gesucht hat,
indem er sagte: »*Die wahren Anbeter werden den Vater im
Geist und in der Wahrheit anbeten*«. [20]Denn alle, *die ihn anbe-
ten, müssen ihn im Geiste* der Wahrheit *anbeten.* [21]Und wir wol-
len ihm bei *Tag und Nacht* Lieder und Gebete darbringen, in-
dem wir sprechen: »*Vater unser, der du bist in den Himmeln*«;
denn *wir müssen allezeit beten und dürfen nicht nachlassen.*

(Cap. 4) Quod peccata confiteamur sacerdotibus

[22]Debemus siquidem confiteri sacerdoti omnia peccata nostra; et recipiamus corpus et sanguinem Domini nostri Jesu Christi ab eo, [23][quia] (qui) non manducat carnem suam et non bibit sanguinem suum, *non potest introire in regnum Dei.* [24]Digne tamen manducet et bibat, quia qui *indigne* recipit *iudicium sibi manducat et bibit, non diiudicans corpus Domini*, id est non discernit.

[25]Faciamus insuper *fructus dignos poenitentiae.* [26]Et diligamus proximos sicut nos ipsos. [27]Et si quis non vult eos amare sicut se ipsum, saltim non inferat eis mala, sed faciat bona.

(Cap. 5) Qualiter iudicent alios qui potestatem acceperunt

[28]Qui autem potestatem iudicandi alios receperunt iudicium cum misericordia exerceant, sicut ipsi volunt a Domino misericordiam obtinere. [29]*Iudicium enim sine misericordia* erit illis *qui non* fecerint *misericordiam.*

[30]Habeamus itaque caritatem et humilitatem; et faciamus eleemosynas, quia [ipse lavant] animas a sordibus peccatorum. [31]Homines enim omnia perdunt, quae in hoc saeculo relinquunt; secum tamen portant caritatis mercedem et eleemosynas, quas fecerunt, de quibus habebunt a Domino praemium et dignam remunerationem.

4 23 Vgl. Joh 6,55.57; 3,5. 24 1 Kor 11,29. 25 Lk 3,8. 26 Vgl. Mt 22,39.
5 29 Vgl. Jak 2,13. 30 Vgl. Tob 4,11; 12,9.

(Kap. 4) Von der Beichte und Kommunion; vom Verzicht auf Aggression

[22]Wir müssen auch alle unsere Sünden dem Priester beichten; und von ihm lasst uns den Leib und das Blut unseres Herrn Jesus Christus empfangen. [23][Weil derjenige, der] sein Fleisch nicht isst und sein Blut nicht trinkt, *nicht in das Reich Gottes eintreten* kann. [24]Doch soll man es würdig essen und trinken, denn *wer unwürdig* empfängt, *der isst und trinkt sich das Gericht, weil er den Leib des Herrn* nicht anerkennt, das heißt: nicht (von anderem Brot) unterscheidet.

[25]Lasst uns zudem *würdige Früchte der Buße bringen.* [26]Und lasst uns unsere Nächsten lieben wie uns selbst. [27]Und wenn einer sie nicht genauso lieben will wie sich selbst, so möge er ihnen wenigstens nichts Böses antun, sondern Gutes erweisen.

(Kap. 5) Vom Erbarmen der Richter und vom Wert der Almosen

[28]Die aber die Vollmacht erhalten haben, andere zu richten, sollen das Richteramt mit Erbarmen ausüben, wie sie selbst vom Herrn Erbarmen zu erhalten wünschen. [29]*Denn ein Gericht ohne Erbarmen* wird über jene ergehen, *die kein Erbarmen* geübt haben.

[30]Lasst uns daher Liebe und Demut haben; und lasst uns Almosen spenden, denn gerade Almosen [waschen] die Seelen von den Makeln der Sünden rein. [31]Die Menschen verlieren ja doch alles, was sie in dieser Welt zurücklassen; mit sich nehmen sie jedoch den Lohn der Wohltätigkeit und die gespendeten Almosen, für welche sie vom Herrn Lohn und würdiges Entgelt erhalten werden.

(Cap. 6) De ieiunio tam a vitiis quam a cibis

[32]Debemus etiam ieiunare et abstinere a vitiis et peccatis et a superfluitate ciborum et potus et esse catholici. [33]Debemus etiam ecclesias visitare frequenter et venerari clericos et revereri, non tantum propter eos, si sint peccatores, sed propter officium et administrationem sanctissimi corporis et sanguinis Christi, quod sacrificant in altari et recipiunt et aliis administrant. [34]Et firmiter sciamus omnes, quia nemo salvari potest, nisi per sancta verba et sanguinem Domini nostri Jesu Christi, quae clerici dicunt, annuntiant et ministrant. [35]Et ipsi soli ministrare debent et non alii. [36]Specialiter autem religiosi, qui renuntiaverunt saeculo, tenentur plura et maiora facere, sed ista non dimittere.

(Cap. 7) Qualiter debemus inimicos diligere et eis benefacere

[37][Debemus odio habere corpora nostra cum vitiis et peccatis, quia Dominus dicit in evangelio: Omnia mala, vitia et peccata a *corde exeunt*.]

[38]Debemus diligere *inimicos* nostros et benefacere *his, qui* nos odio habent.

[39]Debemus observare praecepta et consilia Domini nostri Jesu Christi.

[40]Debemus etiam *nosmetipsos abnegare* et ponere corpora nostra sub iugo servitutis et sanctae obedientiae, sicut unusquisque promisit Domino.

6 32 Vgl. Sir 3,32. 36 Vgl. Lk 11,42. **7** 37 Mt 15,18–19; Mk 7,23. 38 Vgl. Mt 5,44; Lk 6,27. 40 Vgl. Mt 16,24.

(Kap. 6) Vom Fasten, von der Abkehr von Lastern und vom Empfang der Sakramente

32Wir müssen auch fasten und uns enthalten von Lastern und Sünden sowie vom Überfluss an Speisen und Trank, und wir müssen katholisch sein. 33Wir müssen auch häufig die Kirchen aufsuchen und den Klerikern Hochachtung und Ehrfurcht erweisen, nicht so sehr um ihrer selbst willen, wenn sie Sünder sind, sondern wegen ihres Amtes und der Verwaltung des heiligsten Leibes und Blutes Christi, den sie auf dem Altar opfern und den sie empfangen und anderen austeilen. 34Und wir alle sollen fest wissen, dass niemand gerettet werden kann außer durch die heiligen Worte und das Blut unseres Herrn Jesus Christus, welche die Kleriker sprechen, verkünden und darreichen. 35Und nur sie allein dürfen diesen Dienst ausüben und niemand sonst. 36Besonders aber sind die Ordensleute, die der Welt entsagt haben, verpflichtet, noch mehr und Größeres zu tun, ohne aber das eben Genannte zu unterlassen.

(Kap. 7) Von der Selbstverleugnung, der Feindesliebe und vom rechten Gehorsam

37Wir müssen unseren Leib mit den Lastern und Sünden hassen, weil der Herr im Evangelium sagt: Alles Böse, alle Laster und Sünden, *kommen aus dem Herzen.*

38Wir müssen *unsere Feinde lieben und denen, die uns hassen, Gutes tun.*

39Wir müssen die Gebote und Räte unseres Herrn Jesus Christus beobachten.

40Wir müssen auch uns *selbst verleugnen* und unsere Leiber unter das Joch der Knechtschaft und des heiligen Gehorsams beugen, wie es ein jeder dem Herrn versprochen hat.

(Cap. 8) Ut sit sicut minor is cui obedientia fuerit commissa

[41][Et nullus homo teneatur ex obedientia obedire alicui in eo, ubi committitur delictum vel peccatum.]

[42]Cui autem obedientia commissa est et *qui* habetur *maior, sit sicut minor* et aliorum fratrum servus. [43]Et in singulos fratres suos misericordiam faciat et habeat, quam vellet sibi fieri, si in consimili casu esset. [44]Nec ex delicto fratris irascatur in fratrem, sed cum omni patientia et humilitate ipsum benigne moneat et sustineat.

(Cap. 9) Ut non simus sapientes secundum carnem

[45]Non debemus secundum carnem esse sapientes et prudentes, sed magis debemus esse simplices, humiles et puri. [46]Et habeamus corpora nostra in opprobrium et despectum, quia omnes per culpam nostram sumus miseri et putridi, foetidi et vermes, sicut dicit Dominus per prophetam: *Ego sum vermis et non homo, opprobrium hominum et abiectio plebis.* [47]Numquam debemus desiderare esse super alios, sed magis debemus esse servi et subditi *omni humanae creaturae propter Deum.*

(Cap. 10) Servi fideles fiunt habitaculum Trinitatis

[48]Et omnes illi et illae, dum talia fecerint et perseveraverint usque in finem, *requiescet super* eos *Spiritus Domini* et *faciet in eis* habitaculum et *mansionem.* [49]Et erunt filii Patris caelestis, cuius opera faciunt. [50]Et sunt sponsi, fratres et matres Domini nostri Jesu Christi.

8 42 Lk 22,26. **9** 45 Vgl. 1 Kor 1,26. 46 Ps 22,7. 47 1 Petr 2,13.
10 48 Jes 11,2; vgl. Joh 14,23. 49 Vgl. Mt 5,45. 50 Vgl. Mt 12,50.

(Kap. 8) Vom Oberenamt als Dienstamt

[41]Und kein Mensch soll kraft des Gehorsams verpflichtet sein, jemand in einer Sache zu gehorchen, wo eine Schuld oder Sünde begangen wird.

[42]Wem aber der Gehorsam anvertraut ist und *wer als der Größere gilt, der soll wie der Geringere* und der Knecht der anderen Brüder *sein.* [43]Und er soll jedem einzelnen seiner Brüder das Erbarmen zeigen und entgegenbringen, das er sich selbst erwiesen haben möchte, wenn er in ganz ähnlicher Lage wäre. [44]Auch soll er nicht wegen des Vergehens eines Bruders gegen den Bruder zornig werden, sondern er soll ihn mit aller Geduld und Demut gütig ermahnen und unterstützen.

(Kap. 9) Von der richtigen Selbsteinschätzung

[45]Wir dürfen nicht nach der Art des Fleisches weise und klug sein, sondern müssen vielmehr einfältig, demütig und rein sein. [46]Und unsere Leiber sollen wir in Schmach und Verachtung halten, weil wir alle durch unsere Schuld elend und voll Fäulnis, abscheulich und Würmer sind, wie der Herr durch den Propheten sagt: »*Ich bin ein Wurm und kein Mensch, ein Spott für die Menschen und die Verachtung des Volkes*«. [47]Niemals dürfen wir uns danach sehnen, über anderen zu stehen, sondern müssen vielmehr *um Gottes willen* Knechte und *Untergebene jeder menschlichen Kreatur* sein.

(Kap. 10) Vom Glück der neuen Familie Gottes

[48]Und alle jene Männer und Frauen: sofern sie solches tun und darin bis zum Ende ausharren, *wird der Geist des Herrn auf ihnen ruhen,* und er wird sich *in ihnen* eine Wohnung und *Bleibe schaffen.* [49]Und sie werden Kinder des himmlischen Vaters sein, dessen Werke sie tun. [50]Und sie sind Verlobte, Geschwister und Mütter unseres Herrn Jesus Christus.

[51]Sponsi sumus, quando Spiritu Sancto coniungitur fidelis anima Jesu Christo.

[52]Fratres [eius] sumus, quando facimus voluntatem patris eius, qui est in caelo;

[53]matres quando portamus eum in corde et corpore nostro per amorem et puram et sinceram conscientiam [et] parturimus eum per sanctam operationem, quae lucere debet aliis in exemplum.

[54]O quam gloriosum et sanctum et magnum habere in caelis Patrem!

[55]O quam sanctum, [paraclitum], pulchrum et admirabilem habere sponsum!

[56]O quam sanctum et quam dilectum, beneplacitum, humilem, pacificum, dulcem et amabilem et super omnia desiderabilem habere talem fratrem et filium, qui posuit animam suam pro ovibus suis et oravit patrem pro nobis dicens:

Pater sancte, serva eos in nomine tuo, quos dedisti mihi. [57]Pater, omnes, *quos dedisti mihi* in *mundo, tui erant et mihi eos dedisti.* [58]Et *verba, quae dedisti mihi, dedi eis; et ipsi acceperunt et cognoverunt vere, quia a te exivi et crediderunt, quia tu me misisti*; rogo pro eis et *non pro mundo*; benedic *et sanctifica eos.* [59]*Et pro eis sanctifico me ipsum, ut sint sanctificati in unum sicut et nos* sumus. [60]Et volo, Pater, *ut ubi* ego sum *et illi sint mecum, ut videant claritatem meam in regno tuo.*

52 Vgl. Mt 12,50. 53 Vgl. 1 Kor 6,20; Mt 5,16. 56 Vgl. Joh 10,15; 17,11. 57 Joh 17,6. 58 Joh 17,8; vgl. 17,9; 17,17. 59 Joh 17,19; 17,11. 60 Joh 17,24; Mt 20,21.

51 Seine Verlobten sind wir, wenn die gläubige Seele durch den Heiligen Geist mit Jesus Christus verbunden wird.

52 Seine Geschwister sind wir ja, wenn wir den Willen seines Vaters tun, der im Himmel ist.

53 Seine Mütter sind wir, wenn wir ihn durch die Liebe und ein reines und lauteres Gewissen in unserem Herzen und Leibe tragen, [und] wir gebären ihn durch ein heiliges Wirken, das anderen als Vorbild leuchten soll.

54 O, wie ehrenvoll und heilig und groß, im Himmel einen Vater zu haben!

55 O, wie heilig, als Tröster einen schönen und wunderbaren Bräutigam zu haben!

56 O, wie heilig und wie erfreulich, einen solch wohlgefälligen, demütigen, Frieden stiftenden, süßen und liebevollen und über alles ersehnenswerten Bruder und Sohn zu haben, der sein Leben für seine Schafe hingegeben und für uns zum Vater gebetet hat, indem er sprach:

»Heiliger Vater, bewahre sie in deinem Namen, die du mir ge-
geben hast. 57 Vater, alle, *die du mir in der Welt gegeben hast, wa-*
ren dein, und du hast sie mir gegeben. 58 Und *die Worte, die du*
mir gegeben hast, habe ich ihnen gegeben. Und sie haben sie an-
genommen und in Wahrheit erkannt, dass ich von dir ausgegan-
gen bin; und sie haben geglaubt, dass du mich gesandt hast. Ich
bitte für sie, und *nicht für die Welt. Segne und heilige sie.* 59 *Und*
für sie heilige ich mich selbst, damit sie in der Einheit geheiligt
seien, wie auch *wir* es sind. 60 Und ich will, Vater, *dass*, wo ich
bin, *auch jene mit mir seien, damit sie meine Herrlichkeit sehen*
in deinem Reich«.

(Cap. 10a) De reddenda laude Deo

61 Ei autem qui tanta sustinuit pro nobis, tot bona contulit et
conferet [etiam] in futurum, omnis creatura, quae est in caelis,
in terra, in mari et in abyssis reddat laudem Deo, gloriam, ho-
norem et benedictionem,

62 quia ipse est virtus et fortitudo nostra, qui est solus bonus,
solus altissimus, solus omnipotens, admirabilis, gloriosus et
solus sanctus, laudabilis et benedictus per infinita saecula sae-
culorum. Amen.

(Cap. 11) De cecis qui verum lumen non vident

63 Omnes autem illi, qui non sunt in poenitentia et non reci-
piunt corpus et sanguinem Domini nostri Jesu Christi, 64 et
operantur vitia et peccata, et qui ambulant post malam concu-
piscentiam et mala desideria, et non observant, quae promise-
runt, 65 et serviunt corporaliter mundo carnalibus desideriis
curis et sollicitudinibus huius saeculi et curis huius vitae, 66 de-
cepti a diabolo, cuius filii sunt et eius opera faciunt, caeci sunt,
quia verum lumen non vident Dominum nostrum Jesum
Christum. 67 Sapientiam non habent spiritualem, quia non ha-
bent Filium Dei in se, qui est vera sapientia Patris; de quibus
dicitur: *Sapientia eorum devorata est.* 68 Vident, agnoscunt, sci-
unt et faciunt mala; et scienter perdunt animas [suas].

69 Videte, caeci, decepti ab inimicis nostris scilicet a carne, a
mundo et a diabolo, quia corpori dulce est facere peccatum et
amarum servire Deo, quia *omnia mala,* vitia et peccata *de corde
hominum* exeunt et *procedunt,* sicut dicit Dominus in evange-
lio. 70 Et nihil habetis in hoc saeculo neque in futuro. 71 Putatis

10a 61 Vgl. Offb 5,13. **11** 66 Vgl. Joh 8,41. 67 Ps 107,27. 69 Vgl. Mk 7,21.23. 71 Vgl. Mt 24,44; 25,13.

[Kap 10a Vom Loberweisen für Gott]

[61]Um seinetwillen aber, der so Schweres für uns erduldet und
uns so viel Gutes erwiesen hat und [auch] in Zukunft erweisen
wird, soll jegliche Kreatur, die im Himmel, auf der Erde, im
Meer und in den Tiefen ist, Gott Lob, Herrlichkeit, Ehre und
Preis erweisen,

[62]weil er unsere Kraft und Stärke ist, er, der allein gut ist, al-
lein der Höchste, allein allmächtig, bewundernswert, herrlich
und allein heilig, lobwürdig und gepriesen durch die unendli-
chen Ewigkeiten der Ewigkeiten. Amen.

(Kap. 11) Vom Unglück derer, die nicht in Buße leben

[63]Alle jene aber, die nicht in Buße leben und den Leib und das
Blut unseres Herrn Jesus Christus nicht empfangen [64]und Las-
ter und Sünden begehen und die hinter böser Begierlichkeit
und üblen Süchten herlaufen und nicht halten, was sie ver-
sprochen haben, [65]und die mit ihrem Leib der Welt dienen in
fleischlichen Begierden, in den Sorgen und Umtrieben dieser
Welt und den Sorgen dieses Lebens: [66]vom Teufel getäuscht,
dessen Kinder sie sind und dessen Werke sie tun, sind sie
blind, weil sie das wahre Licht, unseren Herrn Jesus Christus
nicht sehen. [67]Die geistliche Weisheit besitzen sie nicht, weil
sie den Sohn Gottes nicht in sich haben, der die wahre Weis-
heit des Vaters ist. Von ihnen wird gesagt: »*Ihre Weisheit ist
verschlungen worden*«. [68]Sie sehen, erkennen, wissen und tun
das Böse und verlieren wissentlich ihre Seelen.

[69]Seht doch, ihr Blinden, von unseren Feinden getäuscht,
nämlich vom Fleisch, von der Welt und vom Teufel, dass es
dem Leib süß ist, die Sünde zu begehen, und bitter, Gott zu
dienen. Denn *alles Böse,* alle Laster und Sünden gehen und
kommen aus dem Herzen der Menschen hervor, wie der Herr im
Evangelium sagt. [70]Und so habt ihr nichts in dieser Welt und
auch nicht in der zukünftigen. [71]Ihr meint, die Eitelkeiten die-

diu possidere vanitates huius saeculi, sed decepti estis, *quia veniet dies et hora, de quibus non cogitatis et nescitis et ignoratis.*

(Cap. 12) De morte peccatoris male penitentis

[72]Infirmatur corpus, mors appropinquat, veniunt propinqui et amici dicentes: »Dispone tua«. [73]Ecce uxor eius et filii eius et propinqui et amici fingunt flere. [74]Et respiciens videt eos flentes, movetur malo motu; cogitando intra se dicit: »Ecce animam [meam] et corpus meum et omnia mea pono in manibus vestris«.

[75]Vere, iste homo est maledictus, qui confidit et exponit animam suam et corpus et omnia sua in talibus manibus; [76]unde [dicit] Dominus per prophetam: *Maledictus homo qui confidit in homine.* [77]Et statim faciunt venire sacerdotem; dicit ei sacerdos: »Vis recipere poenitentiam de omnibus peccatis tuis?« [78]Respondet: »Volo.« »Vis satisfacere de commissis et his quae fraudasti et decepisti homines sicut potes de tua substantia?« Respondet: »Non.« [79]Et sacerdos dicit: »Quare non?« [80]»Quia omnia disposui in namibus propinquorum et amicorum«. [81]Et incipit perdere loquelam et sic moritur ille miser [amara morte].

[82]Sed sciant omnes, quod ubicumque et qualitercumque homo moriatur in criminali peccato sine satisfactione et potest satisfacere et non satisfecit, diabolus rapit animam eius de corpore suo cum tanta angustia et tribulatione, quantam nullus scire potest, nisi qui recipit. [83]Et omnia talenta et potestas et scientia, quam putabat habere, *auferetur ab eo.* [84]Et propinquis et amicis relinquit, et ipsi tollent et divident substantiam eius et dicent postea: »Maledicta sit anima eius, quia potuit plus da-

12 76 Jer 17,5. 83 Vgl. Lk 8,18; Mk 4,25.

ser Welt lange zu besitzen, aber ihr täuscht euch, denn es kommt *der Tag und die Stunde, an die ihr nicht denkt, die ihr nicht wisst und nicht kennt.*

(Kap. 12) Vom Kranken, der schlecht Buße tut

[72]Der Leib wird krank, der Tod naht, es kommen die Verwandten und Freunde und sagen: »Ordne deine Dinge!« [73]Seht, seine Frau, seine Kinder und die Verwandten und Freunde tun so, als weinten sie. [74]Und er schaut auf und sieht sie weinen; da wird er von einer bösen Regung erfasst. Er überlegt in seinem Inneren und spricht: »Seht, [meine] Seele und meinen Leib und all das Meine lege ich in eure Hände«.

[75]Wahrhaftig, dieser Mensch ist verflucht, der seine Seele und den Leib und all das Seine solchen Händen anvertraut und überantwortet. [76]Daher sagt der Herr durch den Propheten: »*Verflucht der Mensch, der auf einen Menschen vertraut*«. [77]Und sofort lassen sie einen Priester kommen. Der Priester sagt zu ihm: »Willst du die Buße annehmen für alle deine Sünden?« [78]Er erwidert: »Ich will.« »Willst du, soweit du es mit deinem Vermögen kannst, Genugtuung leisten für deine Vergehen und für das, womit du Menschen betrogen und hintergangen hast?« [79]Er antwortet: »Nein.« Und der Priester sagt: »Warum nicht?« [80]»Weil ich alles in die Hände der Verwandten und Freunde übergeben habe«. [81]Und er beginnt die Sprache zu verlieren, und so stirbt jener Elende [eines bitteren Todes].

[82]Es sollen aber alle wissen: Wo und wie auch immer ein Mensch in einer schweren Sünde ohne Genugtuung stirbt – wenn er Genugtuung leisten kann und sie nicht leistet –, da reißt der Teufel seine Seele unter solcher Angst und Drangsal aus dem Leib, wie es niemand verstehen kann, wenn er es nicht selbst erlebt. [83]Und alle Talente und die Macht und das Wissen, das er zu besitzen wähnte, *wird ihm genommen werden.* [84]Und er hinterlässt sein Vermögen den Verwandten und

re nobis et acquirere quam non acquisivit.« [85]Corpus comedunt vermes; et ita perdit corpus et animam in isto brevi saeculo et ibit in inferno, ubi cruciabitur sine fine.

(Cap. 13) Exhortatio, admonitio et benedictio

[86]In nomine Patris et Filii et Spiritus Sancti. Amen.

[87]Ego frater Franciscus, minor servus vester, rogo et obsecro vos in caritate, quae Deus est, et cum voluntate osculandi vestros pedes, quod haec verba et alia Domini nostri Jesu Christi cum humilitate et caritate debeatis recipere [benigne] et operari et observare. [[87a]Et qui nesciunt legere saepe legi faciant; et apud se retineant cum sancta operatione usque in finem, quia *spiritus et vita sunt*. Et qui hoc non fecerint, tenebuntur reddere rationem in die iudicii ante tribunal Domini nostri Jesu Christi.]

[88]Et omnes illi et illae, qui ea benigne recipient, intelligent et mittent aliis in exemplum, [si in eis] *perseveraverint usque in finem*, benedicat eis Pater et Filius et Spiritus Sanctus. Amen.

13 87 Vgl. 1 Joh 4,16. 87a Joh 6,63. 88 Mt 24,13.

Freunden, und diese werden es nehmen und verteilen und später sagen: »Verflucht sei seine Seele, denn er hätte uns mehr geben und erwerben können, als er tatsächlich erworben hat.« [85]Den Leib fressen die Würmer. Und so verliert jener Mensch Leib und Seele in dieser kurzen Erdenzeit, und er wird in die Hölle kommen, wo er ohne Ende gepeinigt wird.

[Kap. 13] Schlusswort

[86]Im Namen des Vaters und des Sohnes und des Heiligen Geistes. Amen.

[87]Ich, Bruder Franziskus, euer minderer Knecht, bitte und beschwöre euch *in der Liebe, die Gott ist,* und im Verlangen, eure Füße zu küssen, dass ihr diese und die anderen Worte unseres Herrn Jesus Christus mit Demut und Liebe [freundlich] aufnehmen, sie tun und beobachten sollt. ([87a]Die nicht lesen können, sollen sie sich oft vorlesen lassen. Und sie sollen sie auswendig lernen und durch heiliges Wirken bis ans Ende beobachten, denn *sie sind Geist und Leben.* Und die das nicht tun, werden am Tag des Gerichts Rechenschaft vor dem Richterstuhl unseres Herrn Jesus Christus ablegen müssen.)

[88]Und alle jene Männer und Frauen, die sie gutwillig aufnehmen und verstehen und anderen in einer Abschrift zusenden, […] wenn sie in ihnen *ausharren bis ans Ende,* so möge sie segnen der Vater und der Sohn und der Heilige Geist. Amen.

4 Epistola ad populorum rectores – Der Brief an die Lenker der Völker

In diesem eucharistischen Schreiben wendet sich der Heilige an alle Repräsentanten der Obrigkeiten, wobei besondere Bezüge zu den herrschaftlichen Amtsträgern der italienischen Stadtstaaten deutlich werden (Podestàs, Konsuln etc.). Hierdurch setzt er seine diesbezüglichen Aktivitäten fort, die er u.a. gegenüber dem römisch-deutschen Kaiser Otto IV. anlässlich seines Besuches in Italien unternommen hatte. Ihn wie andere politische Repräsentanten ließ er – in mitunter etwas naiv erscheinender Weise – durch franziskanische Brüder zur Demut angesichts der Vergänglichkeit irdischen Ruhms und zu Gesetzesinitiativen zum Schutz von Tieren auffordern.

Wie in anderen Pastoralschreiben, so mahnt Franziskus in dem »Schreiben an die Lenker der Völker«, trotz ihrer vielfältigen Belastungen durch weltliche Geschäfte sowohl die Gebote des Herrn nicht zu vergessen als auch die Verehrung Gottes in dem von ihnen jeweils ge-

[1]Universis potestatibus et consulibus, iudicibus atque rectoribus ubique terrarum et omnibus aliis, ad quos litterae istae pervenerint, frater Franciscus, vester in Domino Deo servus parvulus ac despectus, salutem et pacem omnibus vobis optans.

[2]Considerate et videte, quoniam dies mortis appropinquat.

[3]Rogo ergo vos cum reverentia, sicut possum, ne propter curas et sollicitudines huius saeculi, quas habetis, Dominum oblivioni tradatis et a mandatis eius declinetis, quia omnes illi, *qui* eum oblivioni tradunt et *a mandatis* eius *declinant, maledicti* sunt et ab eo *oblivioni tradentur.* [4]Et, cum venerit dies mortis, omnia, quae putabant habere, auferentur ab eis.

2 Vgl. Gen 47,29. 3 Vgl. Ps 119,21; Ez 33,13. 4 Vgl. Lk 8,18.

leiteten Volk zu intensivieren. Hierzu regt er an, durch geeignete Maßnahmen – etwa durch den Einsatz von Herolden – die tägliche Anbetung des Herrn in den jeweiligen Herrschaftsgebieten zu befördern. Hierbei wird es sich – wie in anderen, zeitgleichen eucharistischen Schreiben des Poverello – um Reminiszenzen seiner Orientreise bzw. seiner Erfahrungen des Alltagslebens in islamisch geprägten Ländern gehandelt haben.

Datierung: Entstehung bald nach der Rückkehr des Heiligen von seiner Orientreise 1220.

Lat. Text nach EO 274 f. (vgl. PS 150). Dt. Übers. nach FQ 136 f. – Vgl. ESt 319–321; L. Lehmann, in: Laur 25 (1984) 287–324; EO 270–276; F 19 f.; Fon 105–108; HG 78–80; PL 422 (Reg.); Sai 58 f.; C. Paolazzi, in: AFH 101 (2008) 3–154; Ll 72 f.; FQ 136 f.; PS 148–151; FF 124, 146; L IV, 175–177.

1Allen Bürgermeistern und Konsuln, Richtern und Statthaltern auf der ganzen Welt sowie allen anderen, zu denen dieser Brief gelangt, euch allen wünscht Bruder Franziskus, euer ganz kleiner und verächtlicher Knecht in Gott, dem Herrn, Heil und Frieden.

2Bedenkt und seht, dass der Tag des Todes naht.

3Daher bitte ich euch in Ehrfurcht, so gut ich kann, ihr möchtet doch nicht wegen der Sorgen und aufreibenden Amtsgeschäfte dieser Welt den Herrn der Vergessenheit anheim fallen lassen und von seinen Geboten abweichen; denn alle jene, die ihn der Vergessenheit anheimfallen lassen und *von seinen Geboten abweichen, sind verflucht* und werden von ihm *der Vergessenheit überantwortet* werden. 4Und wenn der Tag des Todes kommt, wird ihnen alles, was sie zu haben glaubten, weg-

[5]Et, quanto sapientiores et potentiores fuerint in hoc saeculo, tanto maiora tormenta sustinebunt in inferno.

[6]Unde firmiter consulo vobis, dominis meis, ut omni cura et sollicitudine posthabitis [...] et sanctissimum corpus et sanctissimum sanguinem Domini nostri Jesu Christi in eius sancta commemoratione benigne recipiatis.

[7]Et tantum honorem in populo vobis commisso Domino conferatis, ut quolibet sero *annuntietur* per nuntium vel per aliud signum, quo omnipotenti Domino Deo ab universo populo laudes et gratiae referantur. [8]Et, si hoc non feceritis, sciatis vos debere coram Domino Deo vestro Jesu Christo *in die iudicii* reddere *rationem*.

[9]Hoc scriptum qui apud se retinuerint et observaverint illud, a Domino Deo se noverint benedictos.

5 Vgl. Weish 6,7. 8 Vgl. Mt 12,36.

genommen werden. 5Und je weiser und mächtiger sie in dieser
Welt gewesen sind, desto größere Qualen werden sie in der
Hölle erdulden.

6Daher rate ich euch, meinen Herren, eindringlich, alles Sorgen und geschäftige Treiben zurückzustellen und den heiligsten Leib und das heiligste Blut unseres Herrn Jesus Christus bei seinem heiligen Gedächtnis liebevoll zu empfangen.

7Und möget ihr doch unter dem euch anvertrauten Volk dem
Herrn so große Ehre bereiten, dass an jedem Abend durch einen Herold oder sonst ein Zeichen dazu *aufgerufen werde*,
vom gesamten Volk Gott, dem allmächtigen Herrn, Lobpreis
und Dank zu erweisen. 8Und wenn ihr das nicht tut, so wisst,
dass ihr vor eurem Herrn und Gott Jesus Christus am *Tag des
Gerichtes Rechenschaft* ablegen müsst.

9Die dieses Schreiben bei sich haben und es befolgen, sollen wissen, dass sie von Gott, dem Herrn, gesegnet sind.

Rundbriefe an die Brüder im Orden

1 Epistola ad custodes [I] – Der erste Brief an die Kustoden

In diesem Schreiben, das 1902 in einem Codex der *Biblioteca Guarnacci di Volterra* entdeckt wurde und das weder Adresse noch Absender besitzt, wendet sich Franziskus an alle Oberen des Ordens mit ähnlichen Anliegen, wie im »Brief an die Kleriker (II)« (Kler). Wie dieser dürfte die vorliegende *epistola*, in der keinerlei Bibelzitate verwendet werden, in Relation zum Schreiben von Papst Honorius III. (»*Sane cum olim*« – November 1219) stehen. Wie der Nachfolger Petri, so fordert der Poverello in vorliegendem Brief die Ordensoberen auf, eine besondere Ehrfurcht sowohl vor der Eucharistie als auch allgemein vor dem niedergeschriebenen Worte Gottes nach Kräften zu fördern. Zudem wünscht der Heilige ungeachtet seines strengen Armutspostulates, den »Leib Christi« immer an würdiger und »kostbar ausgestatteter Stelle« aufzubewahren und auch kultische Geräte wie Kelche etc. in wertvoller Ausführung gestalten zu lassen. Erneut mahnt der Poverello, dass die Ordenskleriker in ihren Predigten die Gläubigen zur Verehrung der Eu-

[1]Universis custodibus Fratrum Minorum, ad quos litterae istae pervenerint, Frater Franciscus in Domino Deo vester servus et parvulus, salutem cum novis signis caeli et terrae, quae magna et excellentissima sunt apud Deum et a multis religiosis et aliis hominibus minima reputantur.

[2]Rogo vos plus quam de me ipso, quatenus, cum decet et videritis expedire, clericis humiliter supplicetis, quod sanctissimum corpus et sanguinem Domini nostri Jesu Christi et sancta nomina et verba eius scripta, quae sanctificant corpus, super omnia debeant venerari. [3]Calices, corporalia, ornamenta altaris et omnia, quae pertinent ad sacrificium, pretiosa habere debe-

charistie und zur Buße auffordern sollen. Um die Verehrung Gottes zu intensivieren, regt Franziskus – wie in anderen zeitgleichen Briefen – an, nicht nur das Sakrament von den Gläubigen kniend verehren zu lassen, sondern die Anbetung des Herrn u.a. nach einem gemeinsamen Glockenzeichen in der gesamten Welt zu befördern. Wahrscheinlich stellt diese Forderung eine Reaktion auf Erfahrungen des Heiligen mit muslimischer Gebetspraxis dar, die er auf seiner Orientreise gemacht hatte.

Datierung: Entstehung bald nach der Rückkehr des Heiligen von seiner Orientreise 1220.

Lat. Text nach EO 170. Varianten nach PS 146. Dt. Übers. nach FQ 111 f. – Vgl. ESt 319–321; L. Lehmann, in: FrSt 69 (1987) 3–33; EO 167–171; F 21; Fon 63–66; HG 73–75; PL 421 (Reg.); Sai 56 f.; C. Paolazzi, in: AFH 101 (2008) 3–154; Ll LXXX ff., 69–71; FQ 111 f.; PS 144–147; FF 127 f., 155 f.; L IV, 142–144.

[1]Allen Kustoden der Minderen Brüder, zu denen dieser Brief gelangt, wünscht Bruder Franziskus, in Gott, dem Herrn, euer Knecht und ganz Kleiner, Heil mit den neuen Zeichen des Himmels und der Erde, die groß und erhaben sind bei Gott, aber von vielen Ordensleuten und anderen Menschen für ganz niedrig gehalten werden.

[2]Ich bitte euch noch inständiger, als wenn es um mich selber ginge, ihr möchtet doch, wenn es angebracht ist und ihr es für förderlich haltet, die Kleriker demütig bitten, dass sie den heiligsten Leib und das Blut unseres Herrn Jesus Christus sowie seine heiligen niedergeschriebenen Namen und Worte, die den Leib heilig gegenwärtig setzen, über alles verehren sollen. [3]Die Kelche, die Korporalien, den Altarschmuck und alles, was

ant. [4]Et si in aliquo loco sanctissimum corpus Domini fuerit pauperrime collocatum, iuxta mandatum Ecclesiae in loco pretioso ab eis ponatur et consignetur et cum magna veneratione portetur et cum discretione aliis ministretur.

[5]Nomina etiam et verba Domini scripta, ubicumque inveniantur in locis immundis, colligantur et in loco honesto debeant collocari.

[6]Et in omni praedicatione, quam facitis, de poenitentia populum moneatis, et quod nemo potest salvari, nisi qui recipit sanctissimum corpus et sanguinem Domini, [7]et, quando a sacerdote sacrificatur super altare et in aliqua parte portatur, omnes gentes flexis genibus reddant laudes, gloriam et honorem Domino Deo vivo et vero.

[8]Et de laude eius ita omnibus gentibus annuntietis et praedicetis, ut omni hora et quando pulsantur campanae semper ab universo populo omnipotenti Deo laudes et gratiae referantur per totam terram.

[9]Et, ad quoscumque fratres meos [...] pervenerit hoc scriptum et exemplaverint et apud se habuerint et pro fratribus, qui habent officium praedicationis et custodiam fratrum, fecerint exemplari et omnia, quae continentur in hoc scripto, praedicaverint usque in finem, sciant se habere benedictionem Domini Dei et meam. [10]Et ista sint eis per veram et sanctam obedientiam. Amen.

6 Vgl. Joh 6,54. 7 Vgl. 1 Thess 1,9.

zum Opfer gehört, sollen sie in kostbarer Ausführung haben. [4]Und wenn irgendwo der heiligste Leib des Herrn ganz armselig herumliegt, so soll er von ihnen nach der Weisung der Kirche an kostbar ausgestatteter Stelle niedergelegt und verschlossen werden; sie sollen ihn auch mit großer Verehrung zu den Kranken tragen und in rechter Unterscheidung anderen darreichen.

[5]Auch die geschriebenen Namen und Worte des Herrn, wo immer sie an unsauberen Stellen gefunden werden, sollen aufgesammelt und an ehrenvoller Stelle hingelegt werden.

[6]Und in jeder Predigt, die ihr haltet, sollt ihr das Volk über die Buße unterrichten und mahnend daran erinnern, dass niemand gerettet werden kann, wenn er nicht den heiligsten Leib und das Blut des Herrn empfängt. [7]Und wenn er vom Priester auf dem Altar geopfert und irgendwohin getragen wird, dann sollen alle Leute die Knie beugen und dem Herrn, dem lebendigen und wahren Gott, Lob, Herrlichkeit und Ehre erweisen.

[8]Und über sein Lob sollt ihr zu allen Leuten so sprechen und predigen, dass zu jeder Stunde und wenn die Glocken läuten, dem allmächtigen Gott vom gesamten Volk auf der ganzen Erde immer Lobpreis und Dank dargebracht wird.

[9]Und alle meine Brüder [...], zu denen dieses Schreiben gelangt und die es abschreiben und bei sich bewahren und für jene Brüder abschreiben lassen, die das Amt der Predigt und die Verantwortung für die Brüder haben, und die alles, was in diesem Schreiben enthalten ist, bis zum Ende predigen, sollen wissen, dass sie den Segen Gottes, des Herrn, und auch meinen Segen haben. [10]Und dieser möge ihnen durch den wahren und heiligen Gehorsam zuteilwerden. Amen.

2 Epistola ad custodes [II] – Der zweite Brief an die Kustoden

Dieses Schreiben ist nicht original erhalten, sondern beruht auf der Rückübersetzung eines in spanischer Sprache überlieferten Textes von Franziskus ins Lateinische durch L. Wadding. Dennoch ist anzunehmen, dass der Wortlaut des Briefes den Intentionen des Heiligen entspricht. Die *epistola* ist (wie der erste Brief an die Kustoden) an die Oberen des Ordens gerichtet und stellt eine Art »Begleitschreiben« dar. Hierin trägt der Poverello den Kustoden dreierlei Dinge auf: Zum einen erinnert er sie, sie mögen die Mahnungen zur Förderung der Verehrung des Herrn etc., die er ihnen im ersten Schreiben erteilt hatte (1 Kust), treulich im Gedächtnis halten. Zudem beauftragt der Heilige die Oberen, sowohl seinen Brief an die Kleriker (1–2 Kler) als auch das Schreiben an die Lenker der Völker (Lenk) weisungsgemäß weiterzuleiten. Die Empfänger sollen dann die von Franziskus in den Schreiben geäußerten Anliegen behandeln bzw. verwirklichen.

[1]Universis custodibus Fratrum Minorum, ad quos istae litterae pervenerint, Frater Franciscus, minimus servorum Dei, salutem et sanctam pacem in Domino.

[2]Scitote, quod in conspectu Dei sunt quaedam res nimis altae et sublimes, quae aliquando reputantur inter homines pro vilibus et abiectis; [3]et aliae sunt carae et spectabiles inter homines, quae coram Deo tenentur pro vilissimis et abiectis.

[4]Rogo vos coram Domino Deo nostro, quantum possum, quod litteras illas, quae tractant de sanctissimo corpore et sanguine Domini nostri, detis episcopis et aliis clericis; [5]et memoria retineatis, quae super his vobis commendavimus.

[6]Aliarum litterarum, quas vobis mitto, ut eas detis potestatibus, consulibus et rectoribus, et in quibus continetur, ut publi-

Zwar ist die vorliegende *epistola* für die Nachwelt aufschlussreich für die Kommunikationswege innerhalb der Franziskanergemeinschaft und verdeutlicht das Engagement, mit dem der Heilige seine Anliegen intensiv zu realisieren suchte. Doch geriet das Schreiben bald nach Erledigung der hiermit verbundenen Aufgaben durch die Oberen in Vergessenheit.

Datierung: Entstehung – wie die erwähnten drei anderen Schreiben des Heiligen – im Jahre 1220.

Lat. Text nach EO 174. Varianten nach PS 154. Dt. Übers. nach FQ 113. – Vgl. ESt 321–323; L. Lehmann, in: FrSt 69 (1987) 3–33; EO 172–175; F 22; Fon 67–69; HG 76f.; PL 422 (Reg.); Sai 60; C. Paolazzi, in: AFH 101 (2008) 3–154; Ll LXXX ff., 70–73; FQ 113; FF 127f., 156; L IV, 144f.

1 Allen Kustoden der Minderen Brüder, zu denen dieser Brief gelangt, wünscht Bruder Franziskus, der Geringste der Diener Gottes, Heil und heiligen Frieden im Herrn.

2 Wisst, dass vor dem Angesicht Gottes manche Dinge überaus hoch und erhaben sind, die bisweilen unter den Menschen
für niedrig und wertlos angesehen werden. 3 Und andere Dinge
sind unter den Menschen wertvoll und ansehnlich, die vor Gott als ganz niedrig und wertlos gelten.

4 Ich bitte euch vor unserem Herrn und Gott, soviel ich vermag, ihr möchtet jene Briefe, die vom heiligsten Leib und Blut unseres Herrn handeln, den Bischöfen und den anderen Klerikern geben.
5 Und ihr möget doch im Gedächtnis behalten, was wir euch darüber anempfohlen haben.

6 Von dem anderen Brief, den ich euch schicke, damit ihr ihn den Bürgermeistern, Konsuln und Statthaltern gebt, und in dem steht, das Lob Gottes soll unter den Leuten und auf den

centur per populos et plateas Dei laudes, facite statim multa exemplaria [et copias], [7]et cum magna diligentia eas porrigite illis, quibus debeant dari. [Valete in Domino].

Plätzen öffentlich verkündet werden, fertigt alsbald viele Exemplare [und Mengen] an [7]und überreicht sie mit großer Umsicht jenen, für die sie bestimmt sind. [Lebt wohl im Herrn].

3 Epistola toti Ordini missa – Der Brief an alle Brüder oder den gesamten Orden

Dieses Schreiben ist nicht, wie oftmals angenommen, nur an das (General-)Kapitel, sondern gemäß Adresse an den gesamten Orden gerichtet. Hierbei handelt es sich um eine *epistola*, die nicht allein an die »augenblicklichen Oberen« der Franziskanergemeinschaft, sondern auch an deren Nachfolger gerichtet ist: diese sollen das Schriftstück immer bei sich haben und diesem gemäß handeln. Thematisch steht der Brief – wie schon 2 Kler und 2 Kust – in engem Zusammenhang mit dem Schreiben von Papst Honorius III. (»*Sane cum olim*« – November 1219). Entschlossen macht sich der Heilige die Anliegen des Nachfolgers Petri zu eigen, indem er nicht nur ideenmäßig auf dessen Schreiben rekurriert, sondern sich bis in die Wortwahl des eigenen Textes von diesem beeinflusst zeigt. Bewusst schließt sich der Poverello dem »eucharistischen Kreuzzug« an, den Honorius inauguriert hatte (K. Eßer). Dies geschieht u. a. durch eine Vielzahl an Briefen, die Franziskus mit denselben Intentionen und Zielsetzungen verfasste und die er durch die Angehörigen seines Ordens verbreiten ließ (z. B. 1–2 Kler, 1–2 Kust).

Der Text der *epistola* ist mit Einleitung und Gebetsschluss in sechs Kapitel gegliedert, die zumeist bereits bekannte Anliegen des Heiligen thematisieren. Erneut fordert er insbesondere die Klerikerbrüder auf, die Ehrfurcht vor dem Sakrament zu wahren und dessen Verehrung bei den Gläubigen zu fördern, »in reiner Gesinnung« die Hl. Messe zu feiern sowie Gefäße und liturgische Bücher, die das Wort Gottes enthal-

[1]In nomine summae Trinitatis et sanctae Unitatis Patris et Filii et Spiritus Sancti. Amen!

[2]Reverendis et multum diligendis fratribus universis, fratri [H.], generali ministro religionis minorum fratrum, domino suo, et ceteris ministris generalibus, qui post eum erunt, et omnibus ministris et custodibus et sacerdotibus fraternitatis eiusdem in Christo humilibus et omnibus fratribus simplici-

ten, ehrfürchtig zu behandeln bzw. aufzubewahren. Neu sind u. a. die Festlegungen, dass von den Brüdern täglich nur eine Messe gefeiert werden soll und die Ordenskleriker in angemessener Weise das Stundengebet zu verrichten haben. Hinzu kommen Reaktionen des Heiligen auf Fehlentwicklungen, die zwischenzeitlich in der Franziskanergemeinschaft erfolgt sein dürften – wie etwa Verstöße von Brüdern gegen verschiedene Regelvorschriften oder das Umherschweifen von Franziskanern, die sich hierdurch ebenfalls regelwidrig verhielten. All diese Fratres werden vom Gründer als »nicht katholisch« streng verurteilt, der zu Recht angesichts derartigen Fehlverhaltens um die Glaubwürdigkeit und um die Katholizität seiner Gemeinschaft fürchtete. Abgeschlossen wird das Schreiben durch ein eindrucksvolles Gebet von Franziskus, der hierin den »Weg der Erleuchtung und Läuterung« verdeutlicht und erneut zur Erfüllung des Willens Gottes im menschlichen Leben aufruft.

Datierung: Entstehung wahrscheinlich nach 1224.

Lat. Text nach EO 259–263 (ohne Kapiteleinteilung). Varianten nach PS 210–220. Dt. Übers. nach FQ 114–122. – Vgl. ESt 306–316 (Zitat 310); EO 237–269; F 20 f.; Fon 97–104; HG 87–94; PL 422 (Reg.); Sai 116–121; C. Paolazzi, in: AFH 101 (2008) 3–154; Ll CXIII ff., 201–213; FQ 114–122; PS 202–221; FF 125–127, 147–153; L IV, 146–154.

[1]Im Namen der höchsten Dreifaltigkeit und heiligen Einheit, des Vaters und des Sohnes und des Heiligen Geistes. Amen.

[2]Allen geehrten und sehr zu liebenden Brüdern, dem Bruder [H.], dem Generalminister des Ordens der Minderen Brüder, seinem Herrn, und den anderen Generalministern, die ihm folgen werden, und allen in Christo demütigen Ministern und Kustoden und den Priestern dieser Bruderschaft und allen ein-

bus et obedientibus, primis et novissimis, [3]frater Franciscus, homo vilis et caducus, vester parvulus servulus, salutem in eo qui redemit et *lavit nos in* pretiosissimo *sanguine suo*, [4]cuius nomen audientes adorate eum cum timore et reverentia *proni in terra*, Dominus Jesus Christus, *Altissimi Filius* nomen illi, *qui est benedictus in saecula*. [Amen].

[5]Audite, domini filii et fratres mei, *et auribus percipite verba mea*.

[6]*Inclinate aurem* cordis vestri et obedite voci Filii Dei.

[7]Servate in toto corde vestro mandata eius et consilia eius perfecta mente implete.

[8]*Confitemini* ei *quoniam bonus* et *exaltate* eum *in operibus vestris*;

[9]*quoniam ideo misit* vos in universo mundo, ut verbo et opere detis testimonium voci eius et faciatis scire omnes, quoniam *non est omnipotens praeter eum*.

[10]*In disciplina* et obedientia sancta *perseverate* et quae promisistis ei bono et firmo proposito adimplete.

[11]*Tamquam filiis* offert se [vobis] Dominus *Deus*.

(Cap. 1) De reverentia corpori et sanguini Domini

[12]Deprecor itaque omnes vos fratres cum osculo pedum et ea caritate, qua possum, ut omnem reverentiam et omnem honorem, quantumcumque poteritis, exhibeatis sanctissimo corpori et sanguini Domini nostri Jesu Christi, [13]in quo quae in caelis

3 Vgl. Offb 1,5. 4 Vgl. Neh 8,6; Lk 1,32; Röm 1,25. 5 Apg 2,14. 6 Jes 55,3. 8 Ps 136,1; Tob 13,6. 9 Vgl. Tob 13,6; 13.4. 10 Hebr 12,7. 11 Hebr 12,7.

fachen und gehorsamen Brüdern, den Ersten wie den Letzten, [3]wünscht Bruder Franziskus, ein unbedeutender und hinfälliger Mensch, euer ganz kleiner Knecht, Heil in dem, der uns erlöst und in seinem überaus kostbaren *Blute gewaschen hat.* [4]Wenn ihr seinen Namen hört, betet ihn an mit Furcht und Ehrerbietung, *tief zur Erde gebeugt*: Es ist der Herr Jesus Christus, dessen Name *Sohn des Allerhöchsten* und *der gepriesen ist in Ewigkeit.* [Amen].

[5]Hört, ihr Söhne des Herrn und meine Brüder, *und vernehmt mit euren Ohren meine Worte.*

[6]*Neigt das Ohr* eures Herzens und gehorcht der Stimme des Sohnes Gottes.

[7]Befolgt seine Gebote in eurem ganzen Herzen und erfüllt seine Räte in vollkommener Gesinnung.

[8]*Lobpreist* ihn, *denn er ist gut,* und *verherrlicht ihn in euren Werken.*

[9]*Denn dazu hat er euch* in alle Welt gesandt, dass ihr durch Wort und Werk seiner Stimme Zeugnis gebt und alle wissen lasst, dass *niemand allmächtig ist außer ihm.*

[10]*Verharrt in der Zucht* und im heiligen Gehorsam, und was ihr ihm mit gutem und festem Vorsatz versprochen habt, das erfüllt.

[11]*Wie seinen Kindern* bringt sich Gott der Herr [euch] dar.

(Kap. 1) Von der Ehrfurcht vor dem Sakrament

[12]Daher bitte ich euch alle, meine Brüder, euch die Füße küssend, mit aller Liebe, deren ich fähig bin, dass ihr jegliche Ehrfurcht und jegliche Ehre, soviel ihr nur könnt, dem heiligsten Leib und Blut unseres Herrn Jesus Christus erweist, [13]in dem

et quae in terris sunt, pacificata sunt et reconciliata omnipotenti Deo.

(Cap. 2) De celebratione misse

[14]Rogo etiam in Domino omnes fratres meos sacerdotes, qui sunt et erunt et esse cupiunt sacerdotes Altissimi, [quatinus, cum] missam celebrare voluerint, puri pure faciant cum reverentia verum sacrificium sanctissimi corporis et sanguinis Domini nostri Jesu Christi sancta intentione et munda non pro ulla terrena re neque timore vel amore alicuius hominis, quasi placentes hominibus; [15]sed omnis voluntas, quantum adiuvat gratia ad Deum dirigatur soli ipsi summo Domino inde placere desiderans quia ipse ibi solus operatur sicut sibi placet; [16]quoniam sicut ipse dicit: *Hoc facite in meam commemorationem*, si quis aliter fecerit, Judas traditor efficitur et *reus* fit *corporis et sanguinis Domini*.

[17]Recordamini fratres mei sacerdotes, quod scriptum est de lege Moysi, quam transgrediens etiam in corporalibus *sine ulla miseratione* per sententiam Domini moriebatur. [18]*Quanto* maiora et *deteriora* meretur pati *supplicia, qui Filium Dei conculcaverit et sanguinem testamenti pollutum duxerit, in quo sanctificatus est, et spiritui gratiae contumeliam fecerit.* [19]Despicit enim homo, polluit et conculcat Agnum Dei, quando, sicut dicit apostolus, *non diiudicans* et discernens sanctum panem Christi ab aliis cibariis vel operibus vel indignus manducat vel etiam, si esset dignus, vane et indigne manducat, cum Dominus per prophetam dicat: *Maledictus homo, qui opus Dei facit fraudulenter.* [20]Et sacerdotes, qui nolunt hoc ponere super cor

1 13 Vgl. Kol 1,20. **2** 14 Vgl. Eph 6,6; Kol 3,22. 16 Lk 22,19; 1 Kor 11,24; vgl. 1 Kor 11,27. 17 Vgl. Hebr 10,28. 18 Hebr 10,29. 19 1 Kor 11,29; vgl. Jer 48,10. 20 Mal 2,2.

alles, was im Himmel und was auf Erden ist, befriedet und mit dem allmächtigen Gott versöhnt worden ist.

(Kap. 2) Von der Hl. Messe

[14]Ich bitte auch im Herrn alle meine Brüder Priester, die Priester des Allerhöchsten sind und sein werden und zu sein verlangen: Sie sollen, [wenn] sie die Messe feiern wollen, selber rein und in reiner Gesinnung, mit Ehrfurcht und in heiliger und reiner Absicht das wahre Opfer des heiligsten Leibes und Blutes unseres Herrn Jesus Christus darbringen, nicht um irgendeiner irdischen Sache willen, auch nicht aus Furcht oder Liebe zu irgendjemand, als wollten sie den Menschen gefallen. [15]Vielmehr soll jegliches Wollen, soweit die Gnade hilft, auf Gott gerichtet sein und deshalb danach verlangen, einzig ihm, dem höchsten Herrn, zu gefallen, weil er allein bei der Messe wirkt, wie es ihm gefällt. [16]Denn wie er selber sagt: *Tut dies zu meinem Gedächtnis*, macht sich einer zum Verräter Judas und wird *schuldig am Leib und Blut des Herrn*, wenn er anders handelt.

[17]Erinnert euch, meine Brüder Priester, was über das Gesetz des Moses geschrieben steht: Wer es auch nur in äußerlichen Dingen übertrat, starb *ohne Erbarmen* durch den Richterspruch des Herrn. [18]*Wie viel größere* und schlimmere *Strafen erleidet zu Recht, wer den Sohn Gottes mit Füßen getreten und das Blut des Bundes, in dem er geheiligt worden ist, für unrein gehalten und dem Geist der Gnade Schmach angetan hat.* [19]Denn der Mensch verachtet das Lamm Gottes, verunehrt es und tritt es mit Füßen, wenn er, wie der Apostel sagt, das heilige Brot Christi *nicht unterscheidet* und auseinanderhält von anderen Speisen oder Werken oder es unwürdig isst oder auch, wenn er würdig wäre, es sinnlos und leichtfertig isst, da der Herr durch den Propheten sagt: »*Verflucht der Mensch, der das Werk Gottes in trügerischer Weise vollzieht*«. [20]Und jene Pries-

in veritate condemnat dicens: *Maledicam benedictionibus vestris.*

[21]Audite, fratres mei: Si beata Virgo sic honoratur, ut dignum est, quia ipsum portavit in sanctissimo utero; si Baptista beatus contremuit et non audet tangere sanctum Dei verticem; si sepulcrum, in quo per aliquod tempus iacuit veneratur, [22]quantum debet esse sanctus, iustus et dignus, qui non iam moriturum, sed in aeternum victurum et glorificatum, in quo *desiderant angeli prospicere*, contractat manibus, corde et ore sumit et aliis ad sumendum praebet!

[23]*Videte* dignitatem *vestram, fratres* sacerdotes, et *estote sancti, quia ipse sanctus est.* [24]Et sicut super omnes propter hoc ministerium honoravit vos Dominus Deus, ita et vos super omnes ipsum diligite, reveremini et honorate. [25]Magna miseria et miseranda infirmitas, quando ipsum sic praesentem habetis et vos aliquid aliud in toto mundo curatis.

[26]Totus homo paveat, totus mundus contremiscat, et caelum exsultet, quando super altare in manu sacerdotis est *Christus, Filius Dei vivi*!

[27]O admiranda altitudo et stupenda dignatio! O humilitas sublimis! O sublimitas humilis, quod Dominus universitatis, Deus et Dei Filius, sic se humiliat, ut pro nostra salute sub modica panis formula se abscondat!

[28]Videte, fratres, humilitatem Dei et *effundite coram illo corda vestra*; humiliamini et vos, ut exaltemini ab eo.

[29]Nihil ergo de vobis retineatis vobis, ut totos vos recipiat, qui se vobis exhibet totum.

22 1 Petr 1,12. 23 Vgl. 1 Kor 1,26; Lev 19,2. 26 Joh 11,27. 28 Ps 62,9; vgl. 1 Petr 5,6; Jak 4,10.

ter, die sich dies nicht zu Herzen nehmen wollen, verdammt er wahrhaftig, indem er sagt: »*Fluchen will ich euren Segnungen*«.

[21]Hört, meine Brüder: Wenn die selige Jungfrau so geehrt wird, wie es sich geziemt, weil sie ihn in ihrem heiligsten Schoß getragen hat; wenn der selige (Johannes der) Täufer erzitterte und nicht wagte, den heiligen Scheitel Gottes zu berühren; wenn das Grab verehrt wird, in dem er eine Zeitlang gelegen hat, [22]wie heilig, gerecht und würdig muss dann der sein, der den, der nicht mehr sterben, sondern ewig leben und verherrlicht sein wird, den zu *schauen die Engel sich sehnen*, mit den Händen berührt, mit dem Herzen und Munde empfängt und anderen zum Empfang darreicht!

[23]*Seht eure* Würde, *ihr Brüder* Priester, und *seid heilig, weil er selbst heilig ist*! [24]Und wie Gott, der Herr, euch wegen dieses Dienstes über alle geehrt hat, so liebt auch ihr ihn mehr als alle übrigen, erweist ihm Ehrfurcht und ehrt ihn. [25]Es ist ein großes Elend und eine beklagenswerte Schwäche, wenn ihr euch, während ihr ihn so gegenwärtig habt, noch um irgendetwas anderes in der ganzen Welt kümmert.

[26]Der ganze Mensch erschauere, die ganze Welt erbebe, und der Himmel juble, wenn auf dem Altar in der Hand des Priesters *Christus, der Sohn des lebendigen Gottes, ist*!

[27]O wunderbare Hoheit und staunenswerte Herablassung! O erhabene Demut! O demütige Erhabenheit, dass der Herr des Alls, Gott und Gottes Sohn, sich so erniedrigt, dass er sich zu unserem Heil unter der anspruchslosen Gestalt des Brotes verbirgt!

[28]Seht, Brüder, die Demut Gottes und *schüttet vor ihm eure Herzen aus*! Erniedrigt auch ihr euch, damit ihr von ihm erhöht werdet!

[29]Behaltet darum nichts von euch für euch zurück, damit euch ganz aufnehme, der sich euch ganz hingibt!

(Cap. 3) De una missa tantum in die celebranda

[30]Moneo propterea et exhortor in Domino, ut in locis, in quibus fratres morantur, una tantum missa celebretur in die secundum formam sanctae Ecclesiae. [31]Si vero plures in loco fuerint sacerdotes, sit per amorem caritatis alter contentus auditu celebrationis alterius sacerdotis; [32]quia praesentes et absentes replet, qui eo digni sunt, Dominus Jesus Christus. [33]Qui, licet in pluribus locis esse videatur, tamen indivisibilis manet et aliqua *detrimenta non novit,* sed unus ubique, sicut ei placet, operatur cum Domino Deo Patre et Spiritu Sancto Paraclito in saecula saeculorum. Amen.

(Cap. 4) De custodia verborum Domini

[34]Et, quia *qui* est ex Deo *verba Dei audit,* debemus proinde nos, qui specialius divinis sumus officiis deputati, non solum audire et facere, quae dicit Deus, verum etiam ad insinuandam in nobis altitudinem Creatoris nostri et in ipso subiectionem nostram vasa et officialia cetera custodire, quae continent verba sua sancta.

[35]Propterea moneo fratres meos omnes et in Christo conforto, quatinus, ubicumque invenerint divina verba scripta, sicut possunt, venerentur, [36]et, quantum ad eos spectat, si non sunt reposita bene vel inhoneste iacent in loco aliquo dispersa, recolligant et reponant honorantes in sermonibus Dominum, *quos locutus est.* [37]Multa enim sanctificantur per verba Dei, et in virtute verborum Christi altaris conficitur sacramentum.

4 34 Vgl. Joh 8,47. 36 3 Reg 2,4. 37 Vgl. 1 Tim 4,5.

(Kap. 3) Von der einen Messe am Tag in jeder Bruderschaft

[30]Deshalb mahne und ermahne ich im Herrn, dass an den Orten, wo die Brüder weilen, nur eine Messe am Tag gefeiert werde nach dem Ritus der heiligen Kirche. [31]Wenn aber mehrere Priester am Ort sein sollten, so sei der eine aus Liebe zur Liebe mit dem Anhören der Messe eines anderen Priesters zufrieden. [32]Denn der Herr Jesus Christus erfüllt Anwesende und Abwesende, die seiner würdig sind. [33]Wenn er auch an mehreren Orten zu sein scheint, so bleibt er doch unteilbar und *kennt keine Verminderungen*, sondern als der Eine wirkt er allerorten, wie es ihm gefällt, mit dem Herrn Gott Vater und dem Heiligen Tröster Geiste von Ewigkeit zu Ewigkeit. Amen.

(Kap. 4) Von der Ehrfurcht vor den heiligen Worten

[34]Und weil der, *welcher aus Gott ist*, auf *Gottes Worte hört*, deshalb müssen wir, die auf ganz besondere Weise zum Dienste Gottes bestellt sind, nicht nur hören und tun, was Gott spricht, sondern müssen auch besorgt sein um die Gefäße und liturgischen Bücher, die seine heiligen Worte enthalten, damit die Erhabenheit unseres Schöpfers und unsere Unterwerfung unter ihn in uns eindringe.

[35]Deshalb ermahne ich alle meine Brüder und ermutige sie in Christus, doch überall, wo sie geschriebene göttliche Worte finden, diese möglichst ehrfürchtig zu behandeln. [36]Und soweit es an ihnen liegt, sollen sie diese sammeln und verwahren, wenn sie nicht gut aufbewahrt sind oder ehrlos irgendwo verstreut herumliegen; so ehren sie in den Worten, *die er gesprochen hat*, den Herrn. [37]Vieles wird nämlich durch die Worte Gottes geheiligt, und in der Kraft der Worte Christi wird das Sakrament des Altares vollzogen.

(Cap. 5) Confessio fratris Francisci

[38]Confiteor praeterea Domino Deo Patri et Filio et Spiritui Sancto, beatae Mariae perpetuae Virgini et omnibus sanctis in caelo et in terra, fratri [H.] ministro religionis nostrae sicut venerabili domino meo et sacerdotibus ordinis nostri et omnibus aliis fratribus meis benedictis omnia peccata mea. [39]In multis offendi mea gravi culpa, specialiter quod regulam, quam Domino promisi, non servavi, nec officium, sicut regula praecipit, dixi sive negligentia sive infirmitatis meae ocasione sive quia ignorans sum et idiota.

(Cap. 6) De regula et de modo dicendi officium

[40]Ideoque per omnia oro sicut possum fratrem [H.] generalem dominum meum ministrum, ut faciat regulam ab omnibus inviolabiliter observari; [41]et quod clerici dicant officium cum devotione coram Deo non attendentes melodiam vocis, sed consonantiam mentis, ut vox concordet menti, mens vero concordet cum Deo, [42]ut possint per puritatem cordis placare [Deo] et non cum lascivitate vocis aures populi demulcere. [43]Ego enim promitto haec firmiter custodire, sicut dederit mihi gratiam Deus; et haec fratribus, qui mecum sunt, observanda tradam in officio et ceteris regularibus constitutis.

[44]Quicumque autem fratrum haec observare noluerint, non teneo eos catholicos nec fratres meos; nolo etiam ipsos videre

(Kap. 5) Schuldbekenntnis

[38]Überdies bekenne ich dem Herrn, Gott dem Vater und dem Sohn und dem Heiligen Geist, der seligen, immerwährenden Jungfrau Maria und allen Heiligen im Himmel und auf der Erde, dem Bruder [H.], dem Minister unseres Ordens als meinem verehrungswürdigen Herrn, und den Priestern unseres Ordens und allen meinen anderen [gesegneten] Brüdern alle meine Sünden. [39]In vielem habe ich durch meine schwere Schuld gefehlt, besonders weil ich die Regel, die ich dem Herrn versprochen habe, nicht gehalten und auch das Stundengebet, wie es die Regel vorschreibt, nicht verrichtet habe, sei es aus Nachlässigkeit, sei es aus Anlass meiner Krankheit, sei es, weil ich unwissend und ungebildet bin.

(Kap. 6) Von der Regel und der Art und Weise, das Stundengebet zu verrichten

[40]Daher bitte ich inständig, so gut ich nur kann, den Generalminister Bruder [H.], meinen Herrn, dass er die Regel von allen unverletzt beobachten lasse; [41]und dass die Kleriker das Stundengebet mit Andacht vor Gott verrichten mögen, wobei sie nicht so auf den Wohlklang der Stimme, sondern auf den Gleichklang des Geistes achten sollen, auf dass die Stimme mit dem Geist gleich klinge, der Geist aber mit Gott. [42]So können sie Gott durch die Reinheit des Herzens gefallen, statt mit ihrer Überschwenglichkeit der Stimme den Ohren des Volkes zu schmeicheln. [43]Ich jedenfalls verspreche, diese Dinge fest zu beobachten, wie mir Gott die Gnade geben wird; und ich möchte sie zur Beobachtung im Stundengebet und in den übrigen Regelvorschriften den Brüdern übergeben, die mit mir sind.

[44]Diejenigen Brüder aber, die dies nicht beobachten wollen, halte ich weder für katholisch noch für meine Brüder. Ich will sie auch nicht sehen noch mit ihnen sprechen, bis sie Buße ge-

nec [eis] loqui, donec poenitentiam egerint. [45]Hoc etiam dico de omnibus aliis, qui vagando vadunt, postposita regulae disciplina; [46]quoniam Dominus noster Jesus Christus dedit vitam suam, ne perderet sanctissimi Patris obedientiam.

[47]Ego frater Franciscus, homo inutilis et indigna creatura Domini Dei, dico per Dominum Jesum Christum fratri [H.] ministro totius religionis nostrae et omnibus generalibus ministris, qui post eum erunt, et ceteris custodibus et guardianis fratrum, qui sunt et erunt, ut hoc scriptum apud se habeant, operentur et studiose reponant. [48]Et exoro ipsos, [...] quae scripta sunt in eo, sollicite custodire ac facere diligentius observari secundum beneplacitum omnipotentis Dei, nunc et semper, donec fuerit mundus iste.

[49]*Benedicti vos a Domino*, qui feceritis ista et in aeternum Dominus sit vobiscum. Amen.

(Cap. 7) Oratio

[50]Omnipotens, aeterne, iuste et misericors Deus, da nobis miseris propter temetipsum facere, quod scimus te velle, et semper velle, quod tibi placet, [51]ut interius mundati, interius illuminati et igne sancti spiritus accensi sequi possimus vestigia dilecti Filii tui, Domini nostri Jesu Christi, [52]et ad te, Altissime, sola tua gratia pervenire, qui in Trinitate perfecta et Unitate simplici vivis et regnas et gloriaris Deus omnipotens *per omnia saecula saeculorum*. Amen.

6 46 Vgl. Phil 2,8. 49 Ps 115,15. **7** 51 Vgl. 1 Petr 2,21.

tan haben. [45]Dies sage ich auch von allen anderen, die ungebunden umherschweifen und sich um die Zucht der Regel nicht kümmern; [46]denn unser Herr Jesus Christus hat sein Leben hingegeben, um den Gehorsam gegen seinen heiligsten Vater nicht zu verwirken.

[47]Ich, Bruder Franziskus, ein unnützer Mensch und ein unwürdiges Geschöpf Gottes, des Herrn, sage durch den Herrn Jesus Christus dem Bruder [H.], dem Minister unseres ganzen Ordens, und allen Generalministern, die nach ihm sein werden, und den übrigen Kustoden und Guardianen der Brüder, die es sind und sein werden, dass sie dieses Schreiben bei sich haben, ins Werk setzen und sorgfältig aufbewahren sollen. [48]Und ich bitte sie inständig, sorgsam zu bewahren, was darin geschrieben steht, und es noch eifriger beobachten zu lassen nach dem Wohlgefallen des allmächtigen Gottes, jetzt und immer, solange diese Welt besteht.

[49]*Gesegnet seid ihr vom Herrn*, die ihr dies tut, und der Herr sei auf ewig mit euch. Amen.

(Kap. 7) Gebet

[50]Allmächtiger, ewiger, gerechter und barmherziger Gott, verleihe uns Elenden, um deiner selbst willen das zu tun, von dem wir wissen, dass du es willst, und immer zu wollen, was dir gefällt, [51]damit wir, innerlich geläutert, innerlich erleuchtet und vom Feuer des Heiligen Geistes entflammt, den Fußspuren deines geliebten Sohnes, unseres Herrn Jesus Christus, folgen können [52]und allein durch deine Gnade zu dir, Allerhöchster, zu gelangen vermögen, der du in vollkommener Dreifaltigkeit und einfacher Einheit lebst und herrscht und verherrlicht wirst als allmächtiger Gott *von Ewigkeit zu Ewigkeit*. Amen.

Briefe an Einzelpersonen

1 Epistola ad fratrem Leonem – Brief an Bruder Leo

Bei dem kurzen Brief an Fr. Leo – auf Pergament geschrieben – handelt es sich um eines der wenigen Autographe des Heiligen, d. h. ein von eigener Hand geschriebenes Schriftstück. Lange Zeit im Minoritenkloster zu Spoleto verwahrt, gelangte das Autograph nach der Säkularisation des Klosters in den dortigen Domschatz (1860). Nach Versuchen, das Werk nach Amerika gewinnbringend zu verkaufen, intervenierte Papst Leo XIII. und veranlasste später die dauerhafte Aufbewahrung des Schriftstücks im Domschatz von Spoleto (seit 1902).

Das schwer lesbare Dokument, von dem nur noch eine Abschrift aus dem Jahre 1604 existiert, ist nach langer Forschungsdiskussion als authentisch zu betrachten. Formal wie inhaltlich wird man es als Werk des Heiligen akzeptieren dürfen, das wertvolle Aufschlüsse über die Sprachkompetenz von Franziskus zu geben vermag. Hiernach konnte er nur fehlerhaft lateinisch formulieren und schreiben; zudem weist der Text ein »italianisiertes Latein« auf.

[1]Frater Leo, frater Francisco tuo salutem et pacem.

[2]Ita dico tibi, fili mei, sicut mater: quia omnia verba, quae diximus in via, breviter in hoc [verbo]: dispono et consilio, et [non dopor] oportet propter consilium venire ad me, quia ita consilio tibi: [3]In quocumque modo melius videtur tibi placere Domino Deo et sequi [vestigia] et paupertatem suam, faciatis cum beneditione Domini Dei et mea obedientia.

[4]Et, si tibi est necessarium animam tuam propter aliam consolationem tuam, et vis [...] venire ad me, veni.

Unklar sind der Anlass für das Schreiben und seine Datierung. Zu vermuten ist, dass der Poverello hierbei auf ein Gespräch mit Fr. Leo Bezug nimmt, in dem dieser Franziskus um Rat gefragt haben dürfte. Daraufhin fasste der Heilige die »Grundanliegen seines Lebens« knapp zusammen und mahnte Fr. Leo, diese im Gehorsam gegen ihn zu realisieren. Um eine gewisse Schroffheit in seinen Formulierungen zu relativieren, scheint Franziskus im Schlusssatz ein freundliches Entgegenkommen verdeutlicht zu haben (nach Bartoli Langeli).

Datierung: Entstehung evtl. in den letzten Lebensjahren von Franziskus.

Lat. Text nach EO 222. Korrekturen nach Bartoli Langeli (Scritti 140 ff.) und PS 158. Dt. Übers. nach FQ 107. Siehe auch HG 82. – Vgl. ESt 324 f.; EO 216–224; F 22; Bartoli Langeli, Scritti 135–159 (mit Edition); Fon 87–92; HG 81 f.; PL 422 (Reg.); Sai 122 f.; C. Paolazzi, in: AFH 101 (2008) 1–154; Ll 198 f.; FQ 107; FF 128 ff., 157; L IV 137 f.

[1]Bruder Leo, dein Bruder Franziskus wünscht dir Heil und Frieden.

[2]So sage ich dir, mein Sohn, wie eine Mutter: Alle Worte, die wir auf dem Weg gesprochen haben, fasse ich kurz in dieses Wort und diesen Rat, und danach ist es nicht mehr nötig, wegen eines Rates zu mir zu kommen, weil ich dir so rate: [3]Auf welche Weise auch immer es dir besser erscheint, Gott, dem Herrn, zu gefallen und seinen Fußspuren und seiner Armut zu folgen, so tut es mit dem Segen Gottes, des Herrn, und mit dem Gehorsam gegen mich.

[4]Und wenn es dir um deiner Seele oder deines sonstigen Trostes willen notwendig ist und du zu mir zurückkommen willst, […], so komm.

2 Epistola ad fratrem Antonium – Brief an Bruder Antonius

Dieser Brief, der oftmals in Chroniken, Viten etc. zum Leben des hl. Antonius von Padua überliefert worden ist, wird heute in der Forschung als authentisch betrachtet. Seit den Thesen von P. Sabatier (seit 1894) bezüglich einer angeblichen »Wissenschaftsfeindlichkeit« des Poverello war die *epistola* Gegenstand diesbezüglich anhaltender Forschungskontroversen. Als gesichert darf heute betrachtet werden, dass Franziskus in dem Schreiben keine grundsätzliche Ablehnung von Studien im Franziskanerorden formulierte, sondern vielmehr die Bedingungen festlegte, unter denen Theologie in der Franziskanergemeinschaft betrieben bzw. gelehrt werden sollte. Hierdurch reagierte der Heilige auf die soziokulturellen Veränderungen, die zwischenzeitlich in seinem Orden – insbesondere durch den Eintritt zahlreicher Gebildeter – erfolgt waren und die eine ordensinterne Regelung der Studienproblematik erforderlich machten.

Hierbei wandte sich der Gründer an den ehemaligen Augustinerchorherrn Fernando aus Lissabon, der aufgrund seiner gründlichen theologischen Ausbildung nach dem Beitritt in die Franziskanergemeinschaft ein bedeutender Theologe und berühmter Prediger gewor-

[1]Fratri Antonio episcopo meo frater Franciscus salutem.

[2]Placet mihi quod sacram theologiam legas fratribus, dummodo inter huius studium [sancte] orationis et devotionis spiritum non exstinguas, sicut in regula continetur. [Vale].

den war. Ihm gestattete er, geeignete Mitbrüder in der Theologie zu unterweisen, sofern hierbei zentrale Elemente franziskanischen Lebens – wie Demut und *minoritas* – nicht beeinträchtigt würden. Obwohl sich bald ein ordenseigenes Studiensystem entwickelte, wird man dennoch Antonius aufgrund dieses Schreibens nicht als ersten »Theologie-Lektor« des Ordens bezeichnen können.

Datierung: Entstehung – aufgrund biographischer Daten des Antonius von Padua und aufgrund des Hinweises auf die BR – wahrscheinlich Ende 1223 bzw. Anfang 1224.

Lat. Text nach EO 153. Varianten nach PS 170. Dt. Übers. nach FQ 108. – Vgl. BW 233 (Reg.); ESt 43–58, 305f.; EO 147–154; F 22f.; Fon 53–55; HG 52; BA 51ff.; PL 421 (Reg.); S. Brufani, in: StM 44 (2003) 1405–1421; Sai 107; C. Paolazzi, in: AFH 101 (2008) 1–154; Ll 199f.; FQ 108; PS 168–171; FF 128ff., 157f.; L IV 138f.

[1]Dem Bruder Antonius, meinem Bischof, wünsche ich, Bruder Franziskus, Heil.

[2]Es gefällt mir, dass du den Brüdern die heilige Theologie vorträgst, wenn du nur nicht durch dieses Studium den Geist des heiligen Gebetes und der Hingabe auslöschst, wie es in der Regel steht. Leb wohl.

3 Epistola ad quendam ministrum – Brief an einen Minister

Dieses Schreiben ist an einen unbekannten »Minister« gerichtet, den man in der älteren Forschung als Generalminister bzw. oftmals als *minister generalis* Elias von Cortona zu identifizieren glaubte. Den älteren Handschriften folgend, die oftmals nur von einem »*minister N*« sprechen, ist jedoch anzunehmen, dass es sich allgemein um einen Ordensminister, wahrscheinlich um einen Provinzialminister, handelte.

Das Schreiben besteht aus zwei unterschiedlichen Teilen, deren erster (Satz 1–12) eine Anfrage des unbekannten Ministers an den Ordensgründer betrifft, der sich selbst als »*servus*« tituliert. Hiernach führte der Obere Klage über die Last seiner Amtspflichten, die er kaum mehr zu bewältigen vermochte und die ihm zu wenig Zeit für eigenes Gebet und geistliches Leben ließen. Daher wünschte der Minister, sich in eine Einsiedelei zurückziehen zu dürfen. Der Poverello antwortete auf dieses Ansinnen mit der Aufforderung, nicht aus der Welt zu fliehen, sondern sich deren Anforderungen und Belastungen zu stellen. Bei diesem Wirken in der Welt sollten alle Schwierigkeiten und sogar alles Böse als Gnade Gottes betrachtet bzw. »im wahren Gehorsam« geschätzt werden. Gleiches galt für den Umgang mit sündigen Brüdern, mit denen der Minister sowie die Guardiane auch im Wiederholungsfalle Erbarmen haben sollten, um den Sünder »zum Herrn [zu ziehen]«.

Der zweite Teil des Briefes behandelt (Satz 13–22) ebenfalls das Thema der »sündigen Brüder«, doch nun unter dem Gesichtspunkt diesbe-

[1]Fratri [N.] ministro, Dominus te benedicat.

[2]Dico tibi, sicut possum, de facto animae tuae, quod ea quae te impediunt amare Dominum Deum, et quicumque tibi impedimentum [fecerint] sive fratres sive alii, etiam si te verberarent, omnia debes habere pro gratia. [3]Et ita velis et non aliud. [4]Et hoc sit tibi per veram obedientiam Domini Dei et meam,

1 Vgl. Num 6,24a.

züglicher Festlegungen in der Ordensregel. Auch hier stehen nicht Strafe, sondern Erbarmen mit dem Sünder im Vordergrund – eine Haltung, die die Radikalität der »evangelischen Zielsetzungen« des Heiligen und seine Bereitschaft zu »bedingungsloser Barmherzigkeit« verdeutlicht (L. Lehmann).

Aufschlussreich sind die indirekten Informationen im Text zur Organisationsstruktur der jungen Ordensgemeinschaft. Hiernach gab es bereits – außer dem Gründer – (Provinzial-)Minister und Guardiane, die auf Pfingstkapiteln zusammenkamen und dort gemeinsam u. a. Regeländerungen vornehmen konnten. Da diese – bislang für alle Minister – gültige Regelung auf dem Pfingstkapitel 1221 geändert und auf die Minister der cisalpinen Provinzen beschränkt wurde, spiegelt das Schreiben frühe Organisationsstrukturen wider, die infolge des Wachstums des Ordens bald geändert wurden.

Datierung: Entstehung frühestens vor dem Pfingstkapitel 1218 und spätestens vor dem Pfingstkapitel 1221, evtl. sogar vor Erlass der BR 1223.

Lat. Text nach EO 232f. Varianten nach PS 164–166. Dt. Übers. nach FQ 109f. – Vgl. ESt 325–328; EO 225–236; F 21; Fon 93–96; HG 83f.; PL 422 (Reg.); Sai 97f.; C. Paolazzi, in: AFH 101 (2008) 3–154; Ll LXXXV ff., 76–79; FQ 109f.; FF 127f., 153f.; L IV 139–141. – DF 969–996.

[1]Dem Bruder N., dem Minister: Der Herr segne dich.

[2]So gut ich kann, sage ich dir zum Anliegen deiner Seele: Jene Dinge, die dich hindern, Gott, den Herrn, zu lieben, und [welche auch immer] dir Schwierigkeiten machen [mögen], Brüder oder andere, auch wenn sie dich schlagen sollten, alles musst du für Gnade halten. [3]Und so sollst du verlangen und nicht anders. [4]Und dies gelte dir als der wahre Gehorsam gegen Gott, den Herrn, und gegen mich; denn ich weiß sicher, dass

quia firmiter scio, quod ista est vera obedientia. [5]Et dilige eos qui ista faciunt tibi. [6]Et non velis aliud de eis, nisi quantum Dominus dederit tibi. [7]Et in hoc dilige eos; et non velis quod sint meliores christiani.

[8]Et istud sit tibi plus quam eremitorium. [9]Et in hoc volo cognoscere, si tu diligis Dominum et me servum suum et tuum, si feceris istud, scilicet quod non sit aliquis frater in mundo, qui peccaverit, quantumcumque potuerit peccare, quod, postquam viderit oculos tuos, [umquam] recedat sine misericordia tua, si quaerit misericordiam. [10]Et si non quaereret misericordiam, tu quaeras ab eo, si vult misericordiam. [11]Et si millies postea coram oculis tuis peccaret, dilige eum plus quam me ad hoc, ut trahas eum ad Dominum; et semper miserearis talibus.

[12]Et istud denunties guardianis, quando poteris, quod per te ita firmus es facere.

[13]De omnibus autem capitulis, quae sunt in regula, quae loquuntur de mortalibus peccatis, Domino adiuvante in capitulo Pentecostes cum consilio fratrum faciemus istud tale capitulum:

[14]Si quis fratrum instigante inimico mortaliter peccaverit, per obedientiam teneatur recurrere ad guardianum suum. [15]Et omnes fratres, qui scirent eum peccasse, non faciant ei verecundiam neque detractionem, sed magnam misericordiam habeant circa ipsum et teneant multum privatum peccatum fratris sui; *quia non est opus* sanis *medicus, sed male habentibus.* [16]Similiter per obedientiam teneantur eum mittere custodi suo cum socio. [17]Et ipse custos misericorditer provideat ei, sicut ipse vellet provideri sibi, si in consimili casu esset.

15 Mt 9,12.

dies der wahre Gehorsam ist. [5]Und liebe jene, die dir solches antun. [6]Und du sollst nichts anderes von ihnen wollen, als was der Herr dir geben wird. [7]Und darin liebe sie; und du sollst nicht wollen, dass sie bessere Christen seien.

[8]Und dies gelte dir mehr als eine Einsiedelei! [9]Und daran will ich erkennen, ob du den Herrn und mich, seinen und deinen Knecht, liebst, wenn du folgendes tust, nämlich: Es darf keinen Bruder auf der Welt geben, mag er auch gesündigt haben, so viel er nur sündigen konnte, der deine Augen gesehen hat und [jemals] von dir fortgehen müsste ohne dein Erbarmen, wenn er Erbarmen sucht. [10]Und sollte er nicht Erbarmen suchen, dann frage du ihn, ob er Erbarmen will. [11]Und würde er danach auch noch tausendmal vor deinen Augen sündigen, liebe ihn mehr als mich, damit du ihn zum Herrn ziehst. Und mit solchen habe immer Erbarmen.

[12]Und teile dies, sobald du kannst, den Guardianen mit, dass du für dich fest entschlossen bist, so zu handeln.

[13]Für alle in der Regel enthaltenen Kapitel aber, die von Todsünden handeln, werden wir mit Gottes Hilfe auf dem Pfingstkapitel mit dem Rat der Brüder dieses folgende Kapitel einsetzen:

[14]Wenn ein Bruder, vom Feind verführt, tödlich gesündigt hat, dann soll er im Gehorsam verpflichtet sein, zu seinem Guardian Zuflucht zu nehmen. [15]Und alle Brüder, die wissen, dass er gesündigt hat, dürfen ihn nicht beschämen noch herabsetzen; sie sollen vielmehr großes Erbarmen mit ihm haben und die Sünde ihres Bruders ganz geheim halten; denn *nicht die Gesunden bedürfen des Arztes, sondern die Kranken.* [16]Sie sollen gleichfalls im Gehorsam verpflichtet sein, ihn mit einem Begleiter zu ihrem Kustos zu schicken. [17]Und der Kustos soll selbst voll Erbarmen um ihn besorgt sein, so wie er selber wünschte, dass man sich um ihn sorgen würde, wenn er in einer ähnlichen Lage wäre.

[18]Et si in alio peccato veniali ceciderit, confiteatur fratri suo sacerdoti. [19]Et si non fuerit ibi sacerdos, confiteatur fratri suo, donec habebit sacerdotem, qui eum absolvat canonice, sicut dictum est. [20]Et isti penitus non habeant potestatem iniungendi aliam poenitentiam nisi istam: *Vade et noli amplius peccare.*

[21]Hoc scriptum, ut melius debeat observari, habeas tecum usque ad [capitulum] Pentecosten; ibi eris cum fratribus tuis. [22]Et ista et omnia alia, quae minus sunt in regula, Domino Deo adiuvante, procurabitis adimplere.

20 Vgl. Joh 8,11.

[18]Und wenn er in eine andere, lässliche Sünde gefallen ist, soll er bei seinem Bruder beichten, der Priester ist. [19]Und falls dort kein Priester ist, so möge er seinem Bruder beichten, bis er einen Priester finden wird, der ihn rechtmäßig losspricht, wie schon gesagt wurde. [20]Und diese sollen in keiner Weise die Vollmacht haben, eine andere Buße aufzuerlegen als diese: *Gehe hin und sündige nicht mehr.*

[21]Damit dieses Schreiben besser befolgt werden kann, sollst du es bis [zum Pfingstkapitel] bei dir haben; dort wirst du mit deinen Brüdern […] sein. [22]Und mit Gottes, des Herrn, Hilfe werdet ihr dafür sorgen, dies und alles Weitere, was in der Regel noch unzureichend ist, zu ergänzen.

III Geistliche Weisungen

1 Admonitiones – Ermahnungen

Das *Opusculum* stellt zwar ein authentisches Werk von Franziskus dar, doch ist die Zuordnung zu einem literarischen Genus strittig. Wahrscheinlich wird es sich um eine Sammlung von 28 Sprüchen und Mahnworten handeln, die der Poverello zu verschiedenen Zeiten u.a. bei Kapiteln an seine Brüder richtete. Diese werden die zahlreichen Mahnreden gesammelt und noch zu Lebzeiten des Heiligen in einer Sammlung zusammengestellt haben. In diesem Zusammenhang wird eine stilistische Überarbeitung der Texte sowie deren Ausschmückung durch Bibelstellen erfolgt sein. Zudem nahm man wahrscheinlich eine systematische Ordnung der zum Teil disparaten Texte unter leitenden Gesichtspunkten vor.

So scheint das Werk zweigeteilt zu sein, wobei nach einleitenden, ausführlichen Reflexionen über die Eucharistie (Kap. 1) im folgenden ersten Teil eine Kommentierung von Texten aus der Heiligen Schrift erfolgt (Kap. 2–9). Hier werden wesentliche Elemente der *vita minorum* (wie Armut, Gehorsam, Mindersein) verdeutlicht – sicherlich auch im Blick auf zwischenzeitliche tendenzielle Fehlentwicklungen im Orden. Im anschließenden großen zweiten Teil des Werkes (Kap. 10–28)

(Cap. 1) De corpore Domini

[1]Dicit Dominus Jesus discipulis suis: *Ego sum via, veritas et vita; nemo venit ad Patrem nisi per me.* [2]*Si* [*cognovissetis*] *me, et Patrem meum utique* [*cognovissetis*]; *et amodo cognoscetis eum et vidistis eum.* [3]*Dicit ei Philippus: Domine, ostende nobis Patrem, et sufficit nobis.* [4]*Dicit ei Jesus: Tanto tempore vobiscum sum et non cognovistis me? Philippe, qui videt me, videt et Patrem* meum.

1 4 Joh 14,6–9.

werden einerseits in einem sog. »Spiegel der Vollkommenheit« franziskanische »Seligpreisungen« vorgenommen. So entsteht eine Art »*Magna charta* eines Lebens in christlicher Brüderlichkeit, das radikal aufgebaut ist auf einem Leben in allerhöchster Armut« (K. Eßer). Andererseits werden Grundzüge eines »Idealbildes vom christlichen Menschen« entworfen, wie es Franziskus besaß und in seinem Wirkungskreis umsetzen wollte. Insofern sind die »Ermahnungen« eine wichtige Quelle für das spirituelle Wollen des Poverello und die zentralen Zielvorstellungen, die er im *ordo minorum* zu realisieren versuchte.

Datierung: Entstehung in verschiedenen Phasen des Ordenslebens von Franziskus, Endredaktion gegen Ende seines Lebens.

Lat. Text nach EO 106–117. Varianten nach PS 352–376. Dt. Übers. nach FQ 45–55. Zitat nach EO 121. – Vgl. ESt 302–304; L. Hardick, Die Ermahnungen des hl. Franziskus von Assisi. Werl 1985; EO 65–121; F 17; Fon 23–36; Karris, Admonitions; HG 98–110; PL 421 (Reg.); Sai 128–137; Ll LXXXV ff., 79–103; FQ 45–55; PS 346–377; FF 57 ff., 107–118; L IV 59–73. – Vgl. auch DF 25–54.

(Kap. 1) Vom Leib des Herrn

[1]Der Herr Jesus sagt zu seinen Jüngern: »*Ich bin der Weg, die Wahrheit und das Leben; niemand kommt zum Vater außer durch mich.* [2]*Wenn ihr mich* erkannt hättet, hättet *ihr auch meinen Vater* erkannt; *doch von* nun *an kennt ihr ihn und* habt *ihn gesehen.*« [3]*Philippus sagt zu* ihm: »Herr, *zeig uns den* Vater, *und das genügt uns.*« [4]*Jesus sagt zu ihm:* »*So lange Zeit bin ich bei euch, und ihr habt mich nicht* erkannt? *Philippus, wer mich sieht, sieht* auch *meinen Vater*«.

[5]Pater *lucem* habitat *inaccessibilem*, et *spiritus est Deus*, et *Deum nemo vidit umquam.* [6]Ideo nonnisi in spiritu videri potest, *quia spiritus est qui vivificat; caro non prodest quidquam.* [7]Sed nec Filius in eo, quod aequalis est Patri, videtur ab aliquo aliter quam Pater, aliter quam Spiritus Sanctus.

[8]Unde omnes qui viderunt Dominum Jesum secundum humanitatem et non viderunt et crediderunt secundum spiritum et divinitatem, ipsum esse verum Filium Dei, damnati sunt; [9]ita et modo omnes qui vident sacramentum, quod sanctificatur per verba Domini super altare per manum sacerdotis in forma panis et vini, et non vident et credunt secundum spiritum et divinitatem, quod sit veraciter sanctissimum corpus et sanguis Domini nostri Jesu Christi, damnati sunt, [10]ipso altissimo attestante, qui ait: *Hoc est corpus meum et sanguis* [*meus*] *novi testamenti* (*qui pro multis effundetur*); [11]et: *Qui manducat* carnem meam *et bibit* sanguinem meum, *habet vitam aeternam.*

[12]Unde spiritus Domini, qui habitat in fidelibus suis, ille est qui recipit sanctissimum corpus et sanguinem Domini. [13]Omnes alii, qui non habent de eodem spiritu et praesumunt recipere eum, iudicium *sibi manducant et bibunt.*

[14]Unde: *Filii hominum, usquequo gravi corde?* [15]Ut quid non cognoscitis veritatem et *creditis in Filium Dei*?

[16]Ecce, quotidie humiliat se, sicut quando *a regalibus sedibus* venit in uterum Virginis;

[17]quotidie venit ad nos ipse humilis apparens;

[18]quotidie descendit de sinu Patris super altare in manibus sacerdotis. [19]Et sicut sanctis apostolis in vera carne, ita et modo

5 Vgl. 1 Tim 6,16; Joh 4,24; 1,18. 6 Joh 6,64. 10 Mk 14,22.24. 11 Vgl. Joh 6,55. 13 Vgl. 1 Kor 11,29. 14 Ps 4,3. 15 Vgl. Joh 9,35. 16 Vgl. Phil 2,8; Weish 18,15.

[5]Der Vater wohnt *in unzugänglichem Licht*, und *Gott ist Geist*, und *niemand hat Gott je gesehen.* [6]Deshalb kann er auch nur im Geist geschaut werden, denn *der Geist ist es, der lebendig macht; das Fleisch nützt nichts.* [7]Aber auch der Sohn wird, insofern er dem Vater gleich ist, von niemandem anders geschaut als der Vater, und auch nicht anders als der Heilige Geist.

[8]Daher sind alle verurteilt, die den Herrn Jesus in seiner Menschheit gesehen, aber nicht dem Geist und der Gottheit entsprechend geschaut und geglaubt haben, dass er der wahre Sohn Gottes ist. [9]Ebenso sind auch jetzt alle verurteilt, die das Sakrament sehen, das durch die Worte des Herrn auf dem Altar durch die Hand des Priesters geheiligt wird in der Gestalt von Brot und Wein, aber nicht dem Geist und der Gottheit entsprechend schauen und glauben, dass es wahrhaft der heiligste Leib und das Blut unseres Herrn Jesus Christus ist. [10]Dies bezeugt der Allerhöchste selbst, der sagt: »*Das ist mein Leib und mein Blut des Neuen Bundes, (das für viele vergossen wird)*«, [11]und weiter: »*Wer mein Fleisch isst und mein Blut trinkt, hat das ewige* Leben«.

[12]Daher ist es der Geist des Herrn, welcher in seinen Gläubigen wohnt, der den heiligsten Leib und das Blut des Herrn empfängt. [13]Alle anderen, die nichts von ebendiesem Geist haben und ihn zu empfangen sich anmaßen, *essen und trinken sich das Gericht.*

[14]Darum, *ihr Menschenkinder, wie lange noch wollt ihr harten Herzens bleiben?* [15]Warum erkennt ihr nicht die Wahrheit und *glaubt an den Sohn Gottes*?

[16]Seht doch, täglich erniedrigt er sich, wie er einst *vom königlichen Thron herab* in den Schoß der Jungfrau kam.

[17]Täglich kommt er selber zu uns und zeigt sich in Demut.

[18]Täglich steigt er aus dem Schoß des Vaters in den Händen des Priesters herab auf den Altar. [19]Und wie er sich den heiligen Aposteln im wirklichen Fleische zeigte, so zeigt er sich uns

se nobis ostendit in sacro pane. [20]Et sicut ipsi intuitu carnis suae tantum eius carnem videbant, sed ipsum Deum esse credebant oculis spiritualibus contemplantes, [21]sic et nos videntes panem et vinum oculis corporeis videamus et credamus firmiter, eius sanctissimum corpus et sanguinem vivum esse et verum.

[22]Et tali modo semper est Dominus cum fidelibus suis, sicut ipse dicit: *Ecce ego vobiscum sum usque ad consummationem saeculi.*

(Cap. 2) De malo propriae voluntatis

[1]Dixit Dominus ad Adam: De *omni ligno* [*paradisi*] *comede, de ligno autem scientiae boni et mali* [*ne*] *comedas.*

[2]De omni ligno paradisi poterat comedere, quia dum non venit contra obedientiam, non peccavit. [3]Ille enim comedit de lingo scientiae boni, qui sibi suam voluntatem appropriat et se exaltat de bonis quae Dominus dicit et operatur in ipso; [4]et sic per suggestionem diaboli et transgressionem mandati factum est [ei] pomum scientiae mali. [5]Unde oportet, quod sustineat poenam.

(Cap. 3) De perfecta obedientia

[1]Dicit Dominus in Evangelio: *Qui non* renuntiaverit *omnibus quae possidet, non potest meus esse discipulus*; [2]et: *Qui voluerit animam suam salvam facere perdet illam.*

[3]Ille homo relinquit omnia, quae possidet, et perdit (animam suam et) corpus suum, qui se ipsum totum praebet ad obedientiam in manibus sui praelati. [4]Et quidquid facit [aut] dicit,

22 Vgl. Mt 28,20. **2** 1 Vgl. Gen 2,16–17. **3** 1 Lk 14,33. 2 Lk 9,24.

auch jetzt im heiligen Brot. [20]Und wie diese beim Anblick seines Fleisches nur sein Fleisch sahen, aber glaubten, dass er Gott ist, weil sie ihn mit geistigen Augen schauten, [21]so lasst auch uns, die wir mit leiblichen Augen Brot und Wein sehen, schauen und fest glauben, dass es lebendig und wahrhaftig sein heiligster Leib und sein Blut ist.

[22]Und auf diese Weise ist der Herr immer bei seinen Gläubigen, wie er selber sagt: »*Seht, ich bin bei euch bis zur Vollendung der Welt*«.

(Kap. 2) Vom Übel des Eigenwillens

[1]Der Herr hat zu Adam gesagt: »*Von jedem Baum des Paradieses darfst du essen, aber vom Baum der Erkenntnis des Guten und des Bösen sollst du nicht essen*«.

[2]Von jedem Baum des Paradieses konnte er essen; denn solange er nicht gegen den Gehorsam verstieß, sündigte er nicht. [3]Jener nämlich isst vom Baum der Erkenntnis des Guten, der seinen Willen als sein Eigentum beansprucht und sich mit dem Guten brüstet, das der Herr in ihm spricht und wirkt. [4]Und so ist [ihm] aus der Einflüsterung des Teufels und der Übertretung des Gebotes die Frucht der Erkenntnis des Bösen geworden. [5]Daher muss er Strafe erdulden.

(Kap. 3) Vom vollkommenen Gehorsam

[1]Der Herr sagt im Evangelium: »*Wer nicht allem entsagt, was er besitzt, kann nicht mein Jünger sein*«; [2]und: »*Wer sein Leben retten will, wird es verlieren*«.

[3]Jener Mensch verlässt alles, was er besitzt, und verliert seinen Leib und seine Seele, der sich selbst zum Gehorsam ganz in die Hände seines Vorgesetzten übergibt. [4]Und was immer er tut und redet, wenn er davon weiß, dass es nicht gegen den

quod ipse sciat, quod non sit contra voluntatem eius, dum bonum sit quod facit, vera obedientia est. [5]Et si quando subditus videat meliora et utiliora animae suae quam ea quae sibi praelatus praecipiat sua voluntarie Deo sacrificet; quae autem sunt praelati, opere studeat adimplere. [6]Nam haec est caritativa obedientia, quia Deo et proximo satisfacit.

[7]Si vero praelatus [praecipiat] aliquid contra animam suam [...], licet ei non obediat, tamen ipsum non dimittat. [8]Et si ab aliquibus persecutionem inde sustinuerit, magis eos diligat propter Deum. [9]Nam qui prius persecutionem sustinet, quam velit a suis fratribus separari, vere permanet in perfecta obedientia, quia ponit *animam suam* pro fratribus suis. [10]Sunt enim multi religiosi, qui sub specie meliora videndi quam quae sui praelati praecipiunt, *retro aspiciunt* et *ad vomitum* propriae voluntatis *redeunt*; [11]hi homicidae sunt et propter mala sua exempla multas animas perdere faciunt.

(Cap. 4) Ut nemo appropriet sibi praelationem

[1]Non veni *ministrari, sed ministrare*, dicit Dominus. [2]Illi qui sunt super alios constituti, tantum de illa praelatione glorientur, quantum si essent in abluendi fratrum pedes officio deputati. [3]Et quanto magis turbantur de abalata sibi praelatione quam de pedum officio, tanto magis sibi *loculos* ad periculum animae componunt.

6 Vgl. 1 Petr 1,22. 9 Vgl. Joh 15,13. 10 Vgl. Lk 9,62; Spr 26,11; 2 Petr 2,22.
4 1 Vgl. Mt 20,28. 3 Vgl. Joh 12,6.

Willen des Vorgesetzten ist, so ist dies der wahre Gehorsam, sofern nur das, was er tut, gut ist. [5]Und wenn der Untergebene einmal etwas sieht, was er für seine Seele besser und nützlicher hält als das, was der Vorgesetzte ihm befiehlt, so soll er das Seine freiwillig Gott zum Opfer bringen; was aber vom Vorgesetzten kommt, soll er tatkräftig zu erfüllen trachten. [6]Denn das ist der von Liebe getragene Gehorsam, weil er Gott und dem Nächsten Genüge leistet.

[7]Wenn aber der Vorgesetzte dem Untergebenen etwas gegen dessen Seele befehlen würde, so darf dieser ihm zwar nicht gehorchen, soll ihn aber nicht verlassen. [8]Und wenn er deshalb von einigen verfolgt würde, soll er sie um Gottes willen noch mehr lieben. [9]Denn wer eher Verfolgung erträgt, als dass er von seinen Brüdern getrennt werden wollte, der verharrt wahrlich im vollkommenen Gehorsam, weil er *sein Leben* einsetzt für seine Brüder. [10]Es gibt nämlich viele Ordensleute, die unter dem Vorwand, etwas Besseres zu sehen, als was ihre Vorgesetzten ihnen befehlen, *rückwärts schauen* und *zum Auswurf* des eigenen Willens *zurückkehren.* [11]Diese sind Mörder und bewirken wegen ihrer bösen Beispiele, dass viele Seelen verlorengehen.

(Kap. 4) Dass niemand das Oberenamt als sein Eigentum beanspruche

[1]*»Ich bin nicht gekommen, mich bedienen zu lassen, sondern um zu dienen«*, sagt der Herr. [2]Jene, die über andere gesetzt sind, sollen sich nur so dieses Oberenamtes rühmen, wie sie es tun würden, wenn sie zum Dienst der Fußwaschung an den Brüdern bestimmt worden wären. [3]Und je mehr sie über den Entzug des Oberenamtes stärker in Aufregung geraten, als wenn ihnen das Amt der Fußwaschung genommen würde, umso mehr häufen sie sich Reichtümer an als Gefahr für die Seele.

(Cap. 5) Ut nemo superbiat, sed glorietur in cruce Domini

[1]Attende, o homo, in quanta excellentia posuerit te Dominus Deus, quia creavit et formavit te *ad imaginem* dilecti Filii sui secundum corpus *et similitudinem* [suam] secundum spiritum. [2]Et omnes creaturae, quae sub caelo sunt, secundum se serviunt, cognoscunt et obediunt Creatori suo melius quam tu. [3]Et etiam daemones non crucifixerunt eum, sed tu cum ipsis crucifixisti eum et adhuc crucifigis delectando in vitiis et peccatis. [4]Unde ergo potes gloriari? [5]Nam si tantum esses subtilis et sapiens quod *omnem scientiam* haberes et scires interpretari omnia *genera linguarum* et subtiliter de caelestibus rebus perscrutari, in omnibus his non potes gloriari; [6]quia unus daemon scivit de caelestibus et modo scit de terrenis plus quam omnes homines, licet aliquis fuerit, qui summae sapientiae cognitionem a Domino receperit specialem. [7]Similiter et si esses pulchrior et ditior omnibus et etiam si faceres mirabilia, ut daemones fugares, omnia ista tibi sunt contraria et nihil ad te pertinet et in his nil potes gloriari;

[8]sed in hoc possumus gloriari *in infirmitatibus* nostris et baiulare quotidie sanctam crucem Domini nostri Jesu Christi.

5 1 Vgl. Gen 1,26. 3 Vgl. Hebr 6,6. 5 Vgl. 1 Kor 13,2; 12,28. 8 Vgl. 2 Kor 12,5; Lk 14,27.

(Kap. 5) Dass niemand sich stolz erhebe, sich vielmehr im Kreuze des Herrn rühme

[1]Beachte, o Mensch, in welch erhabene Würde Gott der Herr dich eingesetzt hat, da er dich dem Leibe nach zum *Bild* seines geliebten Sohnes und dem Geiste nach zu seiner *Ähnlichkeit* erschaffen und gestaltet hat. [2]Und alle Geschöpfe, die unter dem Himmel sind, dienen ihrem Schöpfer, erkennen ihn und gehorchen ihm ihrem Wesen nach besser als du. [3]Und selbst die bösen Geister haben ihn nicht gekreuzigt; aber du hast ihn im Bunde mit ihnen gekreuzigt und kreuzigst ihn auch jetzt noch, wenn du deine Freude hast an Lastern und Sünden. [4]Wessen also kannst du dich rühmen? [5]Denn, wenn du auch scharfsinnig und weise wärest, dass du *alles Wissen* hättest und verständest, alle *Arten von Sprachen* auszulegen und himmlische Dinge scharfsinnig zu erforschen, kannst du dich all dessen nicht rühmen. [6]Denn ein einziger böser Geist hat von den himmlischen Dingen mehr gewusst und weiß jetzt noch mehr von den irdischen Dingen als alle Menschen, es sei denn, es gäbe jemand, der eine besondere Erkenntnis der höchsten Weisheit vom Herrn erhalten hätte. [7]Ebenso: auch wenn du schöner und reicher wärest als alle und sogar Wunderwerke vollbrächtest, so dass du böse Geister vertriebest, dies alles ist nicht deinem Wesen entsprechend, und nichts gehört zu dir, und du kannst dich dessen in keiner Weise rühmen.

[8]Aber in dem Folgenden können wir uns *rühmen*: *in unseren Schwachheiten*, und indem wir täglich das heilige Kreuz unseres Herrn Jesus Christus tragen.

(Cap. 6) De imitatione Domini

[1]Attendamus, omnes fratres, bonum *pastorem*, qui pro *ovibus suis* salvandis crucis sustinuit passionem. [2]Oves Domini secutae fuerunt eum *in tribulatione et persecutione*, verecundia et *fame*, in infirmitate et tentatione et ceteris aliis; et de his receperunt a Domino vitam sempiternam. [3]Unde magna verecundia est nobis servis Dei, quod sancti fecerunt opera et nos recitando [et praedicando] ea volumus [inde] recipere gloriam et honorem.

(Cap. 7) Ut bona operatio sequatur scientiam

[1]Dicit apostolus: *Littera occidit, spiritus autem vivificat.*

[2]Illi sunt mortui a littera qui tantum sola verba cupiunt scire, ut sapientiores [inter alios teneantur et acquirere possint] magnas divitias dantes consanguineis et amicis. [3]Et illi religiosi sunt mortui a littera, qui spiritum divinae litterae nolunt sequi, sed [sola] verba magis cupiunt scire et aliis interpretari.

[4]Et illi sunt vivificati a spiritu divinae litterae, qui omnem litteram, quam sciunt et cupiunt scire, non attribuunt corpori, sed verbo et exemplo reddunt [eam] altissimo Domino Deo cuius est omne bonum.

(Cap. 8) De peccato invidiae vitando

[1]Ait apostolus: *Nemo potest dicere: Dominus Jesus, nisi in Spiritu Sancto*; [2]et: *Non est qui faciat bonum, non est usque ad unum.*

6 1 Joh 10,11. 2 Vgl. Joh 10,4; Röm 8,35. **7** 1 2 Kor 3,6. **8** 1 1 Kor 12,3. 2 Röm 3,12.

(Kap. 6) Von der Nachahmung des Herrn

[1]Geben wir acht, wir Brüder alle, auf den guten *Hirten,* der, um
seine Schafe zu retten, die Marter des Kreuzes erlitten hat. [2]Die
Schafe des Herrn sind ihm gefolgt *in Drangsal und Verfolgung*,
Schmach und *Hunger*, in Schwachheit und Anfechtung und in
allem übrigen, und sie haben deshalb vom Herrn das ewige Le-
ben erhalten. [3]Daher ist es eine große Schmach für uns Knechte
Gottes, dass die Heiligen Taten vollbracht haben und wir
Ruhm und Ehre erhalten wollen, wenn wir bloß davon berich-
ten und darüber predigen.

(Kap. 7) Dass dem Wissen gutes Wirken folgen soll

[1]Der Apostel sagt: »*Der Buchstabe tötet, der Geist aber macht lebendig*«.

[2]Jene sind vom Buchstaben getötet, die nur die Worte allein
zu wissen trachten, damit sie unter den anderen für weiser ge-
halten werden und große Reichtümer erwerben können, die sie
dann Verwandten und Freunden schenken. [3]Und jene Ordens-
leute sind vom Buchstaben getötet, die nicht dem Geist des
göttlichen Buchstabens folgen wollen, sondern mehr danach
streben, einzig die Worte zu wissen und sie anderen zu erklären.

[4]Und jene sind vom Geist des göttlichen Buchstabens zum Leben erweckt, die jeden Buchstaben, den sie wissen und zu wissen trachten, nicht dem eigenen Ich zuschreiben, sondern [diesen] durch Wort und Beispiel Gott, dem höchsten Herrn, zurückerstatten, dem jegliches Gute gehört.

(Kap. 8) Von der Sünde des Neides, die man meiden soll

[1]Der Apostel sagt: »*Niemand kann sagen: Herr Jesus, außer im
Heiligen Geiste*«; [2]und: »*Keiner ist, der Gutes tut, auch nicht ei-
ner*«.

[3]Quicumque ergo invidet fratri suo de bono, quod Dominus dicit et facit in ipso, pertinet ad peccatum blasphemiae, quia ipsi Altissimo invidet, qui dicit et facit omne bonum.

(Cap. 9) De dilectione

[1]Dicit Dominus: *Diligite inimicos vestros* (*benefacite his qui oderunt vos, et orate pro persequentibus et calumniantibus vos*). [2]Ille enim veraciter diligit inimicum suum, qui non dolet de iniuria, quam sibi facit, [3]sed de peccato animae suae uritur propter amorem Dei. [4]Et [ostendit] ei ex operibus dilectionem.

(Cap. 10) De castigatione corporis

[1]Multi sunt, qui dum peccant vel iniuriam recipiunt, saepe inculpant inimicum vel proximum. [2]Sed non est ita: quia unusquisque in sua potestate habet inimicum, videlicet corpus, per quod peccat. [3]Unde *beatus ille servus*, qui talem inimicum traditum in sua potestate semper captum tenuerit et sapienter se ab ipso custodierit; [4]quia, dum hoc fecerit, nullus alius inimicus visibilis vel invisibilis ei nocere poterit.

(Cap. 11) Ut nemo corrumpatur malo alterius

[1]Servo Dei nulla res displicere debet praeter peccatum. [2]Et quocumque modo aliqua persona peccaret, et propter hoc servus Dei non ex caritate turbaretur et irasceretur, *thesaurizat sibi culpam*. [3]Ille servus Dei, qui non irascitur neque conturbat se pro aliquo recte vivit sine proprio. [4]Et beatus est, qui non re-

3 Vgl. Mt 20,15; 1 Kor 6,12. **9** 1 Mt 5,44. **10** 3 Mt 24,46. **11** 2 Vgl. Röm 2,5. 4 Mt 22,21.

[3]Wer immer also seinen Bruder um des Guten willen beneidet, das der Herr in ihm redet und wirkt, der zielt ab auf die Sünde der Gotteslästerung, weil er den Allerhöchsten selbst beneidet, der jegliches Gute redet und wirkt.

(Kap. 9) Von der Feindesliebe

[1]Der Herr sagt: »*Liebt eure Feinde* (*tut denen Gutes, die euch hassen, und betet für die, die euch verfolgen und verleumden*«).

[2]In der Tat liebt jener seinen Feind wahrhaftig, der nicht Schmerz empfindet über das Unrecht, das der andere ihm antut, [3]sondern um der Liebe Gottes willen innerlich brennt wegen der Sünde, die der andere seiner Seele antut. [4]Und er [erweist] ihm in Werken Liebe.

(Kap. 10) Von der Züchtigung des Leibes

[1]Viele gibt es, die oft, wenn sie sündigen oder Unrecht auf sich nehmen, dem Feind oder dem Nächsten die Schuld geben. [2]Aber so ist es nicht; denn ein jeder hat den Feind in seiner Gewalt, seinen Leib nämlich, durch den er sündigt. [3]Darum *selig jener Knecht,* der einen solchen Feind, der in seine Gewalt gegeben ist, immer gefangen hält und sich weise vor ihm in Acht nimmt. [4]Denn wenn er das tut, kann ihm kein anderer Feind schaden, sei er sichtbar oder unsichtbar.

(Kap. 11) Niemand lasse sich durch das böse Tun eines anderen verderben

[1]Dem Knecht Gottes muss nichts missfallen außer die Sünde. [2]Und sollte jemand irgendwie sündigen und der Knecht Gottes würde sich deswegen aus einem anderen Grund als aus Liebe aufregen und zornig werden, dann *häuft er sich* jene Schuld *wie einen Schatz an.* [3]Jener Knecht Gottes, der sich über niemanden erzürnt noch erregt, lebt […] richtig ohne Eigentum.

manet sibi aliquid reddens *quae sunt Caesaris Caesari, et quae sunt Dei Deo.*

(Cap. 12) De cognoscendo spiritu Domini

[1]Sic potest cognosci servus Dei, si habet de spiritu Domini: [2]cum Dominus operaretur per ipsum aliquod bonum, si caro eius non inde se exaltaret, quia semper est contraria omni bono, [3]sed si magis ante oculos [suos] se haberet viliorem et omnibus aliis hominibus minorem se existimaret.

(Cap. 13) De patientia

[0]*Beati pacifici, quoniam filii Dei vocabuntur.*

[1]Non potest cognoscere servus Dei, quantam habeat patientiam et humilitatem in se, dum satisfactum est [ei]. [2]Cum autem venerit tempus, quod illi qui deberent […] satisfacere [ei], faciunt sibi contrarium, quantam ibi patientiam et humilitatem [habet], tantam habet et non plus.

(Cap. 14) De paupertate spiritus

[1]*Beati pauperes spiritu, quoniam ipsorum est regnum caelorum.*

[2]Multi sunt, qui orationibus et officiis insistentes multas abstinentias et afflictiones in suis corporibus faciunt, [3]sed de solo verbo, quod videtur esse iniuria suorum corporum vel de aliqua re, quae sibi auferretur scandalizati continuo perturbantur. [4]Hi non sunt pauperes spiritu; quia qui vere pauper est spiritu, se *ipsum odit* et eos diligit qui eum percutiunt in [maxillam].

13 0 Mt 5,9. **14** 1 Mt 5,3. 4 Vgl. Lk 14,26; Joh 12,25; Mt 5,39.

4Und selig ist, wer nichts für sich zurückbehält, indem er *dem*
Kaiser erstattet, was *des Kaisers ist, und Gott, was Gottes ist.*

(Kap. 12) Wie man den Geist des Herrn erkennt

1So kann der Knecht Gottes geprüft werden, ob er am Geist des
Herrn Anteil hat: 2Wenn sein [Ich], falls der Herr durch ihn et-
was Gutes wirkt, sich deshalb nicht selbst hoch erhebt, weil es
immer der Gegner alles Guten ist, 3sondern wenn er umso
mehr in seinen Augen sich unbedeutend dünkt und sich für
minderer hält als alle anderen Menschen.

(Kap. 13) Von der Geduld

0(*Selig die Friedfertigen, denn sie werden Kinder Gottes genannt*
werden).

1Der Knecht Gottes kann nicht erkennen, wie viel Geduld
und Demut er in sich hat, solange alles nach seinem Wunsch
läuft. 2Wenn aber die Zeit kommt, da jene, die seinen Wün-
schen entsprechend handeln sollten, ihm das Gegenteil antun:
wie viel Geduld und Demut er dann hat, so viel hat er und
nicht mehr.

(Kap. 14) Von der Armut im Geiste

1*Selig die Armen im Geiste, denn ihrer ist das Himmelreich.*

2Viele gibt es, die in Gebeten und Gottesdiensten eifrig sind
und ihrem Leib viele Entsagungen und Abtötungen auferle-
gen, 3die sich aber über ein einziges Wort, das ihrem [Ich] Un-
recht zu tun scheint, oder über eine Kleinigkeit, die man ihnen
wegnimmt, sofort dermaßen aufregen, als wäre es ein Skandal.
4Diese sind nicht arm im Geiste; denn wer wirklich arm im
Geiste ist, *hasst sich selbst* und liebt jene, die ihn auf die Wange
schlagen.

(Cap. 15) De pace

[1]*Beati pacifici, quoniam filii Dei vocabuntur.*

[2]Illi sunt vere pacifici, qui de omnibus, quae in hoc saeculo patiuntur, propter amorem Domini nostri Jesu Christi in animo et corpore pacem servant.

(Cap. 16) De munditia cordis

[1]*Beati mundo corde, quoniam ipsi Deum videbunt.*

[2]Vere mundo corde sunt qui terrena despiciunt, caelestia quaerunt et semper adorare et videre Dominum Deum vivum et verum mundo corde et animo non desistunt.

(Cap. 17) De humili servo Dei

[1]*Beatus ille servus,* qui non magis se exaltat de bono, quod Dominus dicit et operatur per ipsum, quam quod dicit et operatur per alium. [2]Peccat homo, qui magis vult recipere a proximo suo, quam non vult dare de se Domino Deo.

(Cap. 18) De compassione proximi

[1]Beatus homo, qui sustinet proximum suum secundum suam fragilitatem in eo, quod vellet sustineri ab ipso, si in consimili casu esset.

[2]Beatus servus, qui omnia bona reddit Domino Deo, quia qui sibi aliquid retinuerit *abscondit* in se *pecuniam Domini* Dei *sui* et *quod* putabat *habere, auferetur ab* eo.

15 1 Mt 5,9. **16** 1 Mt 5,8. **17** 1 Mt 24,46. **18** 1 Vgl. Gal 6,2; Mt 7,12. 2 Mt 25,18; Lk 8,18.

(Kap. 15) Vom Frieden

[1]*Selig die Friedfertigen, denn sie werden Kinder Gottes genannt werden.*

[2]Jene sind in Wahrheit friedfertig, die bei allem, was sie in dieser Welt erleiden, um der Liebe unseres Herrn Jesus Christus willen in Geist und Leib den Frieden bewahren.

(Kap. 16) Von der Reinheit des Herzens

[1]*Selig, die reinen Herzens sind, denn sie werden Gott schauen.*

[2]Wahrhaft reinen Herzens sind jene, die das Irdische gering achten, das Himmlische suchen und nicht nachlassen, immer mit reinem Herzen und reiner Seele den Herrn, den lebendigen und wahren Gott, anzubeten und zu schauen.

(Kap. 17) Vom demütigen Knecht Gottes

[1]*Selig jener Knecht*, der sich über das Gute, das der Herr durch ihn sagt und tut, nicht mehr erhebt als über das, was er durch einen anderen sagt und tut. [2]Es sündigt der Mensch, der von seinem Nächsten mehr empfangen will, als was er von sich aus Gott, dem Herrn, geben will.

(Kap. 18) Vom Mitleid mit dem Nächsten

[1]Selig der Mensch, der seinen Nächsten in dessen Gebrechlichkeit genauso unterstützt, wie er von ihm gestützt werden möchte, wenn er in ganz ähnlicher Lage wäre.

[2]Selig der Knecht, der alles Gute Gott, dem Herrn, zurückerstattet; denn wer etwas für sich zurückbehält, *verbirgt* bei sich *das Geld Gottes, seines Herrn, und was er zu haben meinte, wird ihm genommen werden.*

(Cap. 19) De humili servo Dei

[1]Beatus servus, qui non tenet se meliorem, quando magnificatur et exaltatur ab hominibus, sicuti quando tenetur vilis, simplex et despectus, [2]quia quantum est homo coram Deo, tantum est et non plus.

[3]Vae illi religioso, qui ab aliis positus est in alto et per suam voluntatem non vult descendere.

[4]Et *beatus ille servus*, qui non per suam voluntatem ponitur in alto et semper desiderat [subesse] pedibus aliorum.

(Cap. 20) De bono et vano religioso

[1]Beatus ille religiosus, qui non habet iucunditatem et laetitiam nisi in sanctissimis eloquiis et operibus Domini [2]et cum his producit homines ad amorem Dei [in] gaudio et laetitia.

[3]Vae illi religioso, qui delectat se in verbis otiosis et [inanibus] et cum his producit homines ad risum.

(Cap. 21) De inani et loquaci religioso

[1]Beatus servus, qui quando loquitur, sub specie mercedis omnia sua non manifestat et non est velox *ad loquendum*, sed sapienter providet, quae debet loqui et respondere.

[2]Vae [illi] religioso, qui bona, quae Dominus sibi ostendit, non retinet in corde suo et aliis non ostendit per operationem, sed sub specie mercedis magis hominibus verbis cupit ostendere. [3]Ipse recipit *mercedem suam* et audientes parum fructum reportant.

19 4 Mt 24,46. **20** 2 Vgl. Ps 51,10. **21** 1 Vgl. Spr 29,20. 2 Lk 2,19.51. 3 Vgl. Mt 6,2.16.

(Kap. 19) Vom demütigen Knecht Gottes

[1]Selig der Knecht, der sich nicht für besser hält, wenn er von den Menschen laut gepriesen und erhoben wird, als wenn er für unbedeutend, einfältig und verächtlich gehalten wird. [2]Denn was der Mensch vor Gott ist, das ist er und nicht mehr.

[3]Wehe jenem Ordensmann, der von anderen in eine hohe Position gesetzt worden ist und in seiner Eigenwilligkeit nicht herabsteigen will.

[4]Und *selig jener Knecht*, der nicht auf eigenen Wunsch hoch erhoben wird und immer danach verlangt, unter den Füßen der anderen zu sein.

(Kap. 20) Vom guten und vom leeren Ordensmann

[1]Selig jener Ordensmann, der nur an den hochheiligen Worten und Werken des Herrn seine Lust und Freude hat [2]und dadurch die Menschen [in] Fröhlichkeit und Freude zur Liebe Gottes führt.

[3]Wehe jenem Ordensmann, der an müßigen und leeren Worten sein Vergnügen hat und damit die Menschen zum Lachen reizt.

(Kap. 21) Vom prahlerischen und schwatzhaften Ordensmann

[1]Selig der Knecht, der, wenn er redet, nicht mit dem Blick auf eine Belohnung alles, was er weiß, bekannt macht und der nicht *rasch beim Reden* ist, sondern vorher weise bedenkt, was er reden und antworten soll.

[2]Wehe jenem Ordensmann, der das Gute, das der Herr ihm zeigt, nicht in seinem Herzen bewahrt und, anstatt es anderen vor allem durch das Tun zu zeigen, es den Menschen mehr durch Worte zu zeigen wünscht, mit dem Blick auf eine Belohnung. [3]Er selbst empfängt schon *seinen Lohn*, und die Zuhörer tragen wenig Frucht davon.

(Cap. 22) De correctione

[1]Beatus servus, qui disciplinam, accusationem et reprehensionem ita patienter ab aliquo sustineret sicut a semetipso.

[2]Beatus servus, qui reprehensus benigne acquiescit, verecunde obtemperat, humiliter confitetur et libenter satisfacit.

[3]Beatus servus, qui non est velox ad se excusandum et humiliter sustinet verecundiam et reprehensionem de peccato, ubi non commisit culpam.

(Cap. 23) De humilitate

[1]Beatus servus, qui ita inventus est humilis inter subditos suos, sicuti quando esset inter dominos suos.

[2]Beatus servus, qui semper permanet sub virga correctionis.

[3][*Fidelis servus et prudens*] est, qui in omnibus suis offensis non tardat interius [penitere] per contritionem et exterius per confessionem et operis satisfactionem.

(Cap. 24) De vera dilectione

[1]Beatus servus, qui tantum diligeret fratrem suum, quando est infirmus, quod non potest ei satisfacere, quantum quando est sanus, qui potest ei satisfacere.

(Cap. 25) Item de eodem

[1]Beatus servus, qui tantum diligeret et timeret fratrem suum, cum esset longe ab ipso, sicuti quando esset cum eo, et non diceret [de eo] aliquid post ipsum, quod cum caritate non posset dicere coram ipso.

23 3 Vgl. Mt 24,45.

(Kap. 22) Von der Zurechtweisung

[1]Selig der Knecht, der bereit ist, Zurechtweisung, Anklage und Tadel von einem anderen genauso geduldig zu ertragen, wie wenn sie von ihm selbst kämen.

[2]Selig der Knecht, der Tadel bereitwillig annimmt, beschämt seine Abwehr mäßigt, demütig (seine Schuld) bekennt und gern Genugtuung leistet.

[3]Selig der Knecht, der nicht schnell bei der Hand ist, sich zu entschuldigen, und für ein Vergehen, an dem er keine Schuld hat, demütig Schmach und Tadel erträgt.

(Kap. 23) Von der Demut

[1]Selig der Knecht, den man unter seinen Untergebenen so demütig findet, wie wenn er sich unter seinen Herren befände.

[2]Selig der Knecht, der stets unter der Rute der Zurechtweisung bleibt.

[3]*Getreu und klug* ist der *Knecht*, der bei all seinen Verfehlungen nicht säumt, Buße zu tun: innerlich durch die Reue und nach außen durch das Bekenntnis und die Wiedergutmachung im Werk.

(Kap. 24) Von der wahren Liebe

[1]Selig der Knecht, der seinen Bruder, wenn er krank ist, ebenso liebt – was jener ihm nicht vergelten kann –, wie wenn er gesund ist und er es ihm vergelten kann.

(Kap. 25) Nochmals über den gleichen Gegenstand

[1]Selig der Knecht, der seinen Bruder, wenn er weit von ihm entfernt ist, genauso liebt und achtet, wie wenn er mit ihm zusammen wäre, und der nicht über ihn hinter seinem Rücken redet, was er nicht in Liebe in seiner Gegenwart sagen könnte.

(Cap. 26) Ut servi Dei honorent clericos

[1]Beatus servus [Dei], qui portat fidem in clericis, qui vivunt recte secundum formam [sanctae] Ecclesiae Romanae.

[2]Et vae illis qui ipsos despiciunt; licet enim sint peccatores, tamen nullus debet eos iudicare, quia ipse solus Dominus reservat sibi ipsos ad iudicandum. [3]Nam quantum est maior administratio eorum, quam habent de sanctissimo corpore et sanguine Domini nostri Jesu Christi, quod ipsi recipiunt et ipsi soli aliis ministrant, [4]tantum plus peccatum habent, qui peccant in ipsis, quam in omnibus aliis hominibus istius mundi.

(Cap. 27) De virtute effugante vitio

[1]Ubi caritas est et sapientia, ibi nec timor nec ignorantia.

[2]Ubi est patientia et humilitas, ibi nec ira nec perturbatio.

[3]Ubi est paupertas cum laetitia, ibi nec cupiditas nec avaritia.

[4]Ubi est quies et meditatio, ibi neque sollicitudo neque vagatio.

[5]Ubi est timor Domini ad *atrium suum* custodiendum, ibi inimicus non potest habere locum ad ingrediendum.

[6]Ubi est misericordia et discretio, ibi nec superfluitas nec induratio.

(Cap. 28) De abscondendo bono ne perdatur

[1]Beatus servus, qui *thesaurizat in caelo* bona, quae Dominus sibi ostendit et sub specie mercedis non cupit manifestare hominibus, [2]quia ipse altissimus manifestabit opera eius quibuscumque placuerit.

[3]Beatus servus, qui secreta Domini observat *in corde suo.*

27 5 Vgl. Lk 11,21. **28** 1 Vgl. Mt 6,20. 3 Vgl. Lk 2,19.51.

(Kap. 26) Dass die Knechte Gottes die Kleriker ehren sollen

[1]Selig der Knecht [Gottes], der Vertrauen hegt in die Kleriker,
die recht nach der Form der [heiligen] Römischen Kirche leben.

[2]Und wehe jenen, die diese verachten! Denn mögen sie auch
Sünder sein, so darf doch keiner über sie urteilen, weil der Herr
sich ganz allein vorbehält, über sie zu urteilen. [3]Denn in glei-
chem Maß, wie ihr Dienst am heiligsten Leib und Blut unseres
Herrn Jesus Christus, welchen sie empfangen und sie allein
anderen austeilen, höher ist, [4]im selben Maß ist die Sünde der-
jenigen, die sich gegen sie verfehlen, größer, als wenn sie ge-
gen alle anderen Menschen dieser Welt sündigten.

(Kap. 27) Von der Tugend, die das Laster verjagt

[1]Wo Liebe ist und Weisheit, da ist nicht Furcht noch Unwissenheit.

[2]Wo Geduld ist und Demut, da ist nicht Zorn noch Verwirrung.

[3]Wo Armut ist mit Fröhlichkeit, da ist nicht Habsucht noch Geiz.

[4]Wo Ruhe ist und Betrachtung, da ist nicht Aufregung noch unsteter Geist.

[5]Wo die Furcht des Herrn ist, *sein Haus zu bewachen*, da kann der Feind keinen Ort zum Eindringen finden.

[6]Wo Erbarmen ist und Besonnenheit, da ist nicht Überfluss noch Verhärtung.

(Kap. 28) Vom Verbergen des Guten, damit es nicht verlorengeht

[1]Selig der Knecht, der das Gute, das der Herr ihm zeigt, als
Schatz im Himmel sammelt und der kein Verlangen hat, es mit
dem Blick auf Belohnung den Menschen zu offenbaren, [2]denn
der Allerhöchste selbst wird seine Werke offenbaren, wem im-
mer er will.

[3]Selig der Knecht, der die Geheimnisse des Herrn *in seinem Herzen bewahrt*.

2 De vera et perfecta laetitia – Das Diktat von der wahren Freude

Bei dem Text handelt es sich um ein typisches Diktat von Franziskus, wobei weder das Originaldokument noch dessen genauer Wortlaut erhalten sind. Überliefert sind lediglich ein einfacher Text des Gewährsmanns Leo von Assisi in einer Florentiner Handschrift (von 1316–40) und eine erweiterte Fassung des Werkes in den Fioretti (Kap. 8). Der Text weist Charakteristika eines Diktates des Heiligen auf, der wahrscheinlich lediglich Kerngedanken eher stichwortartig formulierte und die sprachliche Gestaltung dem gebildeten Mitbruder bzw. Sekretär überließ. Ob der Poverello selbst eine abschließende Redaktion des Textes vornahm, ist nicht feststellbar.

Dessen Gegenstand sind Reflexionen des Heiligen über die »vollkommene Freude«, wobei der Text eine hohe Affinität zur 5. Ermahnung von Franziskus aufweist. In Paulinischer Tradition (2 Kor 12, 5) betont der Poverello, dass sich menschliche Kreaturen lediglich ihrer Schwachheiten rühmen könnten und sich niemand stolz erheben dürfte. Aufschlussreich für die Lage in der Franziskanergemeinschaft in den 1220er Jahren sind seine Ausführungen im zweiten Teil des Diktates:

[1]Idem (fr. Leonardus) retulit ibidem quod una die beatus Franciscus apud Sanctam Mariam vocavit fratrem Leonem et dixit: [2]»Frater Leo, scribe«.

[3]Qui respondit: »Ecce paratus sum«. »Scribe – inquit – quae est vera laetitia. [4]Venit nuntius et dicit quod omnes magistri de [Parisius] venerunt ad Ordinem, scribe, non vera laetitia. [5]Item quod omnes praelati ultramontani, archiepiscopi et episcopi; item quod rex Franciae et rex Angliae: scribe, non vera laetitia. [6]Item, quod fratres mei iverunt ad infideles et converterunt eos omnes ad fidem; item quod tantam gratiam habeo a Deo quod sano infirmos et facio multa miracula: dico tibi quod in his omnibus non vera laetitia«.

In die Form eines Exempels gekleidet, konstatiert der Heilige gravierende ordensinterne Veränderungen (u.a. Eintritt von Gebildeten und sozial Höherstehenden). So wird selbst ihm als Ordensgründer (fiktiv) in einer Notlage die Aufnahme in einen Franziskanerkonvent unter Hinweis auf seine Unbildung und seine Armut verweigert – Entwicklungen, die Franziskus Sorgen bezüglich des Erhaltes der *vita minorum* bereiten mussten und die auch zu seiner Entscheidung beigetragen haben dürften, auf die Ordensleitung zu verzichten.

Datierung: Entstehung des (nicht original überlieferten) Diktates wahrscheinlich im Herbst 1220 in Portiunkula.

Lat. Text nach EO 461. Varianten nach PS 416. Dt. Übers. nach FQ 56f. – Vgl. B. Bughetti, in: AFH 20 (1927) 107; ESt 376 (Reg.); L. Hardick, Die wahre und vollkommene Freude des hl. Franziskus. Werl 1981; EO 459–461; V. Redondo, in: EF 91 (1990) 1–63; F 18; Fon 241f.; HG 225–227; PL 423 (Reg.); Sai 166f.; PS 409–418; FF 192–194; LIV 183–185.

[1]Derselbe (Br. Leonhard) berichtete, dass der selige Franziskus eines Tages bei Santa Maria Bruder Leo rief und sagte: [2]»Bruder Leo, schreibe!«

[3]Er antwortete: »Sieh, ich bin bereit!« »Schreibe«, sagte er, »was die wahre Freude ist. [4]Es kommt ein Bote und sagt, dass alle Magister von Paris zum Orden gekommen sind. Schreibe: das ist nicht die wahre Freude. [5]Ebenso, alle Prälaten jenseits der Alpen, die Erzbischöfe und Bischöfe; ebenso der König von Frankreich und der König von England. Schreibe: Das ist nicht die wahre Freude. [6]Ebenso, dass meine Brüder zu den Ungläubigen gegangen sind und sie alle zum Glauben bekehrt haben; ebenso, dass ich von Gott solch große Gnade erhalten habe, dass ich Kranke heile und viele Wunder wirke. Ich sage dir, dass in all dem nicht die wahre Freude ist«.

[7]»Sed quae est vera laetitia?«

[8]»Redeo de Perusio et de nocte profunda venio huc et est tempus hiemis lutosum et adeo frigidum, quod dondoli aquae frigidae congelatae fiunt ad extremitates tunicae et percutiunt semper crura, et sanguis emanat ex vulneribus talibus. [9]Et totus in luto et frigore et glacie venio ad ostium, et postquam diu pulsavi et vocavi, venit frater et quaerit: Quis est? [10]Ego respondeo: Frater Franciscus. Et ipse dicit: Vade; non est hora decens eundi; non intrabis. [11]Et iterum insistenti respondeat: Vade; tu es unus simplex et idiota; admodo non venis nobis; nos sumus tot et tales, quod non indigemus te.

[12]Et ego iterum sto ad ostium et dico: Amore Dei recolligatis me ista nocte. [13]Et ille respondeat: Non faciam. [14]Vade ad locum Cruciferorum et ibi pete.

[15]Dico tibi quod si patientiam habuero et non fuero motus, quod in hoc est vera laetitia et vera virtus et salus animae«.

[7]»Was aber ist die wahre Freude?«

[8]»Ich kehre von Perugia zurück, und in tiefer Nacht komme ich hierher, und es ist Winterszeit, schmutzig und so kalt, dass die kalten Wassertropfen am Saum des Habits gefrieren und immer an die Schienbeine schlagen und das Blut aus diesen Wunden fließt. [9]Und völlig in Schmutz und Kälte und Eis komme ich zur Pforte, und nachdem ich lange geklopft und gerufen habe, kommt der Bruder und fragt: Wer ist da? [10]Ich antworte: Bruder Franziskus. Und er sagt: Geh fort! Um diese Zeit strolcht man nicht durch die Gegend. Hier kommst du nicht herein. [11]Und auf weiteres Drängen antwortet er: Geh weg! Du bist ein einfältiger und ungebildeter Mensch. Du kommst auf keinen Fall zu uns. Wir sind so viele und von solcher Art, dass wir dich nicht brauchen.

[12]Und ich stehe immer noch an der Pforte und sage: Um der Liebe Gottes willen, nehmt mich auf in dieser Nacht. [13]Und jener antwortet: Das werde ich nicht tun. [14]Geh zur Niederlassung der Kreuzträger und bitte dort!

[15]Ich sage dir: Wenn ich Geduld habe und mich nicht aufrege, dass darin die wahre Freude ist und die wahre Tugend und das Heil der Seele«.

3 Ultima voluntas s. Clarae scripta – Vermächtnis für Klara und ihre Schwestern

Das Werk ist – wie die »Lebensform für Klara« – in der Originalbulle überliefert, in der Papst Innozenz IV. den Klarissenorden bestätigte (August 1253). Ob der Text des Poverello hierbei vollständig oder nur als Fragment überliefert wurde, ist unklar. Dennoch stellt das Werk zweifellos ein »geistliches Vermächtnis« des Heiligen für Klara und ihre Gefährtinnen dar.

Hierbei betont Franziskus erneut seine spirituellen Hauptanliegen, nämlich die Nachfolge Christi und die Beachtung des Armutspostulates. Ausgehend von seiner eigenen Bereitschaft, diese Forderungen zu erfüllen, bittet der Heilige Klara in zum Teil »höfischer Form«, ein Gleiches zu tun. Sein Ersuchen, nicht von der gelobten Lebensform abzuweichen, wird mit der Mahnung verbunden, diesbezüglichen Pressionen Dritter zu widerstehen, die Klara möglicherweise zu Modifikationen ihrer *vita* zu veranlassen suchten – vielleicht ein indirekter

[1]Ego frater Franciscus parvulus volo sequi vitam et paupertatem altissimi Domini nostri Jesu Christi et eius sanctissimae matris et perseverare in ea usque in finem; [2]et rogo vos, dominas meas, et consilium do vobis, ut in ista sanctissima vita et paupertate semper vivatis. [3]Et custodite vos multum, ne doctrina vel consilio alicuius ab ipsa in perpetuum ullatenus recedatis.

1 Vgl. Mt 10,22.

kritischer Hinweis auf Bestrebungen von Kurialen, die Armutspraxis im Klarissenorden zu verändern. Zugleich wird man auch diesen Text als Ausweis der großen Sorge betrachten dürfen, die Franziskus am Ende des Lebens angesichts der ordensinternen Veränderungen bezüglich der Wahrung sowohl der *vita minorum* als auch der Lebensform der Klarissen bedrückte.

Datierung: Entstehung des Textes »kurz vor dem Tode des Heiligen«, d. h. wahrscheinlich Ende September bzw. Anfang Oktober 1226.

Lat. Text nach EO 449. Dt. Übers. nach FQ 63. – Vgl. ESt 337; EO 448–450; F 16 f.; Fon 233–235; HG 221; PL 424 (Reg.); N. Kuster, in: WiWei 65 (2002) 163–179, bes. 173 ff.; M. M. Terzoni, in: FraFra 70 (2004) 445–482; 71 (2005) 343–387; PS 382 f.; FF 56 f., 106; KQ 719 ff.; L IV 80.

[1]Ich, der ganz kleine Bruder Franziskus, will dem Leben und der Armut unseres höchsten Herrn Jesus Christus und seiner heiligsten Mutter nachfolgen und darin bis um Ende verharren. [2]Und ich bitte euch, meine Herrinnen, und gebe euch den Rat, ihr möchtet doch allezeit in diesem heiligsten Leben und in der Armut leben. [3]Und hütet euch sehr, jemals in irgendeiner Form davon abzuweichen, weder auf die Lehre noch auf den Rat von irgendjemand hin.

4 Verba exhortationis (»Audite poverelle«) – Mahnlied für Klara und ihre Schwestern

Nach dem Bericht der »Sammlung von Perugia« (Kap. 85) schuf Franziskus zur selben Zeit und am selben Ort, wo er den »Sonnengesang« dichtete, ebenfalls in altitalienischer Sprache ein Mahnlied für Klara und ihre Schwestern in S. Damiano. Anlass war die Information des Heiligen, dass zahlreiche Klarissen dort nicht nur krank, sondern auch überaus bedrückt und besorgt wegen der gleichzeitigen Krankheit des Poverello waren. Um die »kleinen Armen« (*Poverelle*) in ihrer Not zu trösten, dichtete Franziskus ein Mahnlied (mit Melodie), das er wegen eigener Hinfälligkeit durch Mitbrüder den Klarissen überbringen ließ. Der Originaltext des Werkes wurde erst 1976 von G. Boccali in einer Handschrift des 14. Jahrhunderts im Klarissenkloster von Novaglie (b. Verona) entdeckt und später veröffentlicht. Die dazugehörige Melodie muss jedoch weiterhin als verloren gelten. Hinsichtlich der literarischen Form gehört das Werk zu den *Laudes*, d. h. zu den geistlichen Liedern, die öffentlich vorgetragen wurden. Als Vorbild diente dem Autor – wie beim »Sonnengesang« – die Dichtung der Psalmen, von denen der Poverello gründliche Kenntnisse besaß.

Strukturiert ist die *exhortatio* in vier Laissen (zwei gereimte Vierzeiler, ein Dreizeiler und ein Zweizeiler), die in psalmodischem Gesang vorgetragen wurden. Die Intentionen des Autors bei der Schaffung des Werkes betrafen zum einen die Tröstung der Schwestern. Ihnen gegen-

Hec verba fecit beatus franciscus in vulgari

A 1 Audite, poverelle dal Signór(e) vocáte,
ke de multe parte [e] provincie séte adunáte:
2 vivate sémpre / en veritáte,
ke en obediéntïa morïáte.

über zeigt Franziskus Mitgefühl – sowohl wegen ihrer Sorgen um seine Person als auch wegen ihres »überaus karge[n] und ärmliche[n] Leben[s]« (Per 85). Zudem nutzt der Heilige die Gelegenheit, um den Schwestern »für damals und für immer in Kürze seinen Willen [zu] eröffnen« (Per 85). Erneut mahnt er die Klarissen, in Liebe einträchtig zusammenzuleben und den Postulaten von »heiliger Armut« und »heiligem Gehorsam« zu entsprechen. Somit stellt das Mahnlied neben dem »Sonnengesang« nicht nur ein weiteres eindrucksvolles Zeugnis der Dichtkunst von Franziskus in altitalienischer Sprache dar, sondern es bietet auch wichtige Aufschlüsse über die sozio-ökonomischen Schwierigkeiten, die Klara und ihre Schwestern beim Aufbau ihrer Ordensgemeinschaft zu bewältigen hatten.

Datierung: Entstehung wahrscheinlich im Frühjahr 1225.

Altit. Text nach EO 479 f. Varianten nach PS 127. Dt. Übers. nach FQ 64. – Sammlung von Perugia, Kap. 85, dt. Übers., in: FQ 1162 f. – Vgl. G. Boccali, in: CF 48 (1978) 5–29; EO 462–488; L II[1] 275–288; F 26 f.; E. Grau, in: FrSt 72 (1990) 47–69; O. Schmucki, in: Misc. A. Mattioli. Roma 1995, 621–650; Fon 243–245; HG 135–138; PL 421 (Reg.); N. Kuster, in: WiWei 65 (2002) 163–179; Sai 115; O. Schmucki, in: BF 89 f.; Ll 228 f.; FQ 64; PS 124–127; FF 182 f.; KQ 726–729; L IV 81 f.

Folgende Worte verfasste der selige Franziskus in der Volkssprache:

A [1]Hört, kleine Arme, vom Herrn berufen,
die ihr aus vielen Gebieten und [Provinzen] seid vereint:
[2]lebt immer so in der Wahrheit,
dass ihr im Gehorsam sterbt.

B [3]Non guardate a la víta de fóre,
ka quella dello spírito / è migliόre.
[4]Io ve prégo per grand' amóre
k'aiate discrecïóne // de le lemosene ke ve dà el Segnór(e).

C [5]Quelle ke sunt [aggravate] de ínfirmitáte
et l'altre ke per lor(o) s(u)ò [affatigáte],
tutte quante lo sostengáte en páce.

D [6]Ka multo ve(n)deri(te) cara quésta fa(t)íga,
ka [ciascúna] serà regína // en celo coronata cum la Vérgene María.

B [3]Schaut nicht nach dem Leben draußen!
Denn jenes nach dem Geiste ist besser.
[4]Ich bitte euch in großer Liebe:
übt Sorgfalt mit den Almosen, die der Herr euch gibt!

C [5]Jene, die von Krankheiten beschwert sind,
und die anderen, die sich für sie abmühen:
ihr alle, harret aus in Frieden!

D [6]Denn um teuren Preis werdet ihr verkaufen solche [Mühe],
da jede im Himmel gekrönt wird als Königin – mit der
Jungfrau Maria.

IV Gebete

1 Oratio ante crucifixum dicta – Gebet vor dem Kruzifix

Das Gebet, dessen Echtheit nunmehr in der Forschung akzeptiert wird, ist in zahlreichen, vergleichsweise späten Handschriften sowohl in Latein als auch in Italienisch überliefert und wurde bald in zahlreiche andere europäische Sprachen übersetzt.

Gemäß einem Rahmenbericht soll Franziskus in der Frühphase seiner Bekehrung vor dem Bild des Gekreuzigten in der verfallenden Kapelle von S. Damiano gebetet haben. Hierbei habe er von dem *Crucifixus* den Auftrag vernommen: »Franziskus, geh hin und stell mein Haus wieder her, das wie du siehst, ganz verfallen ist«. Erst in der Folgezeit verstand der Poverello allmählich den tieferen Sinn dieses Auftrages, den er zuerst im Wortsinn allein auf die Wiederherstellung von S. Damiano bzw. anderen verfallenden Gotteshäusern der Region bezog und

Summe, gloriose Deus,
illumina tenebras cordis mei
et da mihi fidem rectam,
spem certam et caritatem perfectam,
sensum et cognitionem, Domine,
ut faciam tuum sanctum et verax mandatum.
[Amen].

Preghiera davanti al Crocifisso

O alto e glorioso Dio,
illumina le tenebre do lo core mio,
e damme fede diritta,
speranza certa e caritade perfetta,
senno e cognoscimento, Signore,
che io faccia lo tuo santo e verace commandamento.
Amen.

zu erfüllen suchte. Obwohl unklar ist, wie das Gebet formuliert bzw. aufgezeichnet worden ist, nimmt man an, dass es bereits in der Bekehrungsphase von Franziskus formuliert worden ist. Zweifellos manifestiert sich aber in dem Bittgebet eine wichtige Phase in der geistigen wie geistlichen Entwicklung des Heiligen. Zugleich stellt es das älteste *Opusculum* von Franziskus dar.

Datierung: Entstehung wahrscheinlich 1205 / Frühjahr 1206.

Lat. Text nach EO 356. Altit. Text nach PS 34. Dt. Übers. nach FQ 13. Zitat nach 1 C 10 und Gef 13. – Vgl. ESt 79–89, 331; L I Kap. 1; EO 354–362; F 28; Fon 165–167; HG 126 f.; PL 423 (Reg.); Sai 40; L II[2] Kap. 2; Ll LXI ff., 5; FQ 13; PS 30–35; FF 166 f.; L IV 16.

Höchster, glorreicher Gott,
erleuchte die Finsternis meines Herzens
und schenke mir rechten Glauben,
sichere Hoffnung und vollkommene Liebe.
Gib mir, Herr, (das rechte) Empfinden und Erkennen,
damit ich deinen heiligen und wahrhaften Auftrag erfülle.
(Amen).

2 Exhortatio ad laudem Dei – Aufforderung zum Lobe Gottes

Nach einem mittelalterlichen Chronistenbericht soll Franziskus in der Einsiedelei Lugo dell'Eremita bei Cesi ein Lied von der Gattung der *Laude* verfasst und auf eine Holztafel oder ein Antependium am Altar neben bildlichen Darstellungen von Geschöpfen geschrieben haben. Um 1500 soll das Werk noch vorhanden gewesen sein; danach wurde es abgeschrieben und überliefert.

Bei dem Text handelt es sich um »eine Collage aus Psalmen und kurzen, liturgischen Gesängen«. Hierbei verwendete der Heilige auch das Psalterium Romanum, während er später das Psalterium Gallicanum nutzte. Wie in anderen Lobgedichten des Poverello, so sind auch hier Unbeholfenheiten in der Komposition sowie in der Verwendung der Hl. Schrift und Italianismen im Lateinischen feststellbar. Zwar ist die *Laude* dem Wortbestand nach »kaum original«, da der Text fast voll-

[1]*Timete Dominum et date illi honorem.*
[2]Dignus est Dominus *accipere* laudem et *honorem.*
[3]Omnes, *qui* [*timetis*] *Dominum, laudate eum.*
[4]*Ave, Maria, gratia plena, Dominus tecum.*
[5]Laudate eum caelum et terra.
[6]Laudate omnia flumina Dominum.
[7]*Benedicite filii* Dei *Dominum.*
[8]Haec dies quam fecit Dominus, exsultemus et laetemur in ea.
Alleluia, Alleluia, Alleluia! *Rex Israel*!
[9]*Omnis spiritus laudet Dominum.*
[10]*Laudate Dominum, quoniam bonus est*;
omnes qui legitis haec, *benedicite Dominum.*

1 Offb 14,7. 2 Vgl. Offb 4,11. 3 Vgl. Ps 22,24. 4 Lk 1,28. 5 Vgl. Ps 69,35. 6 Vgl. Dan 3,78. 7 Vgl. Dan 3,82. 8 Ps 118,24; Joh 12,13. 9 Ps 150,6. 10 Ps 147,1; 103,21.

ständig aus der Hl. Schrift sowie aus der kirchlichen Liturgie entnommen wurde. Dennoch ist das Werk hinsichtlich der Komposition original bzw. authentisch, so dass erneut »auf den Unterschied zwischen Authentizität und Originalität hinzuweisen« ist (K. Eßer). Zudem wird man die »Aufforderung zum Lobe Gottes«, die sich an alle Geschöpfe wendet, als Vorläufer des »Sonnengesangs« betrachten dürfen.

Datierung: Entstehung wahrscheinlich vor 1223.

Lat. Text nach EO 282. Varianten nach PS 38. Dt. Übers. nach FQ 14. Zitate nach EO 284; FQ 14. – Vgl. K. Eßer, in: AFH 67 (1974) 3–17; L I Kap. 3; EO 277–284; F 24; Fon 109–112; HG 50 f.; PL 421 (Reg.); Sai 138; L II^2 Kap. 4; FQ 14; PS 36–39; FF 161 ff., 187; L IV, 16–18.

1 *Fürchtet den Herrn und gebt ihm die Ehre.*
2 *Würdig ist der Herr, zu empfangen* Lobpreis *und Ehre.*
3 Alle, *die ihr den Herrn fürchtet, lobpreiset ihn.*
4 *Gegrüßet seist du,* Maria, *voll der Gnade, der Herr ist mit dir.*
5 *Lobt ihn, Himmel und Erde.*
6 Lobt den Herrn, all *ihr Flüsse.*
7 *Lobpreist den Herrn, ihr Kinder Gottes.*
8 *Dies ist der Tag, den der Herr gemacht hat, lasst uns jubeln und uns freuen an ihm.*
Alleluja, Alleluja, Alleluja! Du *König Israels*!
9 *Alles, was atmet, lobe den Herrn.*
10 *Lobt den* Herrn, *denn er ist gut*;
alle, die ihr dies lest, *lobpreist den Herrn.*

[11]Omnes creaturae benedicite Dominum.
[12]*Omnes volucres caeli* laudate Dominum.
[13]Omnes *pueri* laudate *Dominum.*
[14]*Juvenes et virgines* laudate Dominum.
[15]*Dignus est agnus, qui occisus est*, recipere laudem, gloriam et honorem.
[16]*Benedicta sit sancta Trinitas atque indivisa Unitas.*
[17]*Sancte Michael Archangele defende nos in proelio.*

11 Vgl. Ps 103,22. 12 Dan 3,80; vgl. Ps 148,7–10. 13 Vgl. Ps 113,1.
14 Vgl. Ps 148,12. 15 Vgl. Offb 5,12.

11 Alle Geschöpfe, lobpreist den Herrn.
12 *Alle Vögel des Himmels*, lobt den Herrn.
13 Alle *Kinder*, lobt *den Herrn.*
14 *Jünglinge* und Jungfrauen, lobt *den* Herrn.
15 *Würdig ist das Lamm, das geschlachtet ist*, zu empfangen
Lob, Herrlichkeit und Ehre.
16 »Gepriesen sei die heilige Dreifaltigkeit und ungeteilte
Einheit.«
17 »Heiliger Erzengel Michael, verteidige uns im Kampfe.«

3 Laudes ad omnes horas dicendae – Preisgebet zu allen Horen

Aufgrund schwieriger handschriftlicher Überlieferung lässt sich der Originaltext nur annähernd rekonstruieren. Wie andere Loblieder des Poverello, so ist auch das »Preisgebet« fast vollständig aus Stellen der Hl. Schrift – besonders der Offenbarung – und der kirchlichen Liturgie zusammengestellt. Eigengut des Verfassers ist lediglich das Schlussgebet. Dennoch bezeugen Gedankenführung und Wortlaut des Textes den Heiligen als Urheber des Werkes.

Nach Chronistenangaben betete Franziskus nach dem Vaterunser und dem »Ehre sei dem Vater« anschließend das vorliegende »Preisgebet«; so verrichtete er die *Laudes* zu allen Horen des Tagzeitengebetes.

Das Werk ist in drei Strophen gegliedert: Die »erste vereint die pil-

Incipiunt laudes quas ordinavit beatissimus pater noster Franciscus et dicebat ipsas ad omnes horas diei et noctis et ante officium beatae Mariae Viginis sic incipiens: *Sanctissime pater noster qui es in caelis etc.* cum *Gloria.* Deinde dicantur laudes:

[1]Sanctus, sanctus, sanctus Dominus Deus omnipotens,
qui *est* et qui *erat* et qui venturus est:
Et laudemus et superexaltemus eum in saecula.
[2]Dignus es, Domine Deus noster accipere *laudem,* gloriam
et honorem *et benedictionem*:
Et laudemus et superexaltemus eum in saecula.
[3]Dignus est agnus, qui occisus est accipere virtutem et
divinitatem et sapientiam et fortitudinem et honorem
et gloriam et benedictionem:
Et laudemus et superexaltemus eum in saecula.

1 Vgl. Offb 4,8. 2 Vgl. Offb 4,11. 3 Offb 5,12.

gernde mit der verherrlichten Kirche, die zweite ruft alle Werke des Herrn zum Lobe Gottes auf und die dritte will die erfahrene Güte Gottes dankend zurückerstatten«. Aufgrund seiner Struktur wurde das Werk auch als »franziskanisches Invitatorium« bezeichnet.

Datierung: Entstehung wahrscheinlich längere Zeit vor dem Tode von Franziskus.

Lat. Text nach EO 319–321. Varianten nach PS 62–64. Dt. Übers. nach FQ 15 und HG 160f. Zitate nach L III, 16; FQ 15. – Vgl. ESt 330; L I Kap. 4; EO 313–321; F 27; Fon 139–142; HG 159–161; PL 422 (Reg.); Sai 161; L II[2] Kap. 5; FQ 15f.; PS 60–65; FF 184–186; L IV, 18–20.

[Hier beginnt das Preisgebet, das unser hochseliger Vater Franziskus zusammengestellt hat und das er zu allen Horen des Tages und der Nacht und vor dem Offizium der seligen Jungfrau Maria betete. Er begann also: »Heiligster Vater unser, der du bist in den Himmeln« usw. mit dem »Ehre sei«. Danach sollte das Preisgebet gesprochen werden.]

1 *Heilig, heilig, heilig ist der Herr, der allmächtige Gott,*
der ist und der war und der kommen wird.
Und *lasst uns ihn loben und über alles erheben in Ewigkeit.*
2 *Würdig bist du, Herr, unser Gott, zu empfangen* Lob,
Herrlichkeit und Ehre und Preis.
Und *lasst uns ihn loben und über alles erheben in Ewigkeit.*
3 *Würdig ist das Lamm, das geschlachtet ist, zu empfangen*
Macht und Gottheit und Weisheit und Stärke und Ehre und
Herrlichkeit und Lobpreis.
Und *lasst uns ihn loben und über alles erheben in Ewigkeit.*

[4]Benedicamus Patrem et Filium cum Sancto Spiritu:
Et laudemus et superexaltemus eum in saecula.
[5]Benedicite omnia opera Domini Domino:
Et laudemus et superexaltemus eum in saecula.
[6]Laudem dicite Deo nostro omnes servi eius et qui timetis
Deum, pusilli et magni:
Et laudemus et superexaltemus eum in saecula.
[7]Laudent eum *gloriosum* caeli et terra:
Et laudemus et superexaltemus eum in saecula.
[8]*Et omnis creatura,* quae in caelo est et super terram et [...]
subtus terram et mare et quae in eo *sunt*:
Et laudemus et superexaltemus eum in saecula.
[9]Gloria Patri et Filio et Spiritui Sancto:
Et laudemus et superexaltemus eum in saecula.
[10]Sicut erat in principio et nunc et semper et in saecula
saeculorum. Amen.
Et laudemus et superexaltemus eum in saecula.
[11]*Oratio*: Omnipotens, sanctissime, altissime et summe Deus, omne bonum, summum bonum, totum bonum, qui solus es bonus, tibi reddamus omnem laudem, omnem gloriam, omnem gratiam, omnem honorem, omnem benedictionem et omnia bona.
Fiat. Fiat. Amen.

5 Dan 3,57. 6 Vgl. Offb 19,5. 7 Vgl. Ps 69,35. 8 Vgl. Offb 5,13.
11 Vgl. Lk 18,19.

4 Lasst uns preisen den Vater und den Sohn mit dem
Heiligen Geist.
Und *lasst uns ihn loben und über alles erheben in Ewigkeit.*
5 *Preist den Herrn, alle Werke des Herrn.*
Und *lasst uns ihn loben und über alles erheben in Ewigkeit.*
6 *Lobpreist unseren Gott, ihr seine Diener alle, und die ihr*
Gott fürchtet, Kleine und Große.
Und *lasst uns ihn loben und über alles erheben in Ewigkeit.*
7 *Loben sollen ihn*, den Glorreichen, *Himmel und Erde.*
Und *lasst uns ihn loben und über alles erheben in Ewigkeit.*
8 Und jegliche Kreatur, *die im Himmel und auf der Erde und*
unter der Erde ist, und das Meer, und was in ihm sich befindet.
Und *lasst uns ihn loben und über alles erheben in Ewigkeit.*
9 Ehre sei dem Vater und dem Sohn und dem Heiligen Geist.
Und *lasst uns ihn loben und über alles erheben in Ewigkeit.*
10 Wie (es war) im Anfang, so auch jetzt und allezeit und in
Ewigkeit. Amen.
Und *lasst uns ihn loben und über alles erheben in Ewigkeit.*
11 *Gebet:* Allmächtiger, heiligster, erhabenster und höchster
Gott, du alles Gut, höchstes Gut, ganzes Gut, der du *allein*
gut bist, dir wollen wir erweisen alles Lob, alle Herrlichkeit,
allen Dank, alle Ehre, allen Preis und alles Gute.
Es geschehe! Es geschehe! Amen.

4 Officium Passionis Domini – Offizium vom Leiden des Herrn

Das zweifellos authentische Werk steht in der langen Tradition mittelalterlicher Votiv-Offizien (freiwillige Stundengebete) in Verbindung mit den kanonischen Tagzeiten. Der Poverello komponierte »sein Stundengebet« aus frei gewählten Psalmstellen, die er mit persönlichen Zusätzen zumeist aus dem Neuen Testament verband. Diese Ergänzungen sollten der Textauswahl persönlichen Charakter und Schwerpunkte verleihen, verbunden mit einer intensiven Marien-Verehrung. Auffällig ist die Verwendung sowohl des Psalterium Romanum als auch des Psalterium Gallicanum durch den Heiligen, der sehr eigenwillig seinen eigenen Text mit spezifischen »Mischformen« aus beiden Werken konstituierte. Der seit dem Ordenschronisten L. Wadding (1623) eingeführte Titel des Werkes »Offizium vom Leiden des Herrn« ist zumindest umstritten, da es sich bei dem Text nicht nur um eine Darstellung der Passion Jesu, sondern um eine Verherrlichung des »ganz[en] Heilswerk[es] Christi« einschließlich der Auferstehung, d.h. um ein »Christusoffizium«, handelt. Dennoch erscheint die eingeführte Bezeichnung als teilweise berechtigt, da zumindest in den ersten sieben Teilen ausführlich das Leiden Christi dargestellt und somit ein sog. »literarischer Kreuzweg« mit Texten des Psalters beschrieben wird.

Die Zusammenstellung der Psalmen für die einzelnen Horen (Gebete zu bestimmten Tageszeiten) ist für das ganze Kirchenjahr bestimmt und reicht vom Triduum der Karwoche bis zur Epiphanie-Oktav. Das gesamte Werk weist eine fünfteilige Struktur auf; sein erster und ausführlichster Teil mit sieben Psalmen ist für das »Triduum der Karwoche und für die Wochentage im Jahreskreis« relevant. Hieran schließt

(Introductio)

(Incipiunt psalmi, quos ordinavit beatissimus pater noster Franciscus ad reverentiam et memoriam et laudem passionis Domini. Qui dicendi sunt per quaslibet horas diei et noctis unum. Et incipiunt a completorio feriae sextae Parasceve, eo

sich Teil 2 mit fünf (bzw. zwei neuen) Psalmen »für die Osterzeit« an, gefolgt von Teil 3 mit sieben (bzw. drei neuen) Psalmen »für die Sonntage und Hauptfeste«. Hierauf folgen Teil 4 mit sieben (bzw. zwei neuen) Psalmen »für die Zeit des Advent« und Teil 5 mit nur einem Psalm »für die Weihnachtszeit«. Jeder Psalm wird umrahmt von der – in Gebetsform gehaltenen – Antiphon (Kehr- oder Rahmenvers) »Heilige Jungfrau Maria«, worin sich die besondere Marienfrömmigkeit des Heiligen manifestiert. Marginale Hinweise, wie das Offizium zu beten ist, finden sich in zahlreichen Handschriften, stammen jedoch nicht vom Poverello, sondern von mittelalterlichen Kopisten. Insgesamt vermittelt das Offizium – ungeachtet seines eher »traditionellen Textbestandes« hinreichend bekannter Psalmen – einen tiefen Einblick in die Frömmigkeit von Franziskus, der in einem »Kreuzweg« nicht nur das Leiden Christi nachzuvollziehen sucht, sondern auch intensiv zum Gotteslob und zur »Feier der ganzen Heilsgeschichte« aufruft.

Datierung: Entstehung evtl. zwischen 1221 und 1223.

Lat. Text nach EO 338–351. Varianten nach PS 70–106. Dt. Übers. nach FQ 17–30. Ergänzungen nach HG 140–158. Zitate nach HG 140 und L I 133. Definitionen nach FQ 1715, 1718, 1720. – Vgl. ESt 330; L I Kap. 6; EO 321–353; A. Rotzetter, Das Stundengebet des Franz von Assisi. Freiburg 1991; F 28 f.; Fon 143–163; HG 139–158; PL 424 (Reg.); Sai 139–157; F. Doormann, in: WiWei 67 (2004) 191–203; L II² Kap. 6; SB 3–99, bes. 27–41; Ll XCVIII ff., 131–167; FQ 17–30; PS 65–107; FF 195–216; L III, 55–70; L IV, 20–40.

(Einführung)

(Es beginnen die Psalmen, die unser hochseliger Vater Franziskus zur Verehrung und zum Gedächtnis und zum Preise des Leidens des Herrn zusammengestellt hat. Sie sind in eins zu je allen Horen des Tages und der Nacht zu beten. Und sie begin-

quod in illa nocte traditus fuit et captus Dominus noster Jesus Christus. Et nota, quod sic dicebat istud officium beatus Franciscus: Primo dicebat orationem, quam nos docuit Dominus et Magister: *Sanctissime pater noster etc.* cum laudibus, scilicet: *Sanctus, sanctus, sanctus,* sicut superius continetur. Finitis laudibus cum oratione incipiebat hanc antiphonam, scilicet: *Sancta Maria.* Psalmos dicebat primo de sancta Maria; postea dicebat alios psalmos quos elegerat, et in fine omnium psalmorum, quos dicebat, dicebat psalmos passionis. Finito psalmo dicebat hanc antiphonam, scilicet: *Sancta Maria virgo.* Finita antiphona expletum erat officium.)

(Pars I) Pro sacro triduo hebdomadae maioris et feriis per annum

Ad Completorium
Antiphona: Sancta Maria Virgo

Psalmus (I)

1 Deus vitam meam annuntiavi tibi + posuisti lacrimas meas in conspectu tuo.

2 Omnes inimici mei adversum me cogitabant mala mihi + *et* consilium fecerunt in unum.

3 Et posuerunt adversum me mala pro [*bonis*] + et odium pro dilectione mea.

4 Pro eo, ut me diligerent, detrahebant mihi + ego autem orabam.

5 *Mi pater sancte, rex caeli et terrae*, ne discesseris a me + quoniam tribulatio proxima est et non est qui adiuvet.

Psalmus (I) 1 Ps 56,8–9. 2 Ps 41,8a; 71,10c. 3 Vgl. Ps 109,5. 4 Ps 109,4. 5 Joh 17,11; Mt 11,25; Ps 22,12.

nen mit der Komplet zum Karfreitag (d.h. am Gründonnerstagabend), weil unser Herr Jesus Christus in jener Nacht verraten und gefangen genommen wurde. Und beachte, dass der selige Franziskus dieses Offizium so betete: Zuerst sprach er das Gebet, das uns der Herr und Meister gelehrt hat: »Heiligster Vater unser usw.« mit dem Preisgebet, nämlich: »Heilig, heilig, heilig«, wie es oben enthalten ist. Nach Beendigung des Preisgebetes mit der Oration begann er folgende Antiphon, nämlich »Heilige Maria«. Zuerst betete er die Psalmen von der heiligen Maria; danach betete er noch andere Psalmen, die er ausgewählt hatte; und am Ende aller Psalmen, die er betete, betete er die Leidenspsalmen. Nach Beendigung des Psalms betete er folgende Antiphon, nämlich: »Heilige Jungfrau Maria«. Mit Beendigung der Antiphon war das Offizium abgeschlossen.)

(1. Teil) Für das heilige Triduum der Karwoche und
für die Wochentage im Jahreskreis

Zur Komplet
Antiphon: Heilige Jungfrau Maria

Psalm (I)

1Gott, mein Leben habe ich dir kundgetan; * und meine Tränen hast du kommen lassen vor dein Angesicht.

2Alle meine Feinde sannen Unheil gegen mich, * und sie haben gemeinsam Rat gehalten.

3Und sie haben mir *Gutes* mit Bösem vergolten * und meine Liebe mit Hass.

4Statt mich zu lieben, zogen sie über mich her; * ich aber betete.

5*Mein heiliger Vater, König des Himmels und der Erde,* weiche doch nicht von mir, * denn nah ist die Trübsal, und keiner ist da, der mir hilft.

[6][Convertentur] inimici mei retrorsum in quacumque die invocavero te, + ecce cognovi, quoniam Deus meus es.

[7]Amici mei et proximi mei adversum me appropinquaverunt et steterunt + et proximi mei a longe steterunt.

[8]Longe fecisti notos meos a me + posuerunt me abominationem sibi, traditus sum et non egrediebar.

[9]*Pater sancte*, ne elongaveris auxilium tuum a me + Deus meus [in] auxilium meum respice.

[10]Intende in adiutorium meum + Domine Deus salutis meae.

Gloria Patri et Filio + et Spiritui Sancto:

Sicut erat in principio et nunc et semper + et in saecula saeculorum. Amen.

Antiphona: [1]Sancta Maria virgo, non est tibi similis nata in mundo in mulieribus, [2]filia et ancilla altissimi summi Regis Patris caelestis, mater sanctissimi Domini nostri Jesu Christi, sponsa Spiritus Sancti: [3]ora pro nobis cum S. Michaele archangelo et omnibus virtutibus caelorum et omnibus sanctis apud tuum sanctissimum dilectum Filium, Dominum et magistrum. – Gloria Patri ... Sicut erat ...

(Nota, quod haec antiphona supradicta dicitur ad omnes horas; et dicitur pro antiphona, capitulo, hymno, versiculo et oratione; et ad matutinum et ad omnes horas similiter. Nihil aliud in ipsis dicebat nisi hanc antiphonam cum suis psalmis.

Ad absolutionem officii semper dicebat beatus Franciscus: *Benedicamus Domino Deo vivo et vero; laudem, gloriam, ho-*

6 Ps 56,10. 7 Ps 38,12. 8 Ps 88,9. 9 Joh 17,11; Ps 22,20; vgl. Ps 71,12. 10 Ps 38,23. **[Antiphona]** 3 Joh 13,14. **[Nota]** Vgl. 1 Thess 1,9.

6 Zurückweichen werden meine Feinde an jenem Tage, da
ich dich anrufe; * siehe: erkannt habe ich, dass du mein Gott
bist.
7 Meine Freunde und meine Nächsten haben sich mir feind-
lich genaht und standen gegen mich, * und meine Nächsten
hielten sich fern von mir.
8 Weit hast du meine Bekannten von mir entfernt, * zum Ab-
scheu bin ich für sie geworden; verraten bin ich und finde kei-
nen Ausweg.
9 *Heiliger Vater*, lass deine Hilfe nicht fern sein von mir,
* mein Gott, schau her zu meiner Hilfe.
10 Achte auf meine Hilfe, * Herr, Gott meines Heiles.

Ehre sei dem Vater und dem Sohn * und dem Heiligen Geist:

Wie (es war) im Anfang so auch jetzt und allezeit * und in Ewigkeit. Amen.

Antiphon: 1 Heilige Jungfrau Maria, unter den Frauen in der
Welt ist keine dir ähnlich geboren, 2 Tochter und Magd des er-
habensten, höchsten Königs, des himmlischen Vaters, Mutter
unseres heiligsten Herrn Jesus Christus, Braut des Heiligen
Geistes: 3 bitte für uns mit dem heiligen Erzengel Michael und
allen Mächten der Himmel und allen Heiligen bei deinem hei-
ligsten, geliebten Sohn, *Herrn und Meister.* – Ehre sei dem Va-
ter … Wie (es war) im Anfang …

(Beachte, dass diese oben genannte Antiphon zu allen Horen gesprochen wird. Sie wird gesprochen als Antiphon, Kapitel, Hymnus, Versikel und Oration, und zwar in der gleichen Weise zur Matutin und zu allen Horen. Sonst betete er nichts anderes zu diesen Horen als diese Antiphon mit ihren Psalmen.

Zum Abschluss des Offiziums betete der selige Franziskus immer als Schlussgebet:

Lasst uns preisen den Herrn, den lebendigen und wahren

norem, benedictionem et omnia bona referamus ei semper. Amen. Amen. Fiat. Fiat.)

Ad Matutinum
Antiphona: Sancta Maria Virgo

Psalmus (II)

1 Domine Deus salutis meae + in die clamavi et nocte coram te.

2 Intret in conspectu tuo oratio mea + inclina aurem tuam ad precem meam.

3 Intende animae meae et libera eam + propter inimicos meos *eripe* me.

4 Quoniam tu es, qui abstraxisti me de ventre spes mea ab uberibus matris meae + in te proiectus sum ex utero.

5 De ventre matris meae Deus meus es tu + ne discesseris a me.

6 Tu scis improperium meum et confusionem meam + et reverentiam meam.

7 In conspectu tuo sunt omnes, qui tribulant me + improperium exspectavit cor meum et miseriam.

8 Et sustinui, qui simul contristaretur et non fuit + et qui consolaretur et non inveni.

9 Deus, iniqui insurrexerunt [super] me + et synagoga potentium quaesierunt animam meam et non proposuerunt te in conspectu suo.

10 Aestimatus sum cum descendentibus in lacum + factus sum sicut homo sine adiutorio inter mortuos liber.

11 *Tu es sanctissimus pater meus* + Rex meus et Deus meus.

12 Intende in adiutorium meum + Domine Deus salutis meae.

[Gloria Patri ... Sicut erat in principio ...]

Psalmus (II) 1 Ps 88,2. 2 Ps 88,3. 3 Ps 69,19. 4 Ps 22,10–11a. 5 Ps 22,11–12a. 6 Ps 69,20. 7 Ps 69,21a–b. 8 Ps 69,21c–d. 9 Ps 86,14. 10 Ps 88,5–6a. 11 Vgl. Ps 44,5a. 12 Ps 39,23.

Gott: lasst uns ihm stets Lob, Herrlichkeit, Ehre, Preis und alles Gute darbringen. Amen. Amen. Es geschehe. Es geschehe.)

Zur Matutin
Antiphon: Heilige Jungfrau Maria …

Psalm (II)

1 Herr, du Gott meines Heiles, * vor dir habe ich Tag und Nacht gerufen.
2 Mein Gebet gelange vor dein Antlitz, * neige dein Ohr zu meinem Flehen.
3 Hab acht auf meine Seele und befreie sie, * um meiner Feinde willen *rette* mich.
4 Denn du bist es, der mich aus dem Mutterschoß gezogen hat, du meine Hoffnung von meiner Mutter Brust an, * auf dich bin ich verwiesen vom Mutterschoß an.
5 Von meiner Mutter Schoß an bist du mein Gott, * geh nicht weg von mir.
6 Du weißt um meine Beschimpfung und meine Schande * und um meine Gottesfurcht.
7 Vor deinem Angesicht sind alle, die mich bedrängen; * auf Schmach und Elend ist mein Herz gefasst.
8 Und ich wartete auf einen, der Mitleid hätte, und es fand sich keiner, * und der Trost brächte, und ich fand ihn nicht.
9 Gott, Frevler haben sich gegen mich erhoben, * und eine Rotte von Gewalttätigen trachtete nach meinem Leben, und dich hielten sie nicht vor Augen.
10 Zu denen bin ich gerechnet, die zur Grube fahren, * ich bin geworden wie ein Mensch ohne Hilfe, hin zu den Toten entlassen.
11 Du bist *mein heiligster Vater*, * mein König und mein Gott.
12 Hab acht auf meine Hilfe, * Herr, du Gott meines Heiles.
[Ehre sei dem Vater … Wie es war im Anfang …]

Ad Primam

Antiphona: Sancta Maria Virgo

Psalmus (III)

1 Miserere mei, Deus, miserere mei + quoniam in te confidit
anima mea.
2 Et in umbra alarum tuarum sperabo + donec transeat iniqui-
tas.
3 Clamabo ad *sanctissimum patrem meum* altissimum + [De-
um], qui benefecit mihi.
4 Misit de caelo et liberavit me + dedit in opprobrium concul-
cantes me.
5 Misit Deus misericordiam suam et veritatem suam + ani-
mam meam eripuit de inimicis meis fortissimis et ab his, qui
oderunt me, quoniam confortati sunt super me.
6 Laqueum paraverunt pedibus meis + et incurvaverunt ani-
mam meam.
7 Foderunt ante faciem meam foveam + et inciderunt in eam.
8 Paratum cor meum, Deus, paratum cor meum + cantabo et
psalmum dicam.
9 Exsurge, gloria mea, exsurge psalterium et cithara + exsur-
gam diluculo.
10 Confitebor tibi in populis, Domine + et psalmum dicam ti-
bi in gentibus.
11 Quoniam magnificata est usque ad caelos misericordia tua
+ et usque ad nubes veritas tua.
12 Exaltare super caelos Deus + et super omnem terram gloria
tua.

[Gloria Patri … Sicut erat in principio …].

(*Nota, quod praedictus psalmus semper dicitur ad primam.*)

Psalmus (III) 1 Ps 57,2a. 2 Ps 57,2b. 3 Vgl. Ps 57,3. 4 Ps 57,4a–b. 5 Ps 57,4c–5a; 18,18. 6 Ps 57,7a–b. 7 Ps 57,7c–d. 8 Ps 57,8. 9 Ps 57,9. 10 Ps 57,10. 11 Ps 57,11. 12 Ps 57,12.

Zur Prim

Antiphon: Heilige Jungfrau Maria

Psalm (III)

1 Erbarme dich meiner, Gott, erbarme dich meiner, * denn auf dich vertraut meine Seele.
2 Und im Schatten deiner Flügel will ich Hoffnung hegen, * bis das Unheil vorüberzieht.
3 Ich will rufen zu *meinem heiligsten Vater*, dem Höchsten, * [zu Gott], der mir Gutes getan hat.
4 Er sandte vom Himmel her und hat mich befreit, * hat in Schande gestürzt meine Unterdrücker.
5 Gott sandte sein Erbarmen und seine Treue, * meine Seele entriss er meinen übermächtigen Feinden und denen, die mich hassen, denn sie waren stärker als ich.
6 Eine Schlinge haben sie meinen Füßen gelegt * und haben meine Seele niedergebeugt.
7 Sie haben vor meinen Augen eine Grube gegraben * und fielen in sie hinein.
8 Bereit ist mein Herz, o Gott, bereit ist mein Herz, * singen will ich und ein Loblied dichten.
9 Auf, mein Ruhm, auf, Saitenspiel und Harfe, * erheben will ich mich zur Morgenfrühe.
10 Preisen will ich dich unter den Völkern, Herr, * und dir ein Loblied singen unter den Nationen.
11 Denn bis zum Himmel hoch reicht dein Erbarmen * und bis zu den Wolken deine Treue.
12 Erhebe dich über die Himmel, o Gott, * und über die ganze Erde breite deine Herrlichkeit.

[Ehre sei dem Vater … Wie es war im Anfang …]

(*Beachte, dass dieser Psalm immer zur Prim gebetet wird.*)

Ad Tertiam

Antiphona: Sancta Maria Virgo

Psalmus (IV)

1 Miserere mei, Deus, quoniam conculcavit me homo + tota die impugnans tribulavit me.

2 Conculcaverunt me inimici mei tota die + quoniam multi bellantes adversum me.

3 Omnes inimici mei adversum me cogitabant mala mihi + verbum iniquum constituerunt adversum me.

4 Qui custodiebant animam meam + consilium fecerunt in unum.

5 Egrediebantur foras + et loquebantur in idipsum.

6 Omnes videntes me deriserunt me + locuti sunt labiis et moverunt caput.

7 Ego autem sum vermis et non homo + opprobrium hominum et abiectio plebis.

8 Super omnes inimicos meos factus sum opprobrium vicinis meis valde + et timor notis meis.

9 *Pater sancte* ne elongaveris auxilium tuum a me + ad defensionem meam conspice.

10 Intende in adiutorium meum + Domine Deus salutis meae.

[Gloria Patri … Sicut erat in principio …].

Ad Sextam

Antiphona: Sancta Maria Virgo

Psalmus (V)

1 Voce mea ad Dominum clamavi + voce mea ad Dominum deprecatus sum.

Psalmus (IV) 1 Ps 57,2. 2 Ps 56,3. 3 Ps 41,8b–9a. 4 Ps 71,10b. 5 Ps 41,7; 41,8. 6 Ps 22,8. 7 Ps 22,7. 8 Ps 31,12a–b. 9 Joh 17,11; Ps 22,20. 10 Ps 38,23. **Psalmus (V)** 1 Ps 142,2.

Zur Terz

Antiphon: Heilige Jungfrau Maria

Psalm (IV)

1 Erbarme dich meiner, o Gott, denn die Menschen haben mich niedergetreten, * den ganzen Tag bedrängen und ängstigen sie mich.

2 Bedrückt haben mich meine Feinde den ganzen Tag, * denn viele sind der Streiter gegen mich.

3 All meine Feinde sannen Übles gegen mich, * ein frevelhaftes Wort dachten sie gegen mich aus.

4 Die auf mein Leben lauerten, * hielten Rat miteinander.

5 Sie gingen hinaus * und redeten zusammen.

6 Alle, die mich sahen, haben mich verlacht, * sie höhnten mit ihren Lippen und schüttelten das Haupt.

7 Ich aber bin ein Wurm und kein Mensch, * der Menschen Spott und die Verachtung des Volkes.

8 Mehr als all meine Feinde bin ich meinen Nachbarn sehr zum Spott geworden * und zum Schrecken für meine Bekannten.

9 *Heiliger Vater*, halt doch deine Hilfe nicht fern von mir, * schau her und verteidige mich.

10 Hab acht auf meine Hilfe, * Herr, du Gott meines Heiles.

[Ehre sei dem Vater … Wie es war im Anfang …]

Zur Sext

Antiphon: Heilige Jungfrau Maria

Psalm (V)

1 Mit meiner Stimme habe ich zum Herrn gerufen, * mit meiner Stimme habe ich zum Herrn gefleht.

2 Effundo in conspectu eius orationem meam + et tribulationem meam ante ipsum pronuntio.

3 In deficiendo ex me spiritum meum + et tu cognovisti semitas meas.

4 In via hac qua ambulabam + absconderunt [...] laqueum mihi.

5 Considerabam ad dexteram et videbam + et non erat qui cognosceret me.

6 Periit fuga a me + et non est, qui requirat animam meam.

7 Quoniam propter te sustinui opprobrium + operuit confusio faciem meam.

8 Extraneus factus sum fratribus meis + et peregrinus filiis matris meae.

9 *Pater sancte*, zelus domus tuae comedit me + et opprobria exprobrantium tibi ceciderunt super me.

10 Et adversum me laetati sunt et convenerunt + congregata sunt super me flagella et ignoravi.

11 Multiplicati sunt super capillos capitis mei + qui oderunt me gratis.

12 Confortati sunt, qui persecuti sunt me inimici mei iniuste + quae non rapui tunc exsolvebam.

13 Surgentes testes iniqui + quae [ignorabam] interrogabant me.

14 Retribuebant mihi mala pro bonis *et* detrahebant mihi + quoniam sequebar bonitatem.

15 Tu es *sanctissimus pater meus* + Rex meus et Deus meus.

16 Intende in adiutorium meum + Domine Deus salutis meae.

[Gloria Patri ... Sicut erat in principio ...].

2 Ps 142,3. 3 Ps 142,4a–b. 4 Ps 142,4c–d. 5 Ps 142,5a–b. 6 Ps 142,5c–d. 7 Ps 69,8. 8 Ps 69,9. 9 Joh 17,11; Ps 69,10. 10 Ps 35,15. 11 Ps 69,5a–b. 12 Ps 69,5c–d. 13 Ps 35,11. 14 Ps 35,12a; 38,21. 15 Ps 44,5. 16 Ps 38,23.

2 Ich schütte aus vor seinem Angesicht mein Beten, * und meine Drangsal tu ich vor ihm kund.

3 Wenn mein Geist aus mir schwindet, * hast du doch meine Wege erkannt.

4 Auf diesem Weg, auf dem ich wandelte, * haben [sie] mir heimlich eine Schlinge gelegt.

5 Ich blickte zur Rechten und schaute aus, * und niemand war, der mich erkannte.

6 Versperrt ist mir die Flucht, * und keiner ist da, der sich um meine Seele kümmerte.

7 Denn deinetwegen habe ich Schmach erduldet, * hat Schamröte mein Angesicht bedeckt.

8 Fremd geworden bin ich meinen Brüdern * und zum Fremdling den Kindern meiner Mutter.

9 *Heiliger Vater*, der Eifer für dein Haus hat mich verzehrt, * und die Schmähungen derer, die dich schmähten, sind auf mich gefallen.

10 Und sie haben sich wider mich gefreut und sich zusammengerottet, * Geißeln wurden gegen mich gesammelt, und ich habe es nicht gewusst.

11 Zahlreicher als die Haare meines Hauptes sind geworden, * die mich grundlos hassen.

12 Stark sind geworden meine Feinde, die mich ungerecht verfolgten; * was ich nicht geraubt, sollte ich dann ersetzen.

13 Es erhoben sich feindliche Zeugen * und fragten mich, was ich nicht wusste.

14 Sie ließen mir Böses für Gutes zukommen und verleumdeten mich, * weil ich der Güte nachstrebte.

15 Du bist *mein heiligster Vater*, * mein König und mein Gott.

16 Hab acht auf meine Hilfe, * Herr, du Gott meines Heiles.

[Ehre sei dem Vater … Wie es war im Anfang …]

Ad Nonam

Antiphona: Sancta Maria Virgo

Psalmus (VI)

1 O vos omnes, qui transitis per viam + attendite et videte, si est dolor sicut dolor meus.

2 Quoniam circumdederunt me canes multi + concilium malignantium obsedit me.

3 [Foderunt manus meas et pedes meos + et dinumeraverunt omnia ossa mea.

4 Ipsi vero consideraverunt et inspexerunt me + diviserunt sibi vestimenta mea et super vestem meam miserunt sortem.]

5 Aperuerunt super me os suum + sicut leo rapiens et rugiens.

6 Sicut aqua effusus sum + et dispersa sunt omnia ossa mea.

7 Et factum est cor meum tamquam cera liquescens + in medio ventris mei.

8 Aruit tamquam testa virtus mea + et lingua mea adhaesit faucibus meis.

9 Et dederunt in escam meam fel + et in siti mea potaverunt me aceto.

10 Et in pulverem mortis *deduxerunt* me + et super dolorem vulnerum meorum addiderunt.

11 Ego dormivi et resurrexi + et *pater meus sanctissimus* cum gloria *suscepit* me.

12 *Pater sancte* tenuisti manum dexteram meam et in voluntate tua deduxisti me + et cum gloria assumpsisti me.

13 Quid enim mihi est in caelo + et a te quid volui super terram.

Psalmus (VI) 1 Klgl 1,12a–b. 2 Ps 22,17. 3 Ps 22,17c–18a. 4 Ps 22,18b–19. 5 Ps 22,14. 6 Ps 22,15a–b. 7 Ps 22,15c. 8 Ps 22,16a–b. 9 Ps 69,22. 10 Vgl. Ps 22,16c; 69,27b. 11 Ps 3,6; 73,24c. 12 Joh 17,11; Ps 73,24. 13 Ps 73,25.

Zur Non

Antiphon: Heilige Jungfrau Maria

Psalm (VI)

1 O ihr alle, die ihr auf dem Wege vorüberzieht, * habt acht und
seht, ob ein Schmerz ist wie mein Schmerz.
2 Denn mich haben viele Hunde umringt, * die Versamm-
lung der Bösewichter hat mich umlagert.
3 [Durchbohrt haben sie meine Hände und Füße * und haben
alle meine Gebeine gezählt.
4 Sie aber haben mich angeschaut und begafft, * sie haben
sich meine Kleider geteilt und über mein Gewand das Los ge-
worfen.]
5 Sie haben über mich ihren Mund aufgetan * wie ein reißen-
der und brüllender Löwe.
6 Wie Wasser bin ich ausgegossen, * und verrenkt sind alle
meine Gebeine.
7 Und mein Herz ist geworden wie schmelzendes Wachs * in
meines Leibes Mitte.
8 Ausgedörrt wie eine Scherbe ist meine Kraft, * und meine
Zunge klebt mir am Gaumen.
9 Und sie haben mir Galle zur Speise gegeben * und haben in
meinem Durst mich mit Essig getränkt.
10 Und in den Staub des Todes haben sie mich *hinabgeführt*
* und den Schmerz meiner Wunden noch vermehrt.
11 Ich bin entschlafen und wieder aufgestanden, * und *mein
heiligster Vater* hat mich mit Herrlichkeit *aufgenommen*.
12 *Heiliger Vater*, du hast meine rechte Hand festgehalten und
in deinem Willen mich hinabgeführt, * und du hast mich mit
Herrlichkeit aufgenommen.
13 Denn was sonst gibt es für mich im Himmel, * und was ha-
be ich auf Erden gewollt außer dir?

[14]*Videte*, videte, quoniam ego sum Deus, *dicit Dominus* + exaltabor in gentibus et exaltabor in terra.

[15]*Benedictus Dominus Deus Israel*, qui redemit animas servorum suorum *de proprio sanctissimo sanguine suo* + et non derelinquet omnes qui sperant in eo.

[16]*Et scimus, quoniam* venit + quoniam veniet iustitiam iudicare.

[Gloria Patri ... Sicut erat in principio ...].

Ad Vesperam

Antiphona: Sancta Maria Virgo

Psalmus (VII)

[1]Omnes gentes plaudite manibus + iubilate Deo in voce exsultationis.

[2]Quoniam Dominus excelsus, terribilis, + Rex magnus super omnem terram.

[3]*Quia sanctissimus Pater de caelo,* Rex noster ante saecula + *misit dilectum Filium suum de alto et* operatus est salutem in medio terrae.

[4]Laetentur caeli et exsultet terra commoveatur mare et plenitudo eius + gaudebunt campi et omnia, quae in eis sunt.

[5]Cantate *ei* canticum novum + cantate Domino omnis terra.

[6]Quoniam magnus Dominus et laudabilis nimis + terribilis est super omnes deos.

[7]Afferte Domino patriae gentium afferte Domino gloriam et honorem + afferte Domino gloriam nomini eius.

[8]*Tollite corpora vestra et baiulate sanctam crucem eius + et sequimini usque in finem sanctissima praecepta eius.*

14 Vgl. Ps 46,11. 15 Lk 1,8; Ps 34,23. 16 Vgl. Ps 96,13b. **Psalmus (VII)** 1 Ps 47,2. 2 Ps 47,3. 3 Ps 74,12. 4 Ps 96,11–12a. 5 Ps 96,1. 6 Ps 96,4. 7 Ps 96,7–8a. 8 Vgl. Lk 14,27; 1 Petr 2,21.

14*Seht*, o seht, dass ich Gott bin, *spricht der Herr,* * ich werde
erhaben sein unter den Völkern und werde erhaben sein auf
der Erde.
15*Gepriesen sei der Herr, der Gott Israels*, der die Seelen seiner
Knechte *mit seinem eigenen heiligsten Blute* erlöst hat; * und er
wird alle jene nicht verlassen, die auf ihn hoffen.
16*Und wir wissen, dass* er kommt, * *dass er kommen wird*, Gerechtigkeit aufzurichten.

[Ehre sei dem Vater ... Wie es war im Anfang ...]

Zur Vesper

Antiphon: Heilige Jungfrau Maria

Psalm (VII)

1Ihr Völker alle, klatscht in die Hände, * jubelt Gott zu im Jubelruf.
2Denn der Herr ist erhaben, furchtbar, * ein großer König
über die ganze Erde.
3*Denn der heiligste Vater im Himmel*, unser König vor Ewigkeiten, * *hat seinen geliebten Sohn aus der Höhe gesandt und*
hat das Heil gewirkt inmitten der Erde.
4Freuen sollen sich die Himmel, und es juble die Erde, aufwalle das Meer und seine Fülle, * freuen wird sich die Flur und
alles, was auf ihr ist.
5Singt *ihm* ein neues Lied, * singt dem Herrn ihr Lande all.
6Denn groß ist der Herr und hoch zu preisen, * furchterregend ist er über alle Götter.
7Bringt dem Herrn, ihr Völkerstämme, bringt dem Herrn
Preis und Ehre, * bringt dem Herrn den Lobpreis für seinen
Namen.
8*Bringt euch selber leibhaftig dar und tragt sein heiliges Kreuz*
* *und folgt bis zum Ende seinen heiligsten Geboten.*

[9]Commoveatur a facie eius universa terra + dicite in gentibus, quia Dominus regnavit *a ligno.*

(Usque huc dicitur a feria sexta Parasceven usque ad festum Ascensionis quotidie. In festo vero Ascensionis superadduntur isti versiculi:)

[10]*Et ascendit ad caelos + et sedet ad dexteram sanctissimi Patris in caelis.*
[11]Exaltare super caelos Deus + et super omnem terram gloria tua.
[12]Et *scimus quoniam* venit, + *quoniam veniet* iustitiam iudicare.
[Gloria Patri ... Sicut erat in principio ...].

(Et nota, quod ab Ascensione usque ad Adventum Domini dicitur eodem modo quotidie iste psalmus, scilicet: *Omnes gentes* cum supradictis versiculis dicendo ibi *Gloria Patri,* ubi finitur psalmus, scilicet: *quoniam veniet iustitiam iudicare.*

Nota quod hi psalmi supradicti dicuntur a feria sexta Parasceven usque ad dominicam Resurrectionis. Eo modo dicuntur ab octava Pentecostes usque ad Adventum Domini et ab octava Epiphaniae usque ad dominicam Resurrectionis exceptis dominicis diebus et festis principalibus, in quibus non dicuntur; aliis vero diebus quotidie dicuntur.)

9 Ps 96,9b–10a. 11 Ps 57,12. 12 Vgl. Ps 96,13.

9Es erbebe vor seinem Angesicht die ganze Erde; * kündet es unter den Völkern, dass der Herr vom *Holz herab* (als König) herrscht.

(Bis hierher wird vom Karfreitag bis Christi Himmelfahrt täglich gebetet. An Christi Himmelfahrt werden folgende Verse hinzugefügt:)

10*Und er ist emporgestiegen zum Himmel * und sitzt zur Rechten des heiligsten Vaters im Himmel.*

11Erhebe dich über die Himmel, o Gott, * und über die ganze Erde breite deine Herrlichkeit.

12Und *wir wissen, dass* er kommt, * *dass er kommen wird,* Gerechtigkeit aufzurichten.

[Ehre sei dem Vater ... Wie es war im Anfang ...]

(Und beachte, dass dieser Psalm, nämlich »Ihr Völker alle« mit den oben genannten Versen von der Himmelfahrt bis zum Advent des Herrn täglich in derselben Art gebetet wird; dabei wird das »Ehre sei dem Vater« dort gesprochen, wo der Psalm endet, nämlich: »dass er kommen wird, nach Gerechtigkeit zu richten«.

Beachte, dass diese oben angeführten Psalmen vom Karfreitag bis zum Ostersonntag gebetet werden. In derselben Art werden sie von der Pfingstoktav bis zum Advent des Herrn und von der Epiphanie-Oktav bis zum Ostersonntag gebetet; ausgenommen sind die Sonntage und die Hauptfeste, an denen sie nicht gebetet werden. An den anderen Tagen werden sie aber täglich gebetet.)

(Pars II) Pro tempore paschali
In sabbato sancto, scilicet expleto die sabbati

Ad Completorium
Antiphona: Sancta Maria Virgo

Psalmus (VIII)

1 Deus in adiutorium meum intende + Domine ad adiuvandum
me festina.
2 Confundantur et revereantur + qui quaerunt animam
meam.
3 Avertantur retrorsum et erubescant + qui volunt mihi mala.
4 Avertantur statim erubescentes + qui dicunt mihi: Euge,
euge.
5 Exsultent et laetentur in te omnes qui quaerunt te + et di-
cant semper: Magnificetur Dominus: qui diligunt salutare tu-
um.
6 Ego vero egenus et pauper sum + Deus, adiuva me.
7 Adiutor et liberator meus es tu + Domine ne moreris.
[Gloria Patri ... Sicut erat in principio ...]

Ad Matutinum Dominicae Resurrectionis
Antiphona: Sancta Maria Virgo

Psalmus (IX)

1 Cantate Domino canticum novum + quia mirabilia fecit.
2 *Sacrificavit dilectum Filium suum* dextera eius + et brachi-
um sanctum suum.

Psalmus (VIII) 7 Ps 70,2–6. **Psalmus (IX)** 1 Ps 98,1a–b. 2 Vgl. Ps 98,1c–d.

(2. Teil) Für die Osterzeit
Ab Karsamstag bis zur Pfingstoktav

Zur Komplet
Antiphon: Heilige Jungfrau Maria

Psalm [VIII]

1 Gott, merk auf meine Hilfe, * Herr, eile mir zu helfen.
2 Beschämt und zuschanden mögen werden, * die mir nach
dem Leben trachten.
3 Zurückweichen sollen und sich schämen, * die mir Böses
wollen.
4 Eilends sollen zurückweichen und sich schämen, * die zu
mir sagen: recht so! recht so!
5 Es sollen jubeln und in dir sich freuen alle, die dich suchen;
* und die dein Heil lieben, sollen immer sagen: Hochgepriesen
sei der Herr!
6 Ich aber bin bedürftig und arm, * Gott, steh mir bei.
7 Mein Helfer und mein Befreier bist du, * Herr, zögere nicht.
[Ehre sei dem Vater … Wie es war im Anfang …]

Zur Matutin des Ostersonntags
Antiphon: Heilige Jungfrau Maria

Psalm [IX]

1 Singt dem Herrn ein neues Lied, * denn Wunderbares hat er
getan.
2 Seine Rechte *hat seinen geliebten Sohn geopfert, * geopfert
hat ihn* sein heiliger Arm.

3 Notum fecit Dominus salutare suum + in conspectu gentium revelavit iustitiam suam.
4 In *illa* die mandavit Dominus misericordiam suam + et nocte canticum eius.
5 Haec est dies, quam fecit Dominus + exsultemus et laetemur in ea.
6 Benedictus qui venit in nomine Domini + Deus Dominus, et illuxit nobis.
7 Laetentur caeli et exsultet terra commoveatur mare et plenitudo eius + gaudebunt campi et omnia quae in eis sunt.
8 Afferte Domino patriae gentium afferte Domino gloriam et honorem + afferte Domino gloriam nomini eius.

(*Usque huc dicitur a dominica Resurrectionis usque ad festum Ascensionis quotidie ad omnes horas praeter ad vesperam et ad completorium et primam. Nocte vero Ascensionis superadduntur isti versiculi*:)

9 Regna terrae cantate Deo + psallite Domino.
10 Psallite Deo, qui ascendit super caelum caeli + ad orientem.
11 Ecce dabit voci suae vocem virtutis date gloriam Deo super Israel + magnificentia eius et virtus eius in nubibus.
12 Mirabilis Deus in sanctis suis + Deus Israel ipse dabit virtutem et fortitudinem plebi suae, benedictus Deus.
[Gloria Patri … Sicut erat in principio …]

(*Et nota, quod iste psalmus ab Ascensione Domini usque ad octavam Pentecostes dicitur quotidie cum supradictis versiculis ad*

3 Ps 98,2. 4 Ps 42,9a–b. 5 Ps 118,24. 6 Ps 118,26a–27a. 7 Ps 96,11–12a. 8 Ps 96,7–8a. 9 Ps 68,33a. 10 Ps 68,33b–34a. 11 Ps 68,34b–35. 12 Ps 68,36. **[Nota]** »*Exaltabo te Domine*« *etc.*: Ps 29.

3Kundgetan hat der Herr sein Heil; * seine Gerechtigkeit offenbart vor dem Angesicht der Völker.

4An *jenem* Tag hat der Herr sein Erbarmen gesandt, * und in der Nacht seinen Gesang.

5Das ist der Tag, den der Herr gemacht hat, * lasst uns jubeln und uns freuen an ihm.

6Gepriesen, der da kommt im Namen des Herrn, * der Herr ist Gott und leuchtete uns auf.

7Freuen sollen sich die Himmel, und es juble die Erde; aufwalle das Meer und seine Fülle; * freuen wird sich die Flur und alles, was auf ihr ist.

8Bringt dem Herrn, ihr Völkerstämme, bringt dem Herrn Preis und Ehre, * bringt dem Herrn den Lobpreis für seinen Namen.

(*Bis hierher wird täglich vom Ostersonntag bis zum Fest Christi Himmelfahrt zu allen Horen gebetet, außer zur Vesper, zur Komplet und zur Prim. In der Nacht zur Himmelfahrt werden jedoch die folgenden Verse hinzugefügt:*)

9Ihr Reiche der Erde, singt Gott, * singt Psalmen dem Herrn.

10Singt Psalmen Gott, der über den Himmel des Himmels emporsteigt * dem Osten zu.

11Seht, wie er hören lässt die Kraft seiner Stimme; gebt Gott die Ehre über Israel; * seine Herrlichkeit und Stärke erstrahlt in den Wolken.

12Wunderbar ist Gott in seinen Heiligen; * der Gott Israels selber wird seinem Volke Stärke und Kraft verleihen; gepriesen sei Gott.

[Ehre sei dem Vater … Wie es war im Anfang …]

(*Beachte, dass dieser Psalm von Christi Himmelfahrt bis zur Pfingst-Oktav täglich mit den oben angegebenen Versen zur*

matutinum, et tertiam et sextam et nonam, dicendo ibi »Gloria Patri« ubi dicitur: »benedictus Deus«, et non alibi.

Item nota, quod eodem modo dicitur solummodo ad matutinum in dominicis diebus et principalibus festis ab octava Pentecostes usque ad adventum Domini, et ab octava Epiphaniae usque ad feriam quintam Coenae Domini, quia in ipsa die cum discipulis suis Dominus pascha manducavit; vel alius psalmus potest dici ad matutinum vel ad vesperam, quando vult, scilicet: »Exaltabo te Domine« etc., sicut in psalterio habetur; et hoc a dominica Resurrectionis usque ad festum Ascensionis, et non plus.)

Ad Primam

Antiphona: Sancta Maria Virgo

Psalmus: Miserere mei, Deus, miserere mei *ut supra* (Ps III)

Ad Tertiam, Sextam et Nonam

dicitur Psalmus: Cantate *ut supra* (Ps IX)

Ad Vesperam

Psalmus: Deus in adiutorium *sicut habetur in psalterio* (*supra*, Ps VIII)

(Pars III) Pro dominicis et principalibus festivitatibus

(*Incipiunt alii psalmi, quos similiter ordinavit beatissimus pater noster Franciscus, qui dicendi sunt loco psalmorum supradictorum passionis Domini in dominicis diebus et principalibus festi-*

Matutin, Terz, Sext und Non gebetet wird. Dabei wird »Ehre sei dem Vater« an der Stelle gebetet, wo es heißt: »Gepriesen sei Gott«, und nicht anderswo.

Beachte ferner, dass in der gleichen Weise nur gebetet wird zur Matutin an Sonntagen und Hauptfesten von der Pfingst-Oktav bis zum Advent des Herrn und von der Epiphanie-Oktav bis zum Gründonnerstag, weil der Herr an diesem Tag mit seinen Jüngern das Osterlamm gegessen hat. Man kann auch zur Matutin oder Vesper einen anderen Psalm beten, wenn man will, nämlich »Preisen will ich dich, Herr …«, wie er im Psalter steht, und zwar vom Ostersonntag bis zum Fest Christi Himmelfahrt, weiter nicht.)

Zur Prim
Antiphon: Heilige Jungfrau Maria

Psalm: »Erbarme dich meiner, o Gott, erbarme dich meiner …« wie oben Psalm III

Zur Terz, Sext und Non

Psalm: »Singt dem Herrn ein neues Lied …« wie oben Psalm IX

Zur Vesper

Psalm: »O Gott, komme schnell zu meiner Hilfe, wie es im Psalter steht« wie oben Psalm VIII

(3. Teil) Für die Sonntage und Hauptfeste

(*Hier beginnen weitere Psalmen, die unser hochseliger Vater Franziskus gleichfalls zusammengestellt hat. Sie sind anstelle der oben aufgeführten Psalmen vom Leiden des Herrn zu beten an*

vitatibus ab octava Pentecostes usque ad Adventum et ab octava Epiphaniae usque ad feriam quintam Coenae Domini; sane intelligas, ut dicantur in ipsa die, quia pascha Domini est.)

Ad Completorium
Antiphona: Sancta Maria Virgo.

Psalmus: Deus in adiutorium *sicut habetur in psalterio* (*supra*, Ps VIII)

Ad Matutinum
Antiphona: Sancta Maria Virgo.

Psalmus: Cantate *ut supra* (Ps IX)

Ad Primam
Antiphona: Sancta Maria Virgo.

Psalmus: Miserere mei, Deus, miserere mei *ut supra* (Ps III)

Ad Tertiam
Antiphona: Sancta Maria Virgo

Psalmus (X)

[1]Jubilate [Deo] omnis terra psalmum dicite nomini eius + date gloriam laudi eius.

[2]Dicite Deo, quam terribilia sunt opera tua, Domine + in multitudine virtutis tuae mentientur tibi inimici tui.

[3]Omnis terra adoret te et psallat tibi + psalmum dicat nomini tuo.

Psalmus (X) 1 Ps 66,1–2. 2 Ps 66,3. 3 Ps 66,4.

den Sonntagen und Hauptfesten von der Pfingst-Oktav bis zum Advent und von der Epiphanie-Oktav bis zum Gründonnerstag. Man verstehe es recht, dass sie auch an diesem Tag gebetet werden sollen, weil Pascha des Herrn ist.)

Zur Komplet
Antiphon: Heilige Jungfrau Maria

Psalm: »Gott merk auf meine Hilfe …«, wie er im Psalter steht bzw. oben Psalm VIII

Zur Matutin
Antiphon: Heilige Jungfrau Maria

Psalm: »*Singt* dem Herrn …« wie oben Psalm IX

Zur Prim
Antiphon: Heilige Jungfrau Maria

Psalm: »Erbarme dich meiner, o Gott, erbarme dich meiner …« wie oben Psalm III

Zur Terz
Antiphon: Heilige Jungfrau Maria

Psalm [X]

[1]Jauchzt [Gott] alle Lande, singt ein Loblied seinem Namen, * gebt Ehre zu seinem Ruhm.

[2]Sprecht zu Gott: Wie furchterregend sind deine Werke, Herr; * bei der Fülle deiner Macht werden sich deine Feinde täuschen.

[3]Die ganze Erde bete dich an und lobsinge dir, * sie singe ein Loblied deinem Namen.

[4]Venite, audite et narrabo, omnes qui timetis Deum + quan-
ta fecit animae meae.
[5]Ad ipsum ore meo clamavi + et exsultavi sub lingua mea.
[6]Et exaudivit de templo sancto suo vocem meam + et clamor
meus in conspectu eius.
[7]Benedicite gentes [Deum] nostrum + et auditam facite vo-
cem [laudis] eius.
[8]Et benedicentur in ipso omnes tribus terrae + omnes gentes
magnificabunt eum.
[9]Benedictus Dominus Deus Israel + qui facit mirabilia [...]
solus.
[10]Et benedictum nomen maiestatis eius in aeternum + et re-
plebitur maiestate eius omnis terra. Fiat, fiat.
[Gloria Patri ... Sicut erat in principio ...]

Ad Sextam
Antiphona: Sancta Maria Virgo

Psalmus (XI)

[1]Exaudiat te Dominus in die tribulationis + protegat te nomen
Dei Jacob.
[2]Mittat tibi auxilium de sancto + et de Sion tueatur te.
[3]Memor sit omnis sacrificii tui + et holocaustum tuum
pingue fiat.
[4]Tribuat tibi secundum cor tuum + et omne consilium tuum
confirmet.
[5]Laetabimur in salutari tuo + et in nomine [...] Dei nostri
magnificabimur.

4 Ps 66,16. 5 Ps 66,17. 6 Ps 18,7c–d. 7 Ps 66,8. 8 Ps 72,17c–d. 9 Ps 72,18. 10 Ps 72,19. **Psalmus (XI)** 1 Ps 20,2. 2 Ps 20,3. 3 Ps 20,4. 4 Ps 20,5. 5 Ps 20,6.

[4]Ihr alle, die ihr Gott fürchtet, kommt, hört, und ich will
euch erzählen, * was der Herr meiner Seele getan hat.
[5]Zu ihm hab ich mit meinem Mund gerufen * und ihn mit
meiner Zunge gepriesen.
[6]Und er hat meine Stimme erhört von seinem heiligen Tem-
pel her * und mein Rufen vor seinem Antlitz.
[7]Lobpreist, ihr Völker, unseren [Gott], * und lasst die Stimme
hören zu seinem *Lob.*
[8]Und gesegnet werden in ihm alle Stämme der Erde, * alle
Völker werden ihn preisen.
[9]Gepriesen sei der Herr, der Gott Israels, * der allein […]
Wunderwerke vollbringt.
[10]Und gepriesen sei der Name seiner Majestät auf ewig,
* und alle Erde wird erfüllt sein von seiner Majestät. So sei es,
so sei es.

[Ehre sei dem Vater … Wie es war im Anfang …]

Zur Sext
Antiphon: Heilige Jungfrau Maria

Psalm [XI]

[1]Erhören möge dich der Herr am Tag der Trübsal, * beschützen
möge dich der Name des Gottes Jakobs.
[2]Er sende dir Hilfe vom Heiligtum * und beschütze dich von
Sion aus.
[3]Er gedenke all deiner Opfer, * und dein Ganzopfer sei ihm
wohlgefällig.
[4]Er gewähre dir, was dein Herz begehrt, * und erfülle alles,
was du planst.
[5]An deinem Heil wollen wir uns freuen, * und im Namen
[…] unseres Gottes uns rühmen.

6 Impleat Dominus omnes petitiones tuas + nunc cognovi, quoniam *misit Dominus Jesum Christum Filium suum et* iudicabit populos in iustitia.

7 Et factus est Dominus refugium [pauperi] adiutor in opportunitatibus in tribulatione + et sperent in te qui noverunt nomen tuum.

8 Benedictus Dominus Deus meus quia factus *est* susceptor meus + et refugium meum in die tribulationis meae.

9 Adiutor meus, tibi psallam quia Deus susceptor meus + Deus meus, misericordia mea.

[Gloria Patri … Sicut erat in principio …]

Ad Nonam

Antiphona: Sancta Maria Virgo

Psalmus (XII)

1 In te, Domine, speravi, non confundar in aeternum + in iustitia tua libera me et eripe me.

2 Inclina ad me aurem tuam + et salva me.

3 Esto mihi in Deum protectorem et in locum munitum + ut salvum me facias.

4 Quoniam tu es patientia mea Domine + Domine, spes mea a iuventute mea.

5 In te confirmatus sum ex utero de ventre matris meae tu es protector meus + in te cantatio mea semper.

6 Repleatur os meum laude ut cantem gloriam tuam + tota die magnitudinem tuam.

7 Exaudi me, Domine, quoniam benigna est misericordia tua + secundum multitudinem miserationum tuarum respice in me.

6 Ps 20,7a–b; 9,9b. 7 Ps 9,10–11a. 8 Ps 144,1b; 59,17c–d. 9 Ps 59,18. **Psalmus (XII)** 1 Ps 71,1b–2a. 2 Ps 71,2b. 3 Ps 71,3a–b. 4 Ps 71,5. 5 Ps 71,6. 6 Ps 71,8. 7 Ps 69,17.

6Der Herr erfülle alle deine Bitten. * Nun habe ich erkannt, dass der Herr *seinen Sohn Jesus Christus gesandt hat, und* in Gerechtigkeit die Völker richten wird.

7Und der Herr ist [dem] Armen zur Zuflucht geworden, zum Helfer in Drangsal zur rechten Zeit, * und hoffen sollen auf dich, die deinen Namen kennen.

8Gepriesen sei der Herr, mein Gott, denn er hat mich aufgenommen * und ist zu meiner Zuflucht geworden am Tage meiner Drangsal.

9Mein Helfer, dir will ich lobsingen, denn du, o Gott, nimmst mich auf, * mein Gott bist du, mein Erbarmen.

[Ehre sei dem Vater … Wie es war im Anfang …]

Zur Non
Antiphon: Heilige Jungfrau Maria

Psalm [XII]

1Auf dich, Herr, habe ich gehofft, ich werde nicht zuschanden in Ewigkeit * in deiner Gerechtigkeit befreie mich und errette mich.

2Neige zu mir dein Ohr * und rette mich.

3Werde mir zum Beschützer-Gott und zum befestigten Ort, * auf dass du mich rettest.

4Denn du bist meine Geduld, Herr, * o Herr, du meine Hoffnung von meiner Jugend an.

5In dir finde ich Sicherheit vom Mutterschoß an, von meiner Mutter Leib an bist du mein Beschützer, * zu dir geht stets mein Lobgesang.

6Mit Lobpreis fülle sich mein Mund, dass ich besinge deine Herrlichkeit, * den ganzen Tag lang deine Größe.

7Erhöre mich, Herr, denn voll Güte ist dein Erbarmen, * nach der Vielzahl deiner Erbarmungen schau auf mich.

[8]Et ne avertas faciem tuam a puero tuo + quoniam tribulor, velociter exaudi me.
[9]Benedictus Dominus Deus meus quia factus *est* susceptor meus + et refugium meum in die tribulationis meae.
[10]Adiutor meus tibi psallam quia Deus susceptor meus + Deus meus, misericordia mea.
[Gloria Patri … Sicut erat in principio …]

Ad Vesperam
Antiphona: Sancta Maria Virgo

Psalmus: Omnes gentes *ut supra* (Ps VII)

(Pars IV) Pro tempore Adventus Domini

(*Incipiunt alii psalmi, quos similiter ordinavit beatissimus pater noster Franciscus, qui dicendi sunt loco psalmorum supradictorum passionis Domini ab Adventu Domini usque ad vigiliam Nativitatis et non plus.*)

Ad Completorium
Antiphona: Sancta Maria Virgo

Psalmus (XIII)

[1]Usquequo, Domine oblivisceris me in finem? + Usquequo avertis faciem tuam a me?
[2]Quamdiu ponam consilia in anima mea + dolorem in corde meo per diem?
[3]Usquequo exaltabitur inimicus meus super me? + Respice, et exaudi me, Domine, Deus meus.

8 Ps 69,18. 9 Vgl. Ps 59,17. 10 Ps 59,18.

[8]Und wende dein Antlitz nicht ab von deinem Knecht; * denn ich bin bedrängt, erhöre mich eilends.

[9] Gepriesen sei der Herr, mein Gott, denn er hat mich aufgenommen * und *ist* zu meiner Zuflucht geworden am Tage meiner Drangsal.

[10]Mein Helfer, dir will ich lobsingen, denn du, o Gott, nimmst mich auf; * mein Gott bist du, mein Erbarmen.

[Ehre sei dem Vater ... Wie es war im Anfang ...]

Zur Vesper
Antiphon: Heilige Jungfrau Maria

Psalm: »Ihr Völker alle ...« wie oben Psalm VII

(4. Teil) Für die Zeit des Advent

(Hier beginnen weitere Psalmen, die unser hochseliger Vater Franziskus gleichfalls zusammengestellt hat. Sie sind anstelle der oben aufgeführten Psalmen vom Leiden des Herrn zu beten vom Advent bis zur Weihnachtsvigil und weiter nicht.)

Zur Komplet
Antiphon: Heilige Jungfrau Maria

Psalm [XIII]

[1]Wie lange, Herr, wirst du mich ganz vergessen? * Wie lange noch verbirgst du dein Gesicht vor mir?

[2]Wie lange soll ich Pläne ersinnen in meiner Seele, * in meinem Herzen Schmerz ertragen den ganzen Tag?

[3]Wie lange wird mein Feind über mich triumphieren? * Schau her und erhöre mich, Herr, mein Gott.

4 Illumina oculos meos, ne umquam obdormiam in morte + nequando dicat inimicus meus: Praevalui adversus eum.

5 Qui tribulant me, exsultabunt si motus fuero + ego autem in misericordia tua speravi.

6 Exsultabit cor meum in salutari tuo; cantabo Domino, qui bona tribuit mihi + et psallam nomini Domini altissimi.

[Gloria Patri … Sicut erat in principio …]

Ad Matutinum

Antiphona: Sancta Maria Virgo

Psalmus (XIV)

1 Confitebor tibi, Domine, *sanctissime Pater, Rex caeli et terrae* + quoniam consolatus es me.

2 *Tu es* Deus salvator meus + fiducialiter agam et non timebo.

3 Fortitudo mea et laus mea, Dominus + et factus est mihi in salutem.

4 Dextera tua, Domine, magnificata est in fortitudine dextera tua, Domine, percussit inimicum + et in multitudine gloriae tuae deposuisti adversarios meos.

5 Videant pauperes et laetentur + quaerite Deum et vivet anima vestra.

[6 Quoniam exaudivit pauperes Dominus + et vinctos suos non despexit.]

7 Laudent illum caeli et terra + mare et omnia reptilia in eis.

8 Quoniam Deus salvam faciet Sion + et aedificabuntur civitates Iudae.

Psalmus (XIII) 6 Ps 13,1–6. **Psalmus (XIV)** 1 Vgl. Jes 12,1. 2 Vgl. Jes 12,2a–b. 3 Jes 12,2c. 4 Ex 15,6–7a. 5 Ps 69,33. 6 Ps 69,34. 7 Ps 69,35. 8 Ps 69,36a–b.

[4]Erleuchte meine Augen, dass ich nicht zum Tod entschlafe, * damit mein Feind nicht irgendwann sagen kann: Ich habe ihn überwältigt.
[5]Die mich bedrängen, werden jubeln, wenn ich fortgeschafft bin; * ich aber habe auf dein Erbarmen gehofft.
[6]Mein Herz wird jubeln in deinem Heil; ich werde dem Herrn singen, der mir Gutes getan, * und lobpreisen werde ich den Namen des höchsten Herrn.
[Ehre sei dem Vater … Wie es war im Anfang …]

Zur Matutin
Antiphon: Heilige Jungfrau Maria

Psalm [XIV]

[1]Lobpreisen will ich dich, Herr, *heiligster Vater, König des Himmels und der Erde,* * denn du hast mich getröstet.
[2]*Du bist*, o Gott, mein Retter, * voll Zuversicht will ich handeln und mich nicht fürchten.
[3]Meine Stärke und mein Loblied ist der Herr, * und er ist mir zum Heil geworden.
[4]Deine Rechte, Herr, hat sich verherrlicht durch Kraft; deine Rechte, Herr, hat den Feind geschlagen, * und in der Fülle deiner Herrlichkeit hast du meine Gegner gestürzt.
[5]Die Armen sollen es sehen und sich freuen; * sucht Gott, und eure Seele wird leben.
[6][Denn der Herr hört auf die Armen, * und er verachtet die Gefangenen nicht.]
[7]Loben sollen ihn Himmel und Erde, * das Meer und alles, was sich regt in ihm.
[8]Denn Gott wird Sion erretten, * und es werden aufgebaut werden Judas Städte.

[9]Et inhabitabunt ibi + et hereditate acquirent eam.
[10]Et semen servorum eius possidebit eam + et qui diligunt nomen eius habitabunt in ea.

[Gloria Patri … Sicut erat in principio …]

Ad Primam
Antiphona: Sancta Maria Virgo

Psalmus: Miserere mei, Deus, miserere mei *ut supra* (Ps III)

Ad Tertiam
Antiphona: Sancta Maria Virgo

Psalmus: Jubilate Deo *of supra* (Ps X)

Ad Sextam
Antiphona: Sancta Maria Virgo

Psalmus: Exaudiat te *ut supra* (Ps XI)

Ad Nonam
Antiphona: Sancta Maria Virgo

Psalmus: In te, Domine, speravi *ut supra* (Ps XII)

Ad Vesperam
Antiphona: Sancta Maria Virgo

Psalmus: Omnes gentes *ut supra* (Ps VII)

(Nota etiam, quod non dicitur totus psalmus, sed usque ad versum scilicet: *Commoveatur a facie eius universa terra;* sane

9 Ps 69,36c. 10 Ps 69,37.

9Und sie werden dort wohnen * und es als Erbe erhalten.
10Und die Nachkommen seiner Knechte werden es besitzen,
* und die seinen Namen lieben, werden darin wohnen.
[Ehre sei dem Vater ... Wie es war im Anfang ...]

Zur Prim
Antiphon: Heilige Jungfrau Maria

Psalm: »Erbarme dich meiner, o Gott, erbarme dich meiner ...« wie oben Psalm III

Zur Terz
Antiphon: Heilige Jungfrau Maria

Psalm: »Jauchzt dem Herrn ...« wie oben Psalm X

Zur Sext
Antiphon: Heilige Jungfrau Maria

Psalm: »Erhören möge dich ...« wie oben Psalm XI

Zur Non
Antiphon: Heilige Jungfrau Maria

Psalm: »Auf dich, Herr, habe ich gehofft ...« wie oben Psalm XII

Zur Vesper
Antiphon: Heilige Jungfrau Maria

Psalm: »Ihr Völker alle ...« wie oben Psalm VII

(*Beachte aber, dass nicht der ganze Psalm gebetet wird, sondern nur bis zum Vers: »Es erbebe vor seinem Angesicht die ganze Erde.« Verstehe aber recht, dass der ganze Vers: »Bringt euch selber*

intelligas, ut dicatur totus versus: *Tollite corpora vestra*. Finito isto versu dicitur ibi: *Gloria Patri* et sic dicitur ad vesperam quotidie ab Adventu usque ad vigiliam Nativitatis.)

(Pars V) Pro tempore Nativitatis Domini usque ad octavam Epiphaniae

Ad Vesperam in Nativitate Domini
Antiphona: Sancta Maria Virgo

Psalmus (XV)

1 Exsultate Deo adiutori nostro + iubilate *Domino Deo vivo et vero* in voce exsultationis.

2 Quoniam Dominus excelsus + terribilis Rex magnus super omnem terram.

3 *Quia sanctissimus pater de caelo, Rex* noster ante saecula *misit dilectum Filium suum de alto + et natus fuit de beata virgine sancta Maria.*

4 *Ipse* invocavit me: Pater meus es tu + et [ipse] primogenitum [posuit] illum, excelsum prae regibus terrae.

5 In *illa* die mandavit Dominus misericordiam suam + et nocte canticum eius.

6 Haec est dies, quam fecit Dominus + exsultemus et laetemur in ea.

7 *Quia sanctissimus puer dilectus datus est nobis et natus fuit pro nobis in via et positus in praesepio + quia non habebat locum in diversorio.*

8 Gloria in altissimis *Domino* Deo + et in terra pax hominibus bonae voluntatis.

Psalmus (XV) 1 Ps 81,2a; vgl. 1 Thess 1,9; Ps 47,2b. 2 Ps 47,3. 3 Ps 74,12a; vgl. Lk 2,7. 4 Ps 89,27a; 89,28. 5 Vgl. Ps 42,9a–b. 6 Ps 118,24. 7 Vgl. Jes 9,6; Lk 2,7. 8 Vgl. Lk 2,14.

dar« gebetet werden soll. Nach Beendigung dieses Verses wird an dieser Stelle das »Ehre sei dem Vater« gesprochen. Und so wird täglich zur Vesper gebetet vom Advent bis zur Weihnachtsvigil.)

(5. Teil) Für die Weihnachtszeit bis zur Epiphanie-Oktav

Zur Vesper am Weihnachtsfest
Antiphon: Heilige Jungfrau Maria

Psalm [XV]

1 Jubelt Gott, unserem Helfer, * jauchzt *dem Herrn, dem lebendigen und wahren Gott*, mit Jubelklang.

2 Denn der Herr ist erhaben, * ist furchtbar, ein großer König über die ganze Erde.

3 Denn *der heiligste Vater im Himmel*, unser König vor Ewigkeiten, *hat seinen geliebten* Sohn *aus der Höhe gesandt,* * *und er ist von der seligen Jungfrau, der heiligen Maria, geboren worden.*

4 Er hat ihn angerufen: Mein Vater bist du, * und dieser hat ihn zum Erstgeborenen eingesetzt, erhaben über die Könige der Erde.

5 An *jenem* Tag hat der Herr sein Erbarmen gesandt * und in der Nacht seinen Gesang.

6 Das ist der Tag, den der Herr gemacht hat, * an ihm lasst uns jubeln und frohlocken.

7 *Denn das heiligste, geliebte Kind ist uns geschenkt und geboren für uns am Weg und in eine Krippe gelegt worden,* * *weil es keinen Platz in der Herberge hatte.*

8 Ehre sei Gott, *dem Herrn*, in den höchsten Höhen * und auf Erden Friede den Menschen guten Willens.

[9]Laetentur caeli et exsultet terra commoveatur mare et plenitudo eius + gaudebunt campi et omnia, quae in eis sunt.

[10]Cantate *ei* canticum novum + cantate Domino omnis terra.

[11]Quoniam magnus Dominus et laudabilis nimis + terribilis est super omnes deos.

[12]Afferte Domino patriae gentium afferte Domino gloriam et honorem + afferte Domino gloriam nomini eius.

[13]*Tollite corpora vestra et baiulate sanctam crucem eius + et sequimini usque in finem sanctissima praecepta eius.*

[Gloria Patri … Sicut erat in principio …]

(*Nota, quod iste psalmus dicitur a Nativitate Domini usque ad octavam Epiphaniae ad omnes horas. Si quis voluerit dicere hoc officium beati Francisci, ita dicat illud: primo dicat »Pater noster« cum laudibus, scilicet: »Sanctus, sanctus, sanctus«. Finitis laudibus cum oratione ut supra incipiatur antiphona: »Sancta Maria« cum psalmo, qui constitutus est unicuique horae diei et noctis. Et cum magna reverentia dicatur.*)

9 Ps 96,11–12a. 10 Ps 96,1. 11 Ps 96,4. 12 Ps 96,7–8a. 13 Vgl. Röm 12,1; Lk 14,27; 1 Petr 2,21.

9Freuen sollen sich die Himmel, und es juble die Erde; auf-
walle das Meer und seine Fülle; * freuen soll sich die Flur und
alles, was auf ihr ist.
10Singt *ihm* ein neues Lied, * singt dem Herrn, ihr Lande all.
11Denn groß ist der Herr und überaus preiswürdig, * furcht-
bar ist er über alle Götter.
12Bringt dem Herrn, ihr Völkerstämme, bringt dem Herrn
Preis und Ehre, * bringt dem Herrn den Lobpreis für seinen
Namen.
13*Bringt euch selber leibhaftig dar und tragt sein heiliges Kreuz*
* *und folgt bis zum Ende seinen heiligsten Geboten.*

[Ehre sei dem Vater … Wie es war im Anfang …]

(*Beachte, dass dieser Psalm von Weihnachten bis zur Epiphanie-Oktav zu allen Horen gebetet wird. – Wenn jemand dieses Stundengebet des seligen Franziskus beten will, so bete er es wie folgt: Zuerst bete er das Vaterunser mit dem Preisgebet zu allen Horen. Ist das Preisgebet mit der Oration, wie es oben steht, beendet, so beginne man die Antiphon: »Heilige Jungfrau Maria« mit dem Psalm, der für jede Gebetsstunde des Tages und der Nacht vorgesehen ist. Und man bete mit großer Ehrfurcht.*)

5 Expositio in Pater noster – Erklärung zum Vaterunser

Nach längerer Forschungsdiskussion wird der Text der *Expositio* nunmehr als authentisch betrachtet. Mit seiner Auslegung des Vaterunsers steht Franziskus in einer langen Tradition der Textexegese seit der Spätantike, wobei er jedoch im Gegensatz zu den Kommentaren der Kirchenväter und mittelalterlichen Theologen die Form des Gebetes wählt. Für die Gestaltung seines Werkes griff der Poverello auf Vorlagen zurück – entweder auf eine frühere, exakt strukturierte Auslegung, die er durch persönliche Zusätze ergänzte, oder durch die Verwendung verschiedener Kommentarelemente, die er eigenständig zusammenführte, oder schließlich unter Rezeption mündlicher Quellen (wie Predigten etc.), die er durch eigenes Gedankengut erweiterte (K. Eßer). Die sprachliche Gestaltung des hieraus entstehenden »Mischtextes« – mit z.T. gehobenem Stil – unterscheidet sich deutlich vom sonstigen Sprachstil des Heiligen, so dass auch für dieses Werk eine Mitarbeit gelehrter Mitbrüder angenommen werden kann. Wahrscheinlich dürfte die Auslegung nicht in einem einzigen »Wurf«, sondern in einem Prozess des Meditierens über das Vaterunser entstanden sein.

[1]O sanctissime *Pater noster*: creator, redemptor, consolator et salvator noster.

[2]*Qui es in caelis*: in angelis et in sanctis; illuminans eos ad cognitionem, quia tu, Domine, lux es; inflammans ad amorem, quia tu, Domine, amor es; inhabitans et implens eos ad beatitudinem, quia tu, Domine, summum bonum es, aeternum [bonum], a quo omne bonum, sine quo nullum bonum.

[3]*Sanctificetur nomen tuum*: clarificetur in nobis notitia tua, ut cognoscamus, quae sit latitudo beneficiorum tuorum, longitudo promissorum tuorum, sublimitas maiestatis et profundum iudiciorum.

1 Mt 6,9b. 2 Mt 6,9b. 3 Mt 6,9c; vgl. Eph 3,18.

Das Gebet des Heiligen gliedert sich in zehn Abschnitte und umfasst jeweils nach einer Anrede des Herrn sieben Bitten, die – ausgehend vom biblischen Grundtext (Mt 6,9–13) – anschließend weitgehend eigenständig ausgelegt werden. Hierbei werden zentrale Elemente christlichen Glaubens behandelt – wie Gott als Herr der Heilsgeschichte, Gottes- und Nächstenliebe, Gottes Erbarmen und Befreiung von dem Bösen sowie von Versuchungen. So unterscheidet sich das Gebet von Franziskus sowohl in Form als auch in Inhalt deutlich von den vorangegangenen »gelehrten« Kommentaren zum Vaterunser und bietet auch Hinweise auf die Bedeutung des Poverello als Mystiker.

Datierung: Entstehung evtl. nach 1221.

Lat. Text nach EO 292 f. Varianten nach PS 56–58. Dt. Übers. nach FQ 31 f. – Vgl. ESt 225–257, 328; L I Kap. 7; EO 285–295; F 28; Fon 113–116; HG 95–97; PL 422 (Reg.); Sai 158–160; L II[2] Kap. 8; Ll 122–127, 415 ff.; FQ 31 f.; PS 52–59; FF 161 ff., 188–190; L IV, 40–43.

1O heiligster *Vater unser*: unser Schöpfer, Erlöser, Tröster und Retter.

2*Der du bist in den Himmeln*: in den Engeln und in den Heiligen. Du erleuchtest sie zum Erkennen, weil du, Herr, das Licht bist. Du entflammst sie zur Liebe, weil du, Herr, die Liebe bist. Du wohnst in ihnen und erfüllst sie zur Seligkeit, weil du, Herr, das höchste Gut bist, das ewige Gut, von dem jegliches Gute kommt, ohne den nichts Gutes ist.

3*Geheiligt werde dein Name*: aufleuchten soll in uns die Kenntnis von dir, damit wir erkennen die Breite deiner Wohltaten, die Länge deiner Verheißungen, die Höhe deiner Majestät und die Tiefe deiner Urteile.

[4]*Adveniat regnum tuum*: ut te regnes in nobis per gratiam et facias nos venire ad regnum tuum, ubi est tui visio manifesta, tui dilectio perfecta, tui societas beata, tui fruitio sempiterna.

[5]*Fiat voluntas tua sicut in caelo et in terra*: ut amemus te *ex toto corde*, te semper cogitando, *ex tota anima* te semper desiderando, *ex tota mente* omnes intentiones nostras ad te dirigendo, honorem tuum in omnibus quaerendo et *ex omnibus viribus nostris* omnes vires nostras et sensus animae et corporis in obsequium tui amoris et non in [aliud] expendendo; et proximos nostros amemus sicut et nosmetipsos omnes ad amorem tuum pro viribus trahendo, de bonis aliorum sicut de nostris gaudendo et in malis compatiendo et *nemini ullam offensionem dando*.

[6]*Panem nostrum quotidianum*: dilectum Filium tuum, Dominum nostrum Jesum Christum, *da nobis hodie*: in memoriam et intelligentiam et [reverentiam] amoris, quem ad nos habuit et eorum, quae pro nobis dixit, fecit et sustulit.

[7]*Et dimitte nobis debita nostra*: per tuam misericordiam ineffabilem, per passionis dilecti Filii tui [Domini nostri] virtutem et per beatissimae [Mariae] Virginis et omnium electorum tuorum merita et intercessionem.

[8]*Sicut et nos dimittimus debitoribus nostris*: et quod non plene dimittimus, tu, Domine, fac nos plene dimittere, ut inimicos propter te veraciter diligamus et pro eis apud te devote intercedamus, *nulli malum pro malo reddentes* et in omnibus in te prodesse studeamus.

4 Mt 6,10a. 5 Mt 6,10b; vgl. Lk 10,27; 2 Kor 6,3. 6 Mt 6,11. 7 Mt 6,12a. 8 Mt 6,12b; vgl. 1 Thess 5,15; Röm 12,17.

4*Dein Reich komme*: damit du in uns durch die Gnade herrschst und uns in dein Reich kommen lässt, wo ist die unverhüllte Anschauung deiner selbst, die vollkommene Liebe zu dir, die selige Gemeinschaft mit dir, das ewige Genießen deiner selbst.

5*Dein Wille geschehe, wie im Himmel so auf Erden*: damit wir dich lieben *aus ganzem Herzen,* indem wir immer an dich denken; *aus ganzer Seele,* indem wir immer nach dir verlangen; *aus ganzem Gemüte,* indem wir all unser Streben zu dir hinlenken und deine Ehre in allem suchen; und *aus allen unseren Kräften,* indem wir alle unsere Kräfte und Empfindungen der Seele und des Leibes zum Gehorsam gegen deine Liebe und für nichts anderes aufbieten. Und damit wir unsere Nächsten wie uns selbst lieben, indem wir alle nach Kräften zu deiner Liebe hinziehen, uns über das Gute der anderen wie über das unsrige freuen und in Widerwärtigkeiten Mitleid mit ihnen haben und *niemanden irgendwie beleidigen.*

6*Unser tägliches Brot [gib uns heute]*: deinen geliebten Sohn, unseren Herrn Jesus Christus, *gib uns heute*: zum Gedächtnis und Verständnis und zur Hochachtung der Liebe, die er zu uns gehabt hat, und dessen, was er für uns gesprochen, getan und erduldet hat.

7*Und vergib uns unsere Schuld*: durch dein unsagbares Erbarmen und durch die Kraft des Leidens deines geliebten Sohnes [unseres Herrn] und durch die Verdienste und Fürsprache der allerseligsten Jungfrau Maria und aller deiner Auserwählten.

8*Wie auch wir vergeben unseren Schuldigern*: Und was wir nicht vollkommen vergeben, mach du, Herr, dass wir es vollkommen vergeben, damit wir die Feinde um deinetwillen wahrhaft lieben und für sie bei dir ergeben Fürsprache einlegen, *niemandem Böses mit Bösem vergelten* und in allem in dir nützlich zu sein uns bemühen.

[9]*Et ne nos inducas in tentationem*: occultam vele manifestam, subitam vel importunam.

[10]*Sed libera nos a malo*: praeterito, praesenti et futuro.

[[11]Gloria Patri et Filio et Spiritui Sancto, (sicut erat in principio et nunc et semper, et in saecula saeculorum). Amen.]

9 Mt 6,13a. 10 Mt 6,13b.

9*Und führe uns nicht in Versuchung*: in keine verborgene
oder offenkundige, unvermutete oder ungestüme.
10*Sondern erlöse uns von dem Bösen*: dem vergangenen, ge-
genwärtigen und zukünftigen.
[11Ehre sei dem Vater und dem Sohn und dem Heiligen Geist, wie im Anfang, so auch jetzt und alle Zeit und in Ewigkeit. Amen.]

6 Salutatio Beatae Mariae Virginis – Gruß an die selige Jungfrau Maria

Dieses Gebet zählt hinsichtlich der literarischen Form zu den *Laudes*; zudem weist die *salutatio* Bezüge zur Marien-Antiphon im »Offizium vom Leiden des Herrn« auf. Die Autorschaft des Franziskus und die Echtheit des Werkes, das zahlreiche Handschriften seit dem 14. Jahrhundert überliefern, sind unbestritten. Da das *Opusculum* in den Codices oftmals zusammen mit dem »Gruß an die Tugenden« tradiert wurde, betrachtete man das Marien-Lob mitunter als Teil des ebengenannten Werkes; dennoch wird man nach neuerer Forschung von der Eigenständigkeit des Marien-Grußes ausgehen dürfen. Wie in anderen Texten, so griff der Poverello auch bei der *salutatio* auf nicht näher bekannte Vorlagen zurück – wahrscheinlich auf Predigten und auf liturgische Texte, die er sicherlich auswendig konnte.

Ähnlich wie in der »*Expositio* zum Vaterunser«, so nimmt Franziskus auch im Marien-Lob eine Auslegung, nun des »*Ave Maria*«, vor. Nach Art einer Litanei werden sieben »Grüße an die Gottesmutter« (*Ave*) aneinandergereiht. Diese sind in drei unterschiedlich große Strophen zu

1 Ave Domina, sancta Regina,
sancta Dei genitrix Maria,
quae es virgo Ecclesia facta
et electa a sanctissimo Patre de caelo,
2 quam consecravit cum sanctissimo dilecto Filio suo
et Spiritu sancto Paraclito,
3 in qua fuit et est
omnis plenitudo gratiae
et omne bonum.

4 Ave palatium eius;
ave tabernaculum eius;
ave domus eius.

jeweils drei Elementen gegliedert, wobei – abgesehen vom ersten, umfangreichen »Gruß an die Gottesmutter« – im 2.–4 *Ave* »ein räumliches Bildmotiv«, im 5.–7. »je ein personenbezogenes« genannt werden (L. Lehmann). Auffällig ist der missionarische Aspekt der *Laude*, die vom Wirken des Heiligen Geistes und von der »Eingießung der heiligen Tugenden« ausgeht, »um aus Ungläubigen Gott getreue Menschen zu machen«. Wie die Antiphon im Offizium, so stellt auch die *salutatio* ein wichtiges Zeugnis für die intensive Marien-Frömmigkeit des Heiligen dar.

Datierung: Entstehung evtl. nach 1221.

Lat. Text nach EO 418, PS 42. Dt. Übers. nach FQ 33. Zitat nach L II^{2}, 138. – Vgl. ESt 336; L I Kap. 5; EO 413–420; F 25; Fon 217–219; HG 128 f.; PL 424 (Reg.); Sai 163; L II^{2} Kap. 7; Ll 103–105, 403 ff.; PS 40–43; FF 161 ff., 172 f.; L IV, 43–45.

[1]Sei gegrüßt, Herrin, heilige Königin,
heilige Gottesmutter Maria,
die du bist Jungfrau, zur Kirche geworden
und erwählt vom heiligsten Vater im Himmel,
[2]die er geweiht hat mit seinem heiligsten, geliebten Sohn
und dem Heiligen Geiste, dem Tröster,
[3]in der war und ist
alle Fülle der Gnade
und jegliches Gute.

[4]Sei gegrüßt, du sein Palast.
Sei gegrüßt, du sein Zelt.
Sei gegrüßt, du seine Wohnung.

5 Ave vestimentum eius;
ave ancilla eius;
ave mater eius

6 et vos omnes sanctae virtutes,
quae per gratiam et illuminationem Spiritus sancti
infundimini in corda fidelium,
ut de infidelibus
fideles Deo faciatis.

[5]Sei gegrüßt, du sein Gewand.
Sei gegrüßt, du seine Magd.
Sei gegrüßt, du seine Mutter.

[6]Und (seid gegrüßt,) ihr heiligen Tugenden alle,
die ihr durch die Gnade und Erleuchtung des Heiligen Geistes
in die Herzen der Gläubigen eingegossen werdet,
um aus Ungläubigen
Gott getreue Menschen zu machen.

7 Salutatio virtutum – Gruß an die Tugenden

Dieser Text besitzt zwar Gebetscharakter, zählt jedoch hinsichtlich seiner literarischen Form zu den *Laudes*. Die handschriftliche Überlieferung ist breit, wobei die *salutatio* oftmals zusammen mit dem »Gruß an die selige Jungfrau Maria« tradiert ist. Beide Texte sind jedoch als eigenständige Werke zu betrachten. Die Autorschaft des Franziskus und die Echtheit der *Laude* sind unbestritten. Auch bei der Schaffung dieser *salutatio* griff der Heilige auf nicht genauer bekannte Vorlagen zurück wahrscheinlich Predigten, die er gehört hatte. Hinzu kamen Einflüsse der zeitgenössischen Reimprosa sowie der höfischen Lyrik. So entstand das Muster einer Buß- und Sittenpredigt, die zu halten bereits Papst Innozenz III. den Franziskanern gestattet hatte. Unter Rezeption höfischer Formen schuf der Poverello ein Loblied auf die Tugenden, die er personalisiert und denen er seinen Dienst als Herrinnen bzw. sogar als Königin leisten will. Diese stehen in Verbindung zu Christus als König, so dass der Dienst für die Tugenden auch ein Dienen für den höchsten Herrn darstellt.

Die *Laude* weist eine ähnliche Struktur wie der Marien-Gruß auf, zumal die *salutatio* auch eine Teilung in drei Strophen besitzt. In der ersten Strophe (Verse 1–4) werden drei Tugenden als Herrinnen persönlich angesprochen, gefolgt von Strophe zwei (Verse 5–8) bezüglich des Verhältnisses von Tugenden und Menschen. Die Tugenden, die nicht

[1]Ave, regina sapientia,
Dominus te salvet cum tua sorore sancta pura simplicitate.
[2]Domina sancta paupertas,
Dominus te salvet cum tua sorore sancta humilitate.
[3]Domina sancta caritas,
Dominus te salvet cum tua sorore sancta obedientia.

voneinander zu trennen sind, erscheinen als »verschiedene Aspekte der einen Wirklichkeit« (L. Lehmann). Die Strophe drei (Verse 9–18) umfasst die gesamte zweite Hälfte des Textes, wobei vor allem die Wirkungen der Tugenden thematisiert werden. Leitthema hierbei ist die Konfrontation der Tugenden mit dem Wirken Satans in der Welt und den schlimmsten Übeln, die jedoch »zuschanden gemacht« werden. Gleichzeitig erfolgt eine besondere Betonung der Bedeutung des Gehorsams, wobei der Darstellung dessen Wirkens in der *Laude* rein quantitativ ebenso viel Platz wie den übrigen behandelten Tugenden eingeräumt wird. Möglicherweise stellt die Akzentuierung der Bedeutung des Gehorsams eine indirekte Reaktion des Heiligen auf problematische ordensinterne Entwicklungen im Blick auf die Haltung einiger Brüder hinsichtlich der Gehorsamsverpflichtung in den letzten Lebensjahren von Franziskus dar.

Datierung: Entstehung wahrscheinlich in den letzten Lebensjahren des Heiligen.

Lat. Text nach EO 427f. Varianten nach PS 46–51. Dt. Übers. nach FQ 34f. Zitat nach L II[1], 170. – Vgl. ESt 336; L I Kap. 9; EO 421–430; F 24; Fon 221–224; HG 130–132; PL 424 (Reg.); Sai 164f.; L II[1] Kap. 9; Ll 105–107, 405ff.; FQ 34f.; PS 44–51; FF 161ff., 168–171; L IV, 45–48.

1Sei gegrüßt, Königin Weisheit,
der Herr erhalte dich mit deiner Schwester, der heiligen reinen Einfalt.
2Herrin, heilige Armut,
der Herr erhalte dich mit deiner Schwester, der heiligen Demut.
3Herrin, heilige Liebe,
der Herr erhalte dich mit deiner Schwester, dem heiligen Gehorsam.

[4]Sanctissimae virtutes,
omnes vos salvet Dominus, a quo venitis et proceditis.

[5]Nullus homo est penitus in toto mundo,
qui unam ex vobis possit habere, nisi prius moriatur.
[6]Qui unam habet et alias non offendit, omnes habet.
[7]Et qui unam offendit, nullam habet et omnes offendit.
[8]Et unaquaque confundit vitia et peccata.

[9]Sancta sapientia
confundit satan et omnes malitias eius.
[10]Pura sancta simplicitas
confundit omnem sapientiam huius mundi et sapientiam corporis.
[11]Sancta paupertas
confundit cupiditatem et avaritiam et curas huius saeculi.
[12]Sancta humilitas
confundit superbiam et omnes [honores], qui sunt in mundo,
similiter et omnia, quae in mundo sunt.
[13]Sancta caritas
confundit omnes diabolicas et carnales tentationes
et omnes carnales timores.
[14]Sancta obedientia
confundit omnes corporales et carnales proprias voluntates
[15]et habet mortificatum corpus suum
ad obedientiam spiritus et ad obedientiam fratris sui
[16]et est subditus et suppositus omnibus hominibus, qui sunt in mundo
[17]et non tantum solis hominibus,
sed etiam omnibus bestiis et feris,
[18]ut possint facere de eo, quicquid voluerint,
quantum fuerit eis datum desuper a Domino.

7 Vgl. Jak 2,10. 10 Vgl. 1 Kor 2,6. 11 Vgl. Mt 13,22. 13 Vgl. 1 Joh 4,18.
15 Vgl. Kol 3,5. 18 Vgl. Mt 17,12; Joh 19,11.

4 Ihr hochheiligen Tugenden,
euch alle erhalte der Herr, von dem ihr ausgeht und herkommt.

5 Keinen einzigen Menschen gibt es auf der ganzen Welt,
der eine von euch haben könnte, wenn er nicht vorher stirbt.
6 Wer eine hat und die anderen nicht verletzt, der hat alle.
7 Und wer eine verletzt, der hat keine und verletzt alle.
8 Und jede einzelne macht Laster und Sünden zuschanden.

9 Die heilige Weisheit
macht den Satan und all seine Bosheiten zuschanden.
10 Die reine heilige Einfalt
macht alle Weisheit dieser Welt und die Weisheit des Leibes zuschanden.
11 Die heilige Armut
macht alle Begehrlichkeit und Habsucht und die Sorgen dieser Welt zuschanden.
12 Die heilige Demut
macht den Stolz und alle Ehren, die in der Welt sind,
und auch sonst alles, was in der Welt ist, zuschanden.
13 Die heilige Liebe
macht alle teuflischen und fleischlichen Versuchungen
und alle fleischlichen Ängste zuschanden.
14 Der heilige Gehorsam
macht alles leibliche und fleischliche Verlangen zuschanden
15 und hält den Leib abgetötet,
damit er dem Geiste gehorche und seinem Bruder gehorche;
16 und er (der Gehorsame) ist allen Menschen, die in der Welt sind, untertan und unterworfen,
17 und nicht nur allein den Menschen,
sondern auch allen Bestien und wilden Tieren,
18 damit sie mit ihm tun können, was immer sie wollen,
soweit es ihnen von oben herab, vom Herrn, gegeben ist.

8 Chartula Fr. Leoni data – Schriftstück für Bruder Leo

Laudes Dei altissimi – Lobpreis Gottes

Bei dem Dokument – auf Pergament geschrieben – handelt es sich um eines der beiden erhaltenen Schriftstücke, die der Heilige mit eigener Hand geschrieben hat und die heute im Sacro Convento zu Assisi verwahrt werden. Auf der Vorderseite des Autographen befindet sich der »Lobpreis Gottes« (*Laudes*), auf der Rückseite der »Segen für Bruder Leo«. Hinweise für die Entstehung des Schriftstücks gibt der Ordenschronist Celano: Bei dem längeren Aufenthalt des Poverello auf dem Berg La Verna wünschte Fr. Leo in einer schweren »geistlichen Versuchung«, von dem Heiligen als Hilfe zur Bewältigung seiner Schwierigkeiten ein Schriftstück »aus den Worten« des Herrn zu erhalten. Obwohl der Gefährte nicht wagte, diesen Wunsch offen zu äußern, habe Franziskus von sich aus bald darauf Schreibmaterial etc. verlangt und für Fr. Leo die *Laudes* sowie den Segen eigenhändig aufgeschrieben. Die Weisung des Heiligen, das Schriftstück sorgfältig bis zu seinem Tode zu bewahren, erfüllte Fr. Leo gewissenhaft, indem er es ständig gefaltet bei sich führte (2 C 49). Infolge von Abnutzung ist das Autograph heute zwar im Original passagenweise kaum lesbar, doch sind die unlesbaren Textteile anhand alter Drucke des Werkes rekonstruierbar.

Zwar stehen die *Laudes* sicherlich in einer langen Tradition mittelalterlicher Gebetstexte; bestimmend für die Intensität des Gotteslobes sind jedoch die Umstände der Entstehung des Gebetes – nämlich nach dem mythischen Erlebnis der Stigmatisation, das Franziskus kurz zuvor bei seinem Michaelsfasten auf dem Berg La Verna erfahren hatte.

[1]Tu es sanctus Dominus Deus solus,
qui facis mirabilia.
[2]Tu es fortis, tu es magnus,
tu es altissimus,

1 Ps 77,15. 2 Vgl. Ps 86,10; Joh 17,11; Mt 11,25.

In ständig neuen Anreden betet der Heilige zu Gott, um ihn ohne Unterbrechung zu preisen. Durch das immer erneute Aneinanderreihen von vielfältigen Gottesattributen entsteht die Gesamtheit einer Namen-Gottes-Litanei, die 33 Elemente – die Zahl der Lebensjahre Jesu – umfasst und in drei thematisch strukturierte Abschnitte gegliedert ist. Zwischen einem »Auf- und Abgesang« am Anfang und Schluss besteht ein Mittelteil (Klimax) mit 24 Versen, der möglicherweise auf die sechs Flügel des Seraphs deutet (T. Zweerman). Insgesamt wird man die *Laudes* zum einen als Gebet des Heiligen zur Verherrlichung der universalen Herrschaft Gottes »von der Schöpfung bis zur Parusie« und als Dank an Gott für das mythische Erlebnis der Stigmatisation betrachten dürfen. Zum anderen stellt die Textmeditation eine Art »Trostbrief« für Fr. Leo dar, um diesen in einer Krisensituation zu unterstützen und den im Zusammenhang mit der Stigmatisation Verunsicherten zu stärken.

Datierung: Entstehung wahrscheinlich nach der Stigmatisation des Heiligen, September 1224.

Lat. Text nach EO 142. Varianten nach PS 112–114. Dt. Übers. nach FQ 37f. Zitat nach L I 276. – Vgl. ESt 330; D. Lapsanski, in: AFH 67 (1974) 18–37; T. Zweerman, in: FrSt 60 (1978) 202–223; L I 247–267; EO 134–142; F 25, 258f.; Bartoli Langeli, Scritti 124–128; Fon 46–48; HG 208–210; PL 421f. (Reg.); Sai 108–111; L II^2 Kap. 9; Ll CXVff., 212–215; FQ 36–38; PS 108–115; FF 174–176; L IV 48–51.

1 Du bist der heilige Herr, der alleinige Gott,
der du Wunderwerke vollbringst.
2 Du bist stark, du bist groß.
Du bist der Höchste.

tu es [...] omnipotens,
tu pater sancte, rex caeli et terrae.
3Tu es trinus et unus Dominus Deus deorum,
tu es bonum, omne bonum, summum bonum,
Dominus Deus vivus et verus.
4Tu es amor, caritas;
tu es sapientia,
tu es humilitas,
tu es patientia,
tu es pulchritudo,
[...] tu es securitas,
tu es quietas,
tu es gaudium, [...] et laetitia,
[tu es spes nostra,
tu es iustitia, et] temperantia,
tu es omnia, divitia nostra ad sufficientiam.
5Tu es pulchritudo,
tu es mansuetudo,
tu es protector, tu es custos et defensor [...];
tu es fortitudo,
tu es refugium.
6Tu es spes nostra,
tu es fides nostra,
tu es caritas nostra,
tu es tota dulcedo nostra,
tu es vita aeterna nostra:
Magnus et admirabilis Dominus,
Deus omnipotens, misericors Salvator.

3 Vgl. Ps 136,2; 1 Thess 1,9. 4 Ps 71,5; 51,10. 5 Vgl. Mt 21,5; Ps 31,5; 43,2; 53,2.

Du bist allmächtig,
du heiliger Vater, König des Himmels und der Erde.
[3]Du bist dreifaltig und einer; Herr, Gott der Götter.
Du bist das Gute, jegliches Gut, das höchste Gut,
der Herr, der lebendige und wahre Gott.
[4]Du bist die Liebe, die Minne.
Du bist die Weisheit.
Du bist die Demut.
Du bist die Geduld.
Du bist die Schönheit.
Du bist die Sicherheit.
Du bist die Ruhe.
Du bist die Freude und Fröhlichkeit.
Du bist unsere Hoffnung.
Du bist die Gerechtigkeit und das Maß.
Du bist alles, unser Reichtum zur Genüge.
[5]Du bist die Schönheit.
Du bist die Sanftmut.
Du bist der Beschützer,
du bist der Wächter und Verteidiger.
Du bist die Stärke.
Du bist die Zuflucht.
[6]Du bist unsere Hoffnung.
Du bist unser Glaube.
Du bist unsere Liebe.
Du bist unsere ganze Wonne.
Du bist unser ewiges Leben:
großer und wunderbarer Herr,
allmächtiger Gott, barmherziger Retter.

Benedictio Fr. Leoni data – Segen für Bruder Leo

Auf der von Franziskus selbst geschriebenen *Chartula* befindet sich auf der Vorderseite der »Lobpreis Gottes« (*Laudes*), auf der Rückseite der »Segen für Bruder Leo«. Die Entstehung des Schriftstücks hat der Gefährte des Poverello eigenhändig in roter Schrift am oberen und unteren Rand des Autographs selbst geschildert: Hiernach verfasste der Heilige während seines Fastenaufenthaltes auf dem Berg La Verna nach Empfang der Stigmatisation sowohl die erwähnten *Laudes* als auch den Segen für Bruder Leo.

Bei dem Segen verwendete Franziskus (in den ersten fünf Zeilen) mit leichten Veränderungen den alttestamentarischen Priestersegen (Aaronsegen – Num 6,24–26). Diesen entnahm er aber wahrscheinlich nicht unmittelbar dem Alten Testament, sondern dem in zeitgenössischen italienischen Bistümern bei der Klerikerweihe verwendeten Segen. Eine eigenständige Ergänzung erfolgte (in Anlehnung an Num 6,27) in dem folgenden, speziellen Segen für den Gefährten, wobei der Diakon Franziskus den Priester Leo segnete. Der persönliche Segenswunsch ist sicherlich im Zusammenhang mit den zuvor geschaffenen

(*Prima rubrica fratris Leonis, in margine superiore cartulae, pertinens ad* Laudes *in verso*:)

»Beatus Franciscus duobus annis ante mortem suam fecit quadragesimam in loco Alverne, ad honorem beatae Virginis Matris Dei et beati Michaelis Archangeli, a festo Assumptionis sanctae Mariae Virginis usque ad festum sancti Michaelis septembris; et facta est super eum manus Domini. Post visionem et allocutionem Seraphim et impressionem stigmatum Christi in corpore suo, fecit has laudes ex alio latere cartulae scriptas et manu sua scripsit, gratias agens Deo de beneficio sibi collato«.

Laudes zu sehen, so dass nun »aus der Hingabe an Gott [...] die Zuwendung zum Bruder« folgt. Dieser soll »durch den Segen miteinbezogen [werden] in die Christus-Begegnung des Heiligen«. Eine eigenhändige Unterfertigung des Segens nahm der Poverello durch das von ihm geschätzte Tau-Zeichen vor, das auf der *Chartula* durch den Namen von Fr. Leo geführt wurde. Darunter zeichnete der Heilige etwas ungelenk einen Kopf, der entweder das Haupt Fr. Leos oder – wahrscheinlicher – in Anknüpfung an legendarische Traditionen den Totenschädel Adams darstellen sollte.

Datierung: Entstehung wahrscheinlich nach der Stigmatisation des Heiligen, September 1224.

Lat. Text nach EO 143. Varianten nach PS 116. Dt. Übers. nach FQ 38 f. Zitate nach L II[2] 200 f. – Vgl. ESt 304; D. Lapsanski, in: AFH 67 (1974) 18–37; L I 247–277; EO 133–146; F 25 f., 258 f.; Bartoli Langeli, Scritti 128–132; Fon 50 f.; HG 210 f.; PL 421 (Reg.); Sai 112; L II[2] Kap. 10; Ll CXV ff., 212–217; FQ 36–38; PS 108–117; FF 177; L IV 48–52.

(*Am oberen Rand der Chartula hat Bruder Leo mit roter Tinte folgendes geschrieben* [*1. Rubrik*]:)

»Der selige Franziskus hielt zwei Jahre vor seinem Tod in der Niederlassung auf La Verna zu Ehren der seligen Jungfrau Maria, der Mutter Gottes, und des seligen Erzengels Michael ein vierzigtägiges Fasten vom Fest der Aufnahme Mariens bis zum Fest des heiligen Erzengels Michael im September. Und es legte sich die Hand des Herrn auf ihn; nach Vision und Anrede eines Seraphim und nach Einprägung der Wundmale Christi in seinem Leib verfasste er diese Lobpreisungen, die auf der anderen Seite des Blattes geschrieben stehen, und schrieb sie mit eigener Hand, indem er Gott für die ihm verliehene Wohltat dankte.«

1 *Benedicat tibi Dominus et custodiat te;*
ostendat faciem suam tibi et misereatur tui.
2 *Convertat vultum suum ad te et det tibi pacem.*

(*Secunda rubrica fratris Leonis, pertinens ad textum superiorem »Benedictionis«*:)

»Beatus Franciscus scripsit manu sua istam benedictionem mihi fratri Leoni«.

3 Dominus benedicat, frater Le  o, te.

(*Tertia rubrica fratris Leonis, in extremo margine inferiore, pertinens ad textum superiorem*:)

»Simili modo fecit istud signum thau cum capite, manu sua«.

2 Vgl. Num 6,24–26. 3 Vgl. Num 6,27b.

[1]Der Herr segne dich und behüte dich.
Er zeige dir sein Angesicht und erbarme sich deiner:
[2]Er wende dir sein Antlitz zu und schenke dir Frieden.

(*Unter diese Segensformel schrieb Br. Leo als* 2. *Rubrik*:)

»Der selige Franziskus schrieb diesen Segen mit eigener Hand für mich, Bruder Leo.«

Bruder Le  [3]Der Herr segne,
o, dich.

(*Als dritte Rubrik schrieb Bruder Leo am unteren Rand zum obigen Text:*)

»Ebenso machte er eigenhändig dieses Zeichen Thau (!) mit Kopf.«

9 Canticum fratris solis vel Laudes creaturarum – Sonnengesang

Die Authentizität der von Franziskus in altitalienischer Sprache gedichteten *Laudes* ist durch zahlreiche Ordenschronisten gesichert, u.a. durch Thomas von Celano. Hiernach verfasste der Heilige, als er krank in einer Behausung bei S. Damiano lag, nach dem Beispiel der drei Jünglinge im Feuerofen (Dan 3, 17, 23, 51–90) ein Loblied auf die Geschöpfe der Welt (2 C 213; vgl. 1 C 80, 2 C 217). Es ist unklar, ob der Poverello das Werk in einem Zuge schuf oder – wie späte Zeugnisse behaupten – in Abschnitten. Hiernach soll er im Winter 1224/25 die ersten Strophen und den Schluss des *Canticum* verfasst haben. Anschließend ergänzte er von Juni bis August 1225 – angesichts eines heftigen Streites zwischen Bischof Guido II. und dem Podestà Bernardi von Assisi – die Strophe über den Frieden, um schließlich im Bewusstsein seines unmittelbar bevorstehenden Ablebens die Strophe über den Tod hinzuzufügen (1226). Wann das Werk schriftlich aufgezeichnet wurde, ist nicht feststellbar. In Anbetracht der dialektalen Einflüsse etc. in den relevanten Handschriften erscheint eine kritische Edition des Originaltextes der *Laudes* als kaum möglich, so dass – ungeachtet der folgenden lateinischen Übersetzungen – nur entsprechende Rekonstruktionsversuche vorliegen.

Das *Canticum* weist 33 Zeilen auf – wie bereits im »Lobpreis Gottes« den Lebensjahren Jesu entsprechend. Insgesamt ist das Werk in zehn Strophen gegliedert, wobei neben Einleitungs- und Schlussstrophe ein achtteiliger Mittelteil besteht, dessen unterschiedlich lange Einzelstrophen jeweils eingeleitet werden durch die Invokation *»Laudato si, mi Signore«* (*Gelobt seist du, mein Herr*). Obwohl selbst in Not und Leid befindlich, fordert Franziskus im Bewusstsein, vom Herrn das ewige Leben versprochen zu haben, freudig alle Lebewesen zum Lobe Gottes auf. Hierbei schreitet er vom Universum (Sonne, Mond, Sterne) über die Erde und die Elemente (Land, Luft, Wasser, Feuer) zum Menschen herab, der Teil des Makrokosmos ist. Etwas isoliert stehen die folgenden Aufforderungen an die Menschen, sowohl Drangsal und Krankheit als auch den leiblichen Tod anzunehmen bzw. zu akzeptieren. Sicherlich im Anschluss an liturgische Vorbilder und in rhythmischer Prosa preist der Heilige Gott in seinen Werken, wobei sprachlich unklar ist, ob Franziskus den Herrn »mit« allen Geschöpfen oder Gott »durch« sie lobt (italienisch »*per*«). Möglicherweise stellt das *Canticum* sogar ein verborgenes Christus-Monogramm dar (A. Rotzetter). Zwar sieht der Heilige in der gesamten Natur Hinweise auf Christus; doch wird man – trotz der hierbei deutlich werdenden Verherrlichung der Natur als Gottesschöpfung – das *Canticum* nicht als Zeugnis einer romantisierenden Naturmystik, sondern ausschließlich als ein Gebet betrachten müssen. In diesem dankt Franziskus Gott und preist ihn, dem alle Menschen bzw. die Schöpfung in Demut zu dienen haben. Spätere Rezeptionen der *Laudes*, die ausschließlich die Naturverbundenheit etc. des Heiligen in den Vordergrund stellten, werden sicherlich den eigentlichen Intentionen des Poverello und seinem Aufruf zu ständigem und uneingeschränktem Gotteslob nicht gerecht. Dessen ungeachtet wird man das *Canticum* als eines der frühesten und bedeutendsten Werke der volkssprachlichen Dichtung Italiens betrachten dürfen.

Datierung: Entstehung evtl. abschnittweise zwischen Winter 1224/25 und Frühherbst 1226.

Altit. Text nach EO 128 f. Varianten nach PS 121–123. Dt. Übers. nach FQ 40 f. – Vgl. E.-W. Platzeck, Das Sonnenlied, Werl 1984; ESt 305; L I Kap. 11; R. D. Sorrell, St. Francis of Assisi and Nature. NY 1988, Kap. 5–7; EO 122–133; F 26, 228–234; V. Branca, Il Cantico di frate sole. Firenze [2]1994; Fon 37–41; A. Rotzetter, Ich rufe Sonne und Mond. Eschbach 1998; HG 212–215; PL 421 (Reg.); Sai 113 f.; L II[2] Kap. 12; Ll CXV ff., 217; FQ 40 f.; PS 118–123; C. Paolazzi, Il cantico di frate sole. S. Maria degli Angeli-Assisi 2010, 5–7 (Edition); FF 178–181; L III, 33–36; L IV 52–55. – Siehe auch DF 115–128.

1 Altissimu onnipotente bon signore,
tue so le laude la gloria e l'honore et onne benedictione.
Ad te solo, altissimo, se konfano
et nullu homo ène dignu te mentovare.
2 Laudato si, mi signore, cun [tutte] le tue creature,
spetialmente messor lo frate sole,
lo qual' è iorno, et allumini noi per [lui].
Et ellu è bellu e radiante cun grande splendore,
de te, altissimo, porta significatione.
3 Laudato si, mi signore, per sora luna e le stelle,
in celu l'ài formate clarite et pretiose et belle.
4 Laudato si, mi signore, per frate vento,
et per aere et nubilo et sereno et onne tempo,
per lo quale a le tue creature dai sustentamento.
5 Laudato si, mi signore, per sor' aqua,
la quale è multo utile et humile et pretiosa et casta.
6 Laudato si, mi signore, per frate focu,
per lo quale enn'allumini la [notte],
ed ello è bello et iocundo et robustoso et forte.
7 Laudato si, mi signore, per sora nostra matre terra,
la quale ne sustenta et governa,
et produce diversi fructi con coloriti flori et herba.
8 Laudato si, mi signore, per quelli ke perdonano per lo tuo amore,
et sostengo infirmitate et tribulatione.
Beati quelli ke 'l sosterrano in pace,
ka da te, altissimo, sirano incoronati.

1 Höchster, allmächtiger, guter Herr,
dein sind das Lob, die Herrlichkeit und Ehre und jeglicher Segen.
Dir allein, Höchster, gebühren sie,
und kein Mensch ist würdig, dich zu nennen.
2 Gelobt seist du, mein Herr, mit allen deinen Geschöpfen,
zumal dem Herrn Bruder Sonne,
welcher der Tag ist und durch den du uns leuchtest.
Und schön ist er und strahlend mit großem Glanz:
Von dir, Höchster, ein Sinnbild.
3 Gelobt seist du, mein Herr, durch Schwester Mond und die Sterne;
am Himmel hast du sie gebildet, klar und kostbar und schön.
4 Gelobt seist du, mein Herr, durch Bruder Wind
und durch Luft und Wolken und heiteres und jegliches Wetter,
durch das du deinen Geschöpfen Unterhalt gibst.
5 Gelobt seist du, mein Herr, durch Schwester Wasser,
gar nützlich ist es und demütig und kostbar und keusch.
6 Gelobt seist du, mein Herr, durch Bruder Feuer,
durch das du die Nacht erleuchtest;
und schön ist es und fröhlich und kraftvoll und stark.
7 Gelobt seist du, mein Herr, durch unsere Schwester, Mutter Erde,
die uns erhält und lenkt
und vielfältige Früchte hervorbringt und bunte Blumen und Kräuter.
8 Gelobt seist du, mein Herr, durch jene, die verzeihen um deiner Liebe willen
und Krankheit ertragen und Drangsal.
Selig jene, die solches ertragen in Frieden,
denn von dir, Höchster, werden sie gekrönt.

9 Laudato si, mi signore, per sora nostra morte corporale,
da la quale nullu homo vivente pò [skampare].
Guai a quelli, ke morrano ne le peccata mortali:
beati quelli ke trovarà ne le tue sanctissime voluntati,
ka la morte secunda no 'l farrà male.
10 Laudate et benedicete mi signore,
et rengratiate et serviateli cun grande humilitate.

9 Gelobt seist du, mein Herr, durch unsere Schwester, den
leiblichen Tod;
ihm kann kein Mensch lebend entrinnen.
Wehe jenen, die in tödlicher Sünde sterben.
Selig jene, die er findet in deinem heiligsten Willen,
denn der zweite Tod wird ihnen kein Leid antun.
10 Lobt und preist meinen Herrn
und dankt ihm und dient ihm mit großer Demut.

V Fragmente

1 Epistola civibus Bononiensibus scripta – Brief an die Bürger von Bologna

Dieser Brief wird bislang nur in der Chronik des englischen Franziskaners Thomas von Eccleston überliefert (»*Tractatus de Adventu Fratrum Minorum in Angliam*« – ca. 1260/61 vollendet). Gewährsmann für die Nachricht ist Bruder Martin von Barton, nach Chronistenaussage später Vikar des Ministers der englischen Franziskanerprovinz.

In der *Epistola* werden zum einen die Fürsorge des Heiligen für seine Mitmenschen sowie seine Fähigkeit zur Vorhersage für Geschehnisse in der Welt verdeutlicht. Zum anderen vermag man die engen Bezie-

Dixit etiam quod frater quidam, qui stetit in oratione Brixiae in die Natali Domini, in terrae motu, quem praedixerat sanctus Franciscus et per omnes scholas Bononiae per fratres praedicari fecerat, per litteram, in qua fuit falsum Latinum, et ecclesia corruit, sub ruina lapidum illaesus inventus est.

hungen zu erkennen, die Franziskus und seine Brüder zur Stadt Bologna und zu ihren berühmten Studieneinrichtungen besaßen.

Datierung: Entstehung – aufgrund des Hinweises auf das Erdbeben von Weihnachten 1222 – wahrscheinlich um diesen Termin anzusetzen.

Lat. Text von Eccl VI, 39 nach EO 453 f., PS 428. Dt. Übers. nach FQ 140, 1041. – Vgl. Fon 239 f.; HG 222; FQ 140, 1012 ff.; PS 422 ff., 428; L IV 179.

Er erzählte auch, ein Bruder, der in Brescia am Tage der Geburt des Herrn im Gebet verweilte, sei bei einem Erdbeben, als die Kirche einstürzte, unverletzt unter den Steintrümmern aufgefunden worden. Es war jenes Erdbeben, das der heilige Franziskus vorausgesagt und in allen Schulen Bolognas durch die Brüder hatte ankündigen lassen mittels eines Briefes, in dem ein fehlerhaftes Latein stand.

2 Epistola fratribus Franciae missa – Brief an die Brüder in Frankreich

Auch dieses Schreiben ist bislang nur in der Chronik des englischen Franziskaners Thomas von Eccleston überliefert (»*Tractatus de Adventu Fratrum Minorum in Angliam*« – ca. 1260/61 vollendet). Bruder Martin von Barton ist erneut Gewährsmann für die übermittelte Nachricht.

Der Gegenstand des Schreibens betrifft die Trinitätsfrömmigkeit des Heiligen und seine Aufforderung an die französischen Mitbrüder, den »Lobpreis [...] der göttlichen Dreifaltigkeit zu singen«. Als zumindest ebenso wichtig erscheinen die Umstände, unter denen die *Epistola* entstanden ist – nämlich im Zusammenhang mit einer »wunderbaren Be-

(...) [1]scripsit beatus Franciscus propria manu litteram [sub divo in pluvia non madefactus] ministro et fratribus Franciae, ut visis litteris iubilarent, [2]laudes Deo Trinitati dicentes: [3]»Benedicamus Patrem et Filium cum Spiritu sancto«.

gebenheit« im Leben des Poverello. Hierbei wird man aber »die Echtheit dieser wunderbaren Begebenheit und die Authentizität des Briefes sehr wohl auseinanderhalten müssen« (K. Eßer).

Datierung: Entstehung des Briefes wahrscheinlich nach Gründung der Ordensprovinz *Francia*, d. h. nach 1218.

Lat. Text von Eccl VI, 39 nach EO 457. Varianten nach PS 426. Dt. Übers. nach FQ 141, 1041. Zitat nach EO 457 Anm. 27. – Vgl. Fon 241; HG 222 f.; FQ 141, 1012 ff.; PS 422 ff., 426; L IV 179 f.

[1](…) schrieb der selige Franziskus eigenhändig, unter freiem Himmel und ohne vom Regen nass zu werden, einen Brief an den Minister und die Brüder der Francia: Sie sollten frohlocken, wenn sie den Brief sähen, [2]und der göttlichen Dreifaltigkeit den Lobpreis singen: [3]»Lasst uns preisen den Vater und den Sohn mit dem Heiligen Geist!«

3 Epistola dominae Jacobae scripta – Brief an Herrin Jakoba

Der Inhalt dieses Briefes, der tatsächlich geschrieben worden zu sein scheint, ist zuerst in der Dritten Celano – Legende (3 C) überliefert worden und erfuhr in der Folgezeit in zahlreichen Chroniken und Textsammlungen seit dem 14. Jahrhundert Ausschmückungen und Erweiterungen. Als Kernbestand des Schreibens wird man die – im folgenden verwendete – Inhaltsangabe Celanos betrachten dürfen: Hiernach soll Franziskus kurz vor seinem Tode die Abfassung eines Briefes an seine adlige Verehrerin Jacoba dei Sette Sogli in Rom veranlasst haben. In dem Schreiben bat der Heilige die »Herrin«, sofern sie ihn noch lebend antreffen wollte, umgehend von Rom zu ihm zu kommen und verschiedene Dinge mitzubringen, die nach Meinung des Poverello für sein Sterben notwendig wären (u. a. Tücher, Kopfkissen, Kerzen). Zudem wünschte Franziskus eine spezielle Süßspeise zu erhalten, die er besonders schätzte. Ehe sich jedoch der Bote mit dem Brief auf den Weg machen konnte, traf die *Domina* nach Chronistenangabe bereits bei dem Heiligen ein und brachte mit ihrem Gefolge sämtliche Dinge mit, die er gewünscht hatte. Nach späteren Chronistenhinweisen hatte

(37) [3]Cum itaque sanctus infirmitate illa decumberet, quae, omni languore concluso, felicem *cursum* exitu beatissimo *consummavit*, paucis ante mortem diebus, voluit mittere pro domina Iacoba Romam, ut si eum quem tam ardenter dilexerat exsulem, iam ad patriam redeuntem cernere vellet, festina sollicitudine properaret. [4]Scribitur littera, quaeritur nuntius pernicitate vigens, et inventus ad iter succingitur. [5]Confestim ad portam sonus auditur equorum, militum strepitus, celebritas comitivae. [6]Procedens unus sociorum ad ostium, ille qui nuntium instruebat, quam absentem quaerebat, praesentem invenit. [...]

3 Vgl. Mt 14,27.

Jakoba danach – noch vor dem Tode des Heiligen – Gelegenheit, wie Maria Magdalena die Füße Christi geküsst hatte (Lk 7, 37 f.), so auch die mit den Wundmalen gezeichneten Füße von Franziskus zu küssen und von ihm Abschied zu nehmen.

Die *Epistola* zeigt einen großen Wirklichkeitsbezug des Heiligen sowie seine bemerkenswert menschlichen Zügen sogar in den Stunden des Sterbens, indem er zum einen Vorkehrungen für seine adäquate Beisetzung traf, zum anderen der Adligen Zugang zu seinem Sterbelager gewährte und schließlich Essenswünsche äußerte, die »allen asketischen Anschauungen« widersprachen.

Datierung: Entstehung des Briefes zwischen dem 28. September und 1. Oktober 1226.

Lat. Text von 3 C 37–38 nach FF 672 f. Dt. Übers. nach FQ 438 f. Zitat nach EO 456 Anm. 22. – Vgl. ESt 339; EO 455–457; F 522 (Reg.); Fon 240 f.; HG 223 f.; PL 422 (Reg.); FQ 142; PS 422 ff., 430–433; FF 128 ff., 158, 535 f.; L IV 180 f.

(37) [3]Als nun der Heilige an jener Krankheit daniederlag, die allem Siechtum ein Ende machte und seinen glücklichen Lauf durch ein gar seliges Ende beschloss, wollte er wenige Tage vor seinem Tod zu Herrin Jakoba nach Rom schicken: Wenn sie ihn, den sie so glühend in dieser Verbannung geliebt, noch sehen wolle, bevor er ins Vaterland heimkehre, dann solle / sie in höchster Eile kommen. [4]Der Brief wird geschrieben, ein Eilbote gesucht, und als man einen gefunden, rüstete er sich zur Reise. [5]Da hörte man plötzlich vor dem Eingang Gewieher von Pferden, Lärm von Soldaten, zahlreichem Tross. [6]Einer der Gefährten, der gerade dem Boten Anweisungen gab, ging an die Tür und fand diejenige anwesend, die er von fernher holen lassen wollte. [...]

(38) […] [2]Et ut nil desit miraculo, invenitur mulier sancta portasse quidquid ad patris portandum exsequias facta prius littera continebat. [3]Nam cinerei coloris pannum, quo recedentis corpusculum tegeretur, cereos quoque plurimos, sindonem pro facie, pulvillum pro capite et ferculum quoddam, quod sanctus appetierat detulit, et omnia quae viri huius optaverat spiritus, suggesserat Deus.

(38) [...] [2]Und dass an dem Wunder nichts fehle, fand sich, dass die heilige Frau alles mitgebracht hatte, was im eben fertiggestellten Brief als zum Leichenbegräbnis des Vaters erwünscht geschrieben worden war. [3]Ein aschgraues Tuch, das den Leib des Scheidenden bedecken sollte, auch viele Kerzen, ein Linnen für sein Antlitz, ein kleines Kopfkissen und jenes Gericht, das sich der Heilige gewünscht hatte, brachte sie; alles, wonach der Geist dieses Mannes verlangt hatte, hatte Gott ihr eingegeben.

4 Epistola s. Clarae de ieiunio scripta – Brief an Klara über das Fasten

Der nicht erhaltene Brief des Heiligen an Klara von Assisi wird von dieser in ihrem dritten Brief an Agnes von Prag erwähnt. Anlass ist deren – ebenfalls nicht überlieferte – Anfrage an Klara bezüglich der richtigen Fastenpraxis, die in Prag umstritten war und auch zu einer diesbezüglichen Intervention von Papst Gregor IX. geführt hatte.

Im ersten Teil des Briefes von Klara – hier nicht wiedergegeben – tröstet sie Agnes wegen der Zurückweisung ihrer Regel durch den Papst und mahnt sie zugleich zu einer beständigen Treue zur Armut. Erst im zweiten Teil des Schreibens antwortet Klara auf die Anfrage von Agnes, indem sie ausführlich auf die Fastenpraxis in S. Damiano eingeht, die sowohl das »eigentliche« Fasten (einmalige Mahlzeit am Tage) als auch »die Enthaltung von bestimmten Speisen« betrifft. Zugleich verdeutlicht sie, dass die »leibliche Askese« bzw. das »Opfer des Fastens [...] nur ein Zeichen für die Hingabe der eigenen Person an Gott« darstellt. Hierbei beruft sich Klara sowohl auf Ermahnungen als

[29]Super his autem, quae me iam tibi reserare mandasti, quae scilicet essent festa, [30]quae forte ut te opinor aliquatenus aestimasse in varietate ciborum gloriosissimus pater noster sanctus Franciscus nos celebrare specialiter monuisset, caritati tuae duxi respondendum:

[31]Noverit quidem tua prudentia, quod praeter debiles et infirmas, quibus de quibuscumque cibariis omnem discretionem quam possemus facere nos monuit et mandavit, [32]nulla nostrum sana et valida nisi cibaria quadragesimalia tantum, tam in diebus ferialibus quam festivis, manducare deberet, die quoli-

auch auf ein (verlorenes) Schreiben des Heiligen, der hierdurch offenbar die Schwestern vor übertriebenem Fasten bewahren wollte. Im Vergleich zum Poverello nahm Klara jedoch eine deutlich rigidere Haltung in der Fastenfrage ein, wie die entsprechenden Festsetzungen in ihrer Ordensregel verdeutlichen.

Datierung: Entstehung des Franziskus-Briefes unklar. Entstehung des Klara-Briefes wahrscheinlich nach dem 11. Mai 1238; (ältere Datierung: September 1238).

Lat. Text nach Fon 2277. Varianten nach PS 428. Dt. Übers. nach KQ 34. Zitate nach KQ 30. – Vgl. EO 454 f.; F 523 (Reg.); G. P. Freeman, in: AFH 87 (1994) 217–285; Fon 240; HG 224 f.; C. Gennaro, Chiara d'Assisi. Vicenza/Verona 2004; FQ 143; J. Mueller, A Companion to Clare of Assisi. Leiden 2010; PS 422 ff., 428 f.; FF 1799 ff., 1811–1814; KQ 13–19, 29–35 (Lit.); L IV 181 f.

[29]Nun zu den Fragen, die Du mir vorgelegt hast mit der Bitte, ich solle sie bald beantworten. [30]Gern will ich Deiner Liebe antworten, welche Festtage es sind – ich meine, Du hast dies bereits einigermaßen richtig eingeschätzt –, die unser glorreicher Vater, der heilige Franziskus, uns besonders zu feiern ermahnte, nach Möglichkeit auch durch die Abwechslung an Speisen.

[31]Jedenfalls soll Deine Klugheit wissen, dass außer den gebrechlichen und kranken Schwestern, denen wir gemäß seiner Mahnung und seinem Auftrag die größtmögliche Rücksichtnahme angedeihen lassen sollen, [32]keine von uns, die gesund und bei Kräften ist, etwas anderes als Fastenspeisen essen darf, sowohl an Wochentagen wie an Festtagen; wir fasten jeden

bet ieiunando [33]exceptis diebus dominicis et die Natalis Domini, in quibus bis in die comedere deberemus.

[34]Et in diebus quoque Iovis solitis temporibus pro voluntate cuiuslibet, ut quae scilicet nollet, ieiunare non teneretur. [35]Nos tamen sanae ieiunamus cotidie praeter dies dominicos et Natalis.

[36]In omni vero Pascha, ut scriptum beati Francisci dicit, et festivitatibus sanctae Mariae ac Sanctorum Apostolorum ieiunare etiam non tenemur, nisi haec festa in sexta feria evenirent; [37]et sicut praedictum est, semper, quae sanae sumus et validae, cibaria quadragesimalia manducamus.

Tag, [33]außer an den Sonntagen und am Geburtsfest des Herrn: an diesen Tagen sollen wir zweimal essen.

[34]Auch an den Donnerstagen der gewöhnlichen Zeit (im Jahreskreis) ist das Fasten der Entscheidung der einzelnen Schwester anheimgestellt, so dass diejenige, die nicht fasten möchte, nicht dazu verpflichtet ist. [35]Wir Gesunden aber fasten täglich, außer an den Sonntagen und an Weihnachten.

[36]An jedem Hochfest aber, so heißt es in einem Schreiben des heiligen Franziskus, sowie an den Marien- und Apostelfesten sind wir nicht zum Fasten verpflichtet, außer das Fest fällt auf einen Freitag; [37]und wie schon gesagt, essen wir Gesunden und Kräftigen immer Fastenspeisen.

5 Benedictio Fr. Bernardo data – Segen für Bruder Bernhard

Der nicht erhaltene, diktierte Brief des Heiligen ist an unbekannte Empfänger gerichtet und betrifft ein »Mandat« des Franziskus für Bruder Bernhard von Quintavalle. Hiernach war dieser der erste Gefolgsmann, der sich dem Poverello anschloss und all seinen Besitz an die Armen verschenkte. So soll der Heilige – nach dem historiographischen Rahmenbericht – kurz vor seinem Tode diesen Mitbruder zu sich gerufen und ihn gesegnet haben. Anschließend habe er einen anderen Frater zu sich befohlen und ihm folgendes »Mandat« diktiert: Im Bestreben, die besondere Bedeutung Bernhards im Orden auf Dauer zu manifestieren, verdeutlicht Franziskus in dem Schreiben zum einen die große Liebe, die er – auch wegen der »besonderen Vorzüge« des Fraters – zu diesem hegt. Zum anderen mahnt der Heilige alle Oberen sowie sämtliche Mitbrüder, Bernhard in besonderem Maße zu lieben und zu ehren.

Dieses besondere »Mandat« des Poverello für den Bruder ist – als »Segen für Bruder Bernhard« – vor allem in den großen Kompilationen des

[9]Insuper dixit uni de sociis suis: »Scribe, sicut dico tibi: Primus frater, quem dedit mihi Dominus, fuit frater Bernardus, et qui primo incepit et complevit perfectissime perfectionem sancti evangelii distribuendo bona sua omnia pauperibus; [10]propter quod et propter multas alias praerogativas teneor ipsum magis diligere quam aliquem fratrem totius religionis. [11]Unde volo et praecipio, sicut possum, ut quicumque fuerit generalis minister, ipsum diligat et honoret tamquam meipsum, ac etiam (alii) ministri provinciales et fratres totius religionis ipsum teneant vice mea«.

14. Jahrhunderts überliefert (u. a. Speculum Perfectionis Maius und Minus, Angelus Clarenus, Chronik der 24 Generalminister); hier wird die »Sammlung von Perugia« herangezogen. Ob das »Mandat« eine Fälschung – etwa aus dem Kreis um Bruder Leo von Assisi – zur »Aufwertung« der älteren Brüder gegenüber der Ordensleitung um Elias von Cortona darstellt, ist umstritten. Fraglich ist auch die »literarische Form«, in der das Werk überliefert wurde. Da jedoch anzunehmen ist, dass der Text zumindest einen echten Kern besitzen dürfte, wird das Werk hier berücksichtigt.

Datierung: Entstehung wahrscheinlich in der letzten Lebenswoche des Heiligen.

Lat. Text von Per 12 nach Fon 1487 f. Dt. Übers. nach FQ 1100 und L IV 185 f. – Vgl. ESt 338 f.; EO 451 f.; F 520 (Reg.); Fon 239; HG 228; FQ 1083–1087; PS 409 ff., 420 f.; FF 2108 (Reg.); L IV 185 f.

9Dann sagte er zu einem seiner Gefährten: »Schreib, wie ich
dir sage: Der erste Bruder, den mir der Herr gegeben hat, war
Bruder Bernhard, welcher als erster die Vollkommenheit des
heiligen Evangeliums begonnen und auf vollkommenste Wei-
se erfüllt hat, indem er all seine Güter den Armen verteilte.
10Deshalb und wegen vieler anderer Vorzüge bin ich verpflich-
tet, ihn mehr zu lieben als sonst einen Bruder des ganzen Or-
dens. 11Daher wünsche und befehle ich, so gut ich kann, dass,
wer auch immer Generalminister sei, ihn lieben und ehren soll
wie mich selbst und dass auch die [anderen] Provinzialminister
und Brüder des ganzen Ordens ihn an meiner Stelle so behan-
deln sollen«.

6 Benedictio s. Clarae et eius sororibus in scriptis missa – Segen für Klara und ihre Schwestern

Das nicht erhaltene Schreiben von Franziskus an Klara von Assisi ist – wie der als »Segen für Bruder Bernhard« überlieferte Brief – vor allem in den großen Kompilationen des 14. Jahrhunderts überliefert (u.a. Speculum Perfectionis Maius und Minus, Angelus Clarenus, Chronik der 24 Generalminister). Gemäß dem historiographischen Rahmenbericht hatte der Heilige, der selbst krank darniederlag, durch einen Bruder Nachricht erhalten von einer schweren Erkrankung Klaras und von ihrer Sorge, Franziskus in diesem Leben nicht wiedersehen zu können. Auf diese Information reagierte der Poverello wahrscheinlich sowohl durch »*sancta verba*«, die er durch Mitbrüder übermitteln ließ, als auch mit dem folgenden Schreiben. Hierin sprach er Klara zum einen von jeglicher Verfehlung gegenüber seinen Geboten und den Geboten des Sohnes Gottes frei; zum anderen stellte er in Aussicht, dass sie ihn – gemeint ist: nach seinem Tode – noch einmal sehen werde. Mit diesem Verhalten und mit dem »Trostbrief« erfüllte der Heilige somit sein Ver-

[6]Sed considerans beatus Franciscus, quoniam quod desiderabat, videlicet ipsum videre, tunc fieri non posset, quoniam uterque graviter infirmabatur, ad consolandum ipsam scripsit ei per litteram suam benedictionem [7]ac etiam absolvit ipsam ab omni defectu, si quem habuisset, in eius mandatis et voluntatibus et mandatis et voluntatibus Filii Dei.

sprechen gegenüber Klara und ihren Schwestern, immer für diese Sorge und Verantwortung zu tragen. Schließlich veranlasste er, dass nach seinem Tode sein Leichnam auf dem Wege zur Beisetzung Klara gezeigt werden sollte – was auch geschah.

Im Gegensatz zum »Segen für Bruder Bernhard« sind in der Forschung bezüglich der Authentizität des »Trostschreibens« für Klara keine gravierenden Bedenken geäußert worden, so dass im folgenden der Inhalt des Schreibens in der Überlieferung der »Sammlung von Perugia« berücksichtigt wird.

Datierung: Entstehung wahrscheinlich kurz vor dem Tode des Heiligen.

Lat. Text von Per 13 nach Fon 1491. Dt. Übers. nach FQ 1102 und KQ 800 f. – Vgl. EO 452 f.; F 523 (Reg.); Fon 239, 1491; HG 228 f.; FQ 144, 1083–1087, 1102; PS 422 ff., 430 f.; FF 2166 (Reg.); KQ 796 ff., 800 f.; L IV 186.

[6]Als aber der selige Franziskus in Betracht zog, dass das, was sie wünschte, nämlich ihn zu sehen, damals nicht geschehen konnte, weil beide schwer erkrankt waren, schrieb er, um sie zu trösten, in einem Brief seinen Segen [7]und sprach sie von jeder Verfehlung, falls sie eine hätte, gegen seine Gebote und Willensäußerungen und die Gebote und Willensäußerungen des Sohnes Gottes los.

Anhang

Zu dieser Ausgabe

Bislang gibt es im deutschsprachigen Raum keine lateinisch-deutsche Ausgabe der Werke des hl. Franziskus von Assisi; lediglich lateinisch- oder deutschsprachige Editionen dieser Texte existieren. Vorliegende zweisprachige Ausgabe trägt dieser Tatsache Rechnung und ediert bzw. übersetzt die Werke des Heiligen nach den neuesten lateinischen und deutschen Editionen.

Grundlage hierbei ist für den lateinischen Text zum einen die wegweisende Ausgabe von Kajetan Eßer OFM (*Opuscula*, in der revidierten zweiten Auflage, besorgt von Engelbert Grau OFM 1989); zum anderen werden spätere Neueditionen einzelner Werke und insbesondere die kritische Neuausgabe sämtlicher Werke des Heiligen durch Carlo Paolazzi OFM (Scritti 2010) herangezogen. Letztgenannte Ausgabe unterscheidet sich von der Edition von Eßer durch die Tatsache, dass Paolazzi hinsichtlich der Lesarten in den Handschriften oftmals die »einfachere Lesart« (*lectio facilior*) berücksichtigte, der deutsche Franziskaner jedoch zumeist der »schwierigeren Lesart« (*lectio difficilior*) den Vorzug gab. Insofern bietet die Edition des italienischen Franziskaners zumeist einen neueren, im Vergleich zur Eßer-Edition veränderten Text.

In der vorliegenden lateinischen Ausgabe wurde als Basis der Text der Eßer-Edition gewählt, der jedoch anhand der Neueditionen (insbesondere von Paolazzi) überprüft und gegebenenfalls vom Herausgeber modifiziert wird. Insofern wird im folgenden ein lateinischer Text vorgelegt, der in dieser Form bislang noch nicht existiert und nunmehr dem neuesten editorischen Stand der Werkausgaben für Franziskus entspricht.

Gleiches gilt für die vorliegende deutsche Übersetzung. Diese beruht hauptsächlich auf der Übertragung von Leonhard Lehmann OFM Cap (*Franziskus-Quellen*, 1. Aufl., Kevelaer 2009, S. 13–144, © 2009 Edition Coelde in der Butzon & Bercker GmbH, Kevelaer; 2. Aufl. 2014), die auch auf die ältere Übersetzung von Lothar Hardick OFM und Engelbert Grau OFM rekurriert (*Schriften*, [10]2001). Da sich die Übersetzung von Lehmann in den Franziskus-Quellen in beiden Auflagen zumeist auf die Eßer-Edition (mit partieller Berücksichtigung der Paolazzi-Edition) bezieht, musste auch für die vorliegende deutsche Übertragung eine neue Grundlage gewählt werden – nämlich der eben erwähnte, vom Herausgeber dieser Edition revidierte lateinische Text (u.a. aus den Editionen von Eßer und Paolazzi). Insofern bietet die deutsche Übersetzung – auf der Grundlage zumeist der Texte von Lehmann und Hardick/Grau – ebenfalls eine neue, in dieser Form bislang nicht existierende und mitunter eigene Übersetzung des Herausgebers.

Berücksichtigt wurden alle erhaltenen und mitunter auch verlorene Werke von Franziskus, während nachweisliche Fälschungen keine Aufnahme in vorliegende Edition fanden. Die strukturelle Gliederung der Ausgabe erwies sich als schwierig. Die bisherigen lateinischen, deutschen und anderssprachigen Editionen wählten höchst unterschiedliche Gliederungskriterien: So wurden zum einen die Werke in alphabetischer Reihenfolge aufgeführt (von K. Eßer und den Herausgebern der *Fontes Franciscani*), wobei spätestens in den hierauf beruhenden Übersetzungen im Vergleich zu den lateinischen Originalen Schwierigkeiten auftraten. Zum anderen gliederte man einige Ausgaben chronologisch (etwa R. J. Armstrong), ungeachtet der Tatsache, dass zahlreiche Texte von Franziskus überhaupt nicht oder nur ansatzweise datierbar sind. Schließlich erfolgte in anderen Ausgaben eine Gliederung der Werke nach literarischen Genera (etwa von L. Lehmann); doch auch hier gab es Probleme, da sich verschiedene Texte diesbezüglich nicht immer genau zuordnen lassen.

In vorliegender Ausgabe werden andere Gliederungskriterien gewählt, die eine kompromisshafte Lösung des Problems ermöglichen sollen. Leitende Gesichtspunkte für die Textanordnung sind sowohl die Kommunikationsbezüge der Werke hinsichtlich der Adressaten als auch die verwendeten literarischen Genera. So wird die Ausgabe in fünf große Sektionen geteilt, die ihrerseits (soweit wie möglich) chronologisch strukturiert sind. So finden in der ersten Sektion normative Texte Berücksichtigung: Diese regeln u.a. die innere Ordnung im Orden und dessen Stellung in Kirche bzw. Welt und bilden die normativen Grundlagen für das gesamte Werk. In der zweiten Sektion folgen Texte, die verstärkt die Kommunikation des Heiligen zur Welt betreffen, d.h. vor allem Briefe, die an die Öffentlichkeit, an die Brüder im Orden oder an andere Einzelpersonen gerichtet waren. In der dritten und vierten Sektion werden vor allem Texte ediert, die besondere Bedeutung für die Frömmigkeit des Heiligen und seine Spiritualität besitzen. Diese Werke umfassen zum einen Geistliche Weisungen, die Mitbrüdern sowie Klara von Assisi gegeben wurden; zum anderen zahlreiche Gebete des Heiligen (von der ersten Oratio vor dem Kruzifix in San Damiano bis hin zum Sonnengesang). Die letzte, fünfte Sektion enthält sogenannte Fragmente, d. h. Texte von Franziskus, die mitunter nur indirekt oder in Bruchstücken überliefert sind. Die genaue Datierung der Werke ist nicht in jedem Falle möglich; die gewählten Datierungen orientieren sich am neuesten internationalen Forschungsstand.

Aus pragmatischen Gründen wurde auf weitergehende Eingriffe in die Texte verzichtet. Korrekturen und Ergänzungen des Herausgebers wurden in den lateinischen wie deutschen Texten (zumeist auf Basis der Editionen von Eßer und Lehmann) in Klammern [...] eingefügt. Runde Klammern (...) wurden aus den genannten Textvorlagen übernommen. Weitgehend beibehalten wurde die bisherige Schreibweise der lateinischen Editionen sowie die hierbei verwendete Groß- und Kleinschreibung; gleiches gilt für die Interpunktion, die sich zumeist an den Textvorlagen orientiert. Vereinheitlicht wurde hingegen sowohl die Satzeinteilung als auch die Gliederung der Texte durch Absätze. Hier wurde aus Gründen der besseren Übersichtlichkeit und Vergleichbarkeit die Einteilung in Absätze oftmals auch im lateinischen Text nach der Gliederung der deutschen Übersetzung vorgenommen.

Jeder einzelne Text wird in einer eigenen Einleitung eingeführt, wobei Fragen der Entstehung des Werkes, seiner Datierung, seiner Überlieferung und seiner Bedeutung für den Heiligen bzw. seinen Orden in knapper Form behandelt werden. Die wichtigste, für den entsprechenden Text relevante und verwendete Literatur wird in jeweils einer Anmerkung am Ende der diesbezüglichen Einführung unter Verwendung von Siglen genannt. Weiterführende Literatur findet sich im allgemeinen Literaturverzeichnis. Die Kommentierung der Texte durch den Herausgeber beschränkt sich weitgehend zum einen auf den Nachweis der zahlreichen Bibelzitate, wobei der lateinische Text nach der Vulgata, der deutsche Text nach der Einheitsübersetzung der Heiligen Schrift zitiert wird. Die einzelnen Bücher der Bibel werden unter Verwendung der diesbezüglich üblichen Abkürzungen genannt. Die Bibelzitate sind im lateinischen Text kursiviert und in den Fußnoten nachgewiesen. Zum anderen werden vom Herausgeber zum deutschen Text (im Anhang) sowohl Hinweise zu Überlieferungs- und Übersetzungsproblemen hinsichtlich des jeweiligen Werkes als auch Erläuterungen bzw. Kommentare zu einzelnen Begriffen, Sachverhalten etc. gegeben. Hierdurch soll deren Verständnis für den Leser erleichtert werden; selbstverständlich wird hierbei kein Anspruch auf Vollständigkeit erhoben. Überaus hilfreich bei der Kommentierung waren die Sachhinweise in den erwähnten Editionen und insbesondere in der Übersetzung von L. Lehmann, die vielfach vom Herausgeber dankbar verwendet wurden.

Kein Anspruch auf Vollständigkeit wird auch für das Quellen- und Literaturverzeichnis erhoben, in dem lediglich wichtige neuere und für den Leser leicht zugängliche Werke genannt werden. Ansonsten wird auf die diesbezüglichen bekannten Bibliographien – insbesondere auf die *Bibliographia Franciscana* – verwiesen. Die Edition wird – nach einer Zeittafel mit den wichtigsten Daten zum Leben des Poverello – von einem Nachwort abgeschlossen, in dem die wichtigsten Reformanliegen und Zielsetzungen des Heiligen bei der Konzeption und Entwicklung der franziskanischen Lebensform sowie deren Weiterentwicklung nach dem Tode von Franziskus erläutert werden.

Anmerkungen

I Regeln und Testamente

1 *Forma vivendi s. Clarae data – Lebensform für Klara und ihre Schwestern*

[Titel] *Lebensform:* (lat. *forma vivendi/vitae*) »schriftlich festgelegte Lebensform einer religiösen Gemeinschaft, die (noch) nicht einer approbierten Ordensregel [...] folgt« (KQ 1556). Hier auch ein »geistliches Dokument« mit Betonung der spirituellen Anliegen der Klarissen-Gemeinschaft (HG 133).

1 *Vollkommenheit des heiligen Evangeliums:* (lat. *perfectio evangelica*) mit Bezug zu Mt 19,21 (Nachfolge Jesu), u.a. von großer Bedeutung für die sog. Armutsbewegung im 12. Jahrhundert (FQ 68; FF 106).

2 *Aufmerksamkeit hegen:* mit korrespondierender Gehorsamsverpflichtung der Klarissen gegenüber den Nachfolgern von Franziskus (KQ 57).

2 *Regula non bullata – Nicht-bullierte Regel*

[Prol.],2 *(des Evangeliums Jesu Christi):* Interpolation von Angelus Clarenus (FF 61).

[Prol.],3 *Ordens:* (lat. *religio*) wie »*ordo*« Bezeichnung für kirchlich anerkannten Orden; bei Franziskus alternativ verwendet zu »Bruderschaft« (*fraternitas*) (FQ 1717).
Innozenz: Papst Innozenz III. (1198–1216).

2,2 *Minister:* (lat. *minister*) Bezeichnung eines franziskanischen Oberen (Provinzial- und General-Minister) mit Betonung seiner »dienenden« Funktion (*ministrare*) (DF 967–996; FQ 1720).

2,8 *Kutten ohne Kapuze:* (lat. *tunica*) Kutte vom Hals bis zu den Füßen (bei Franziskus in Kreuzform) (KQ 1566 f.).
Kaparon: (lat. *caparon*) Umhang über der Kutte (bis zur Hüfte) (FQ 1718; KQ 1558).
Gürtelstrick: (lat. *cingulum*) Kordel, kein Ledergürtel (FQ 70 Anm. 14).

2,9 *Gehorsam:* zum Begriff vgl. HG 273–288.

2,10 *entsprechend der Anordnung des Herrn Papstes:* Einführung des Noviziats im Orden durch Papst Honorius III. durch Bulle *Cum se-*

cundum consilium (22.9.1220) – dt. Übers. in FQ 1620 f. (Vgl. FQ 71 Anm. 15; FF 63 Anm. 6).

3,9 *ein Buch zu haben:* zum Spannungsverhältnis von Buchbesitz und Armutspostulat vgl. BA Kap. 4; C. Paolazzi, in: AFH 97 (2004) 3–59, hier 14 ff.

4,2 *Orte:* (lat. *loca*) Orte, Niederlassungen – »Stätte[n], wo die Brüder weilen« (DF 901 ff.; FQ 1720).

4,6 *Minister und Diener:* (lat. *ministri et servi*) franziskanische Oberen-Bezeichnung; s. o. Anm. zu 2,2.

5,12 *der Jüngere:* »*junior*« (PS 250) statt »*minor*« (Eßer).

6,3 *Prior:* in »alten Orden« Stellvertreter des Abtes bzw. Oberer eines Priorats (FQ 1721).

Mindere Brüder: Bezeugung dieses Namens für 1216 durch Jakob von Vitry (FQ 1534).

7,1 *Kellermeister:* (lat. *camerarii/cancellarii*) Funktionsträger in Geld- bzw. Stadt-Verwaltung o. ä.

7,3 *arbeiten:* zum Arbeitsbegriff vgl. DF 821–836.

7,11 *Müßiggang ist der Seele Feind:* so bereits in Benediktsregel (FB Kap. 48, 1).

7,14 *gütig aufgenommen:* Hs. Worcester Satz 14: »[…] Feind, sie sollen mit ihnen in keiner Weise streiten« (HG 118; FQ 76 Anm. 35).

8,3 *Geld oder Münzen:* zur Bewertung von Geld durch Franziskus vgl. DF 329–342.

8,7 *Geldbeutel:* Hinweis auf Judas.

9,13 *Schaubrote:* ungesäuerte Brotkuchen aus Weizenmehl (Lev 24,5–6).

9,16 *Not hat kein Gebot:* Vgl. Decretum Gratiani, P. II. C. q.1 Glosse vor c. 40 (FQ 78 Anm. 49; FF 71 Anm. 30).

10,4 *den Leib mehr liebt als die Seele:* zur Haltung des Heiligen zum Körper und zu Krankheiten vgl. DF 253–266.

12,2 *oder … essen:* Satzteil »oder … essen« fehlt in Edition Paolazzi (PS 262).

12,3 f. *Die Priester sollen ehrbar mit ihnen sprechen …, mag sie Buße tun, wo sie will:* betr. Entstehung des sog. Dritten Ordens (Terziaren).

12,6 f. *Und der Apostel … den wird Gott vernichten:* Sätze 6–7 fehlen in Edition Paolazzi (PS 262).

13,1 *Habit:* (lat. *habitus*) Ordenskleid.

14,1 *Geld noch Stab:* Hs. Worcester Satz 1: »[...] Stab noch Schuhe« (HG 115; FQ 81 Anm. 59).

15,2 *Pferd zu reiten:* Reiten auf einem Esel war gestattet, das Reiten zu Pferde – als Ausweis der Zugehörigkeit zu einem höheren sozialen Stand – verboten.

16,3 *Sarazenen:* (lat. *saraceni*) Sammelbegriff sowohl »für alle Araber u. Muslime« als »auch für Nicht-Christen im allgemeinen« (FQ 1721).

17,17–19 *Und alles Gute ... in Ewigkeit:* Die Anordnung der Absätze folgt hier der Gliederung in den lat. Editionen EO 392 f. und PL 270.

17,19 *in Ewigkeit:* In einigen Handschriften wird »*Amen*« ergänzt – wahrscheinlich ein Hinweis, dass hier ursprünglich die Regel endete (FQ 84 Anm. 72).

19,1–2 *Alle Brüder sollen katholisch sein ... ausgestoßen werden:* entspricht Konstitutionen (1–3) des IV. Lateran-Konzils (1215) (FQ 85 Anm. 74).

20,3 *ihrem Bruder beichten:* Laienbeichte – vgl. HG 312–315.

21,1 *mit Gottes Segen:* Hs. Worcester Satz 1: »[...] mit dem Segen Gottes und der Erlaubnis ihres Ministers« (HG 117; FQ 85 Anm. 78).

21,2–9 *Fürchtet ... bis ans Ende:* Die Anordnung der Absätze folgt hier der Gliederung in den lat. Editionen EO 394 f. und PS 274.

21,6 *Menschen ihre Sünden:* »Menschen ihre Sünden« – fehlt in Edition Paolazzi (PS 274).

22,11–17 *was der Herr im Evangelium sagt:* im folgenden ein kaum entwirrbares Netz von Bibelzitaten nach Lk 8,11–15; Mk 4,14–20; Mt 13,19–23. Vgl. FQ 87 Anm. 87; PS 276 ff.

22,41 *»Vater, verherrliche ... dich verherrliche«:* Johannes-Zitat fehlt in Edition Paolazzi (PS 280).

23,1–11 *Allmächtiger ... Amen:* Die Anordnung der Absätze folgt hier der Gliederung in den lat. Editionen EO 399 ff. und PS 282 ff.

23,7 *Akolythen:* Aufzählung der sog. Niederen Weihen (*ordines minores*); vgl. LThK X, 1015.

alle Kinder und Kleinen: (lat. *parvuli*) wahrscheinlich Hinweis auf sog. *pueri oblati*, d. h. Knaben, »die von ihren Eltern Gott geweiht und einem Kloster übergeben wurden« (L IV 116 Anm. ag; vgl. LThK VII, 963 f.).

die enthaltsamen: »Frauen, die Keuschheit gelobt haben, ohne in ein Kloster einzutreten« (u. a. Beginen genannt) (FQ 91 Anm. 96).

3 *Regula bullata – Bullierte Regel*

[vor 1] *Honorius:* Papst Honorius III. (1216–1227).
Innozenz: Papst Innozenz III. (1198–1216).
gutgeheißen wurde: Vgl. NbR Einleitung.

2,4 *Erlaubnis gegeben haben:* Vgl. Decretum Gratiani 22, CXXVII, q. 2 (Sai 100 Anm. b).

2,9 *Kleidung:* zur Kleidung vgl. Anm. zu NbR Kap. 2.

2,14 *Gehorsam schon versprochen haben:* d. h. nach der Profess.

3 [Überschr.] *Fasten:* Vgl. zum folgenden NbR Kap. 3.

3,1 *Kleriker:* d.h. nicht nur Priester, sondern alle zum Klerikerstand Gehörige (FQ 96 Anm. 10).
Psalter: Verwendung des Psalterium Gallicanum und nicht des Psalterium Romanum (HG 167 Anm. 19; LThK VIII, 703f.; FQ 96 Anm. 12).

3,2 *Breviere:* »liturgisches Buch [...], das die für Kleriker und Ordensleute verpflichtenden [...] Gebete [etc.] enthält« (FQ 1715. Vgl. LThK II, 686; FF 91 Anm. 7).

3,10 *Ich rate aber meinen Brüdern:* Vgl. zum folgenden NbR Kap. 11, 14–15.

3,12 *Und sie dürfen nicht zu Pferd reiten:* Vgl. NbR Anm. zu 15,2.

4,1 *Ich gebiete allen Brüdern streng:* Vgl. NbR Kap. 8.

4,2 *Doch für die Bedürfnisse ... Gegenden:* so schon Benediktsregel 55, 1–2 (FB 130 f.).

5,1 *Jene Brüder ... arbeiten zu können:* Vgl. NbR Kap. 7.

6 [Überschr.] *Dass die Brüder ... kranken Brüdern:* Vgl. NbR Kap. 9–10.

7 [Überschr.] *Von der Buße ... werden soll:* Vgl. NbR 5; 20.

7,2 *wenn sie Priester sind:* Hinweis auf noch nicht abgeschlossene Klerikalisierung der Ämterstruktur im Orden. – Vgl. BA Kap. 1.

8,1 *Die Brüder in ihrer Gesamtheit sollen ... Bruderschaft zu haben:* Vgl. NbR Kap. 18. – Zur Organisations- und Ämter-Struktur im Orden vgl. HG 321–330.

8,2 *Kustoden:* anfangs Oberer »einer Gruppe von Konventen, die noch nicht zur Provinz erhoben worden sind« (L IV, 121 Anm. c), später »Verantwortlicher für eine Region einer Ordensprovinz« (Kustodie) (FQ 1719).

9 [Überschr.] *Von den Predigern:* Vgl. NbR Kap. 17.

9,1 *Die Brüder dürfen ... untersagt worden ist:* Vgl. Konst. 3 des IV. Lateran-Konzils (1215) (FQ 99 Anm. 30).

10 [Überschr.] *Von der Ermahnung und Zurechtweisung der Brüder:* Vgl. NbR Kap. 22.

10,8 *Wissenschaften zu lernen:* Vgl. NbR 3, 7–9. – Zur sich wandelnden Bedeutung von Bildung und Studium im Orden vgl. BW; BA Kap. 4–5.

11,1 *Ich befehle ... mit Frauen zu haben:* Vgl. NbR Kap. 12.

12 [Überschr.] *Von denen, die ... gehen:* Vgl. NbR Kap. 16.

12,1 *Jene Brüder, die ... gehen wollen:* zur Franziskanermission vgl. BA Kap. 3; DF 1007–1022.

12,3 *in Schutz und in Zucht nehme:* Kardinalprotektor (LThK V, 1231 f.) – zuerst (1220) Kardinal Hugolin von Ostia (später Papst Gregor IX., 1227–41).

12 [nach 4] *im 8. Jahre Unseres Pontifikates:* im Jahr 1223.

4 *Regula pro eremitoriis data – Regel für Einsiedeleien*

1 *in Einsiedeleien verweilen wollen:* (lat. *religiose stare in eremis*) – dt. auch: »Ordensleute, die in Einsiedeleien haltmachen«. Hinweis auf die temporäre Unterbrechung der Wanderpredigertätigkeit früher Franziskaner durch Aufenthalt in Eremitorien (vgl. HG 206 Anm. 8).

2 *Martha / Maria:* Vgl. hierzu das unterschiedliche Wirken von Martha und Maria beim Besuch Jesu – Lk 10,38–42.
geschlossenen Bezirk: (lat. *claustrum*) – hier nicht »Kloster«, sondern lediglich »abgeschlossener Bezirk« (HG 206 Anm. 9; FQ 103 Anm. 2).
Zelle: (lat. *cellula*) – hier nicht »Klosterzelle«, sondern lediglich ein Raum (Grotte, Hütte o.ä.) als »Unterschlupf« für einen Bruder (HG 206 Anm. 10; FQ 103 Anm. 3).

10 *Die Söhne aber sollen ... übernehmen:* Zum Rollenwechsel vgl. PS 345 Anm. 5; FF 105 Anm. 5.

5 *Testamentum Senis factum – Das Testament von Siena*

3 *Vermächtnis:* (lat. *testamentum*) letztwillige Verfügung.

6 Testamentum – Das Testament

5 *»Wir beten dich an ... heiliges Kreuz die Welt erlöst hast«:* Vgl. Offizium zu Kreuzerhöhung, 14. September (HG 217 Anm. 6; PS 395 Anm. 4).

13 *die Gottes heiligste Worte mitteilen:* (lat. *ministrant*) hier: Prediger.

15 *Und ich habe es mit wenigen Worten ... bestätigt:* Vgl. Einleitung NbR.

16 *Und ... samt Strick und Hosen:* Vgl. NbR Kap. 2.

20 *eine Handarbeit:* (lat. *laboratorium*) Handarbeit auf dem Feld, zumeist in Naturalien entlohnt (HG 218 Anm. 8; FQ 60 Anm. 10).

22 *Tisch des Herrn:* (lat. *mensa Domini*) Altartisch (FQ 60 Anm. 11; L IV 77 Anm. g).

23 *»Der Herr gebe dir Frieden!«:* Vgl. NbR Kap. 14; BR Kap. 3.

31 *Kustos:* Oberer einer Region einer Ordensprovinz – Kustodie (FQ 1719).

33 *Herrn von Ostia:* Hugolin von Ostia, Kardinalprotektor des Ordens (s. o. BR Anm. zu 12,3).

38 *Erklärungen zur Regel:* (lat. *glossa*) Erläuterung zur Bibel oder zum Kirchenrecht (LThK IV, 753 f.).
»So wollen sie verstanden werden«: Vgl. dagegen die päpstliche Aufhebung des Glossierungsverbotes u. a. durch die Bulle *Quo elongati* Gregors IX. (1230). – Dt. Übers. der Bulle in FQ 1636–1641.

II Briefe

Rundschreiben an die Öffentlichkeit

1 Epistola ad clericos (Rec. 1–2) – Der Brief an die Kleriker (1. und 2. Fassung)

1 *wir Kleriker:* Selbstbezeichnung des Diakons Franziskus.

4 *heiligsten Geheimnisse:* spätere Fassung: »hochheilige Dienste« (HG 70).
in unerlaubter Weise: spätere Fassung: »unterschiedslos« (HG 70).
Korporalien: (lat. *palla corporalis*) Leinentuch, »auf dem in der Eucharistiefeier u. auch bei der Kommunionspendung außerhalb der Messe die Patene mit dem eucharist. Leib des Herrn ruht« (LThK II, 1316).

5 *an ungeziemenden Orten hingelegt:* fehlt in späterer Fassung.

11 *Und wo immer … verschlossen werden:* Rekurs auf Kan. 20 des IV. Lateran-Konzils (1215) – (Sai 53 Anm. c).

13 *Die Kleriker insgesamt … zu beobachten:* Satz 13 in späterer Fassung: »Und wir wissen, dass wir dies alles vor allem anderen beobachten müssen nach den Geboten des Herrn und den Bestimmungen der heiligen Mutter Kirche« (HG 71). – Diese Fassung berücksichtigte u. a. das Schreiben von Papst Honorius III.: »*Sane cum olim*« bzw. »*Expectavimus hactenus*« (23. November 1219) (Sai 55 Anm. a).

2 *Epistola ad fideles (Recensio prior) – Der erste Brief an die Gläubigen*

[Überschr.] *Der erste Brief an die Gläubigen / Dies sind Worte … vom Herrn:* Die Überschrift wurde – gegen Edition Eßer (EO 178) – im lateinischen und deutschen Text nach Cod. Volterra eingefügt und die willkürliche Ergänzung des Untertitels (*Exhortatio ad fratres et sorores de Poentientia*) durch Eßer weggelassen. – Vgl. Lehmann, in: FQ 123 mit Anm. 2.

1,2 *ihr verkehrtes Ich:* (lat. *corpora eorum*) ihre Leiber.

1,7 *Geschwister:* (lat. *fratres*) wörtl. »Brüder«; von Lehmann übersetzt mit »Geschwister« (FQ 124 Anm. 4).

1,12 *Tröster:* (lat. *paraclitum*) korrigiert aus »*praeclarum*« (EO 179); Begründung in FQ 124 Anm. 5.

1,14–19 *»Heiliger Vater … Amen«:* zur freien Zitation von Joh 17 durch Franziskus (in Sätzen 14–19) vgl. FQ 124 Anm. 7.

2,14 *Eitelkeiten dieser Welt:* zum Verständnis von »*saeculum*« bei Franziskus vgl. DF 1673–1686.

2,19 *Duft:* »Wohlgeruch« als »Zeichen des Lebens, ja Gottes« (HG 57 Anm. 14).

2,22 *Und die das nicht tun … Rechenschaft ablegen müssen:* Ähnliche Hinweise finden sich in anderen Schreiben des Heiligen und in NbR 4,6 (HG 58 Anm. 16; FQ 126 Anm. 16).

3 *Epistola ad fideles (Recensio posterior) – Der zweite Brief an die Gläubigen*

[Prol.],1 *Allen Christen überall:* zur Entstehung des »Dritten Ordens« vgl. SB 411–438.

[Prol.],2 *Duft:* Vgl. 1 Gl 2 Anm. zu 2,19.

1 [Überschr.] *Vom Wort des Vaters:* Sämtliche Kapitelüberschriften fehlen in der Edition Eßer. Die Überschriften im vorliegenden lat. Text werden aus der Edition Paolazzi (PS) und in der dt. Übers. von Lehmann (FQ) übernommen. Unterschiedliche inhaltliche Akzente sind hierbei unvermeidlich.

1,5 *Er, der reich war, … seiner Mutter:* ältere dt. Übers. von Satz 5: »Und er wollte, obwohl er reich war über alle Maßen, selber […]« (HG 60); vgl. aber die Kritik von Lehmann (in FQ 128 Anm. 7), dessen Text hier übernommen wird.

4,24 *unterscheidet:* (lat. *discernit*) Vgl. Fähigkeit zur Unterscheidung (*discretio*) – DF 413–432.

6,32 *wir müssen katholisch sein:* evtl. abgrenzender Hinweis auf die Fastenpraxis der als »häretisch« betrachteten Katharer (HG 62 Anm. 4).

7,37 *Wir müssen … aus dem Herzen:* Satz 37 wird in der Edition Paolazzi (PS 192) in Kap. 6, in der dt. Übers. von Lehmann (FQ 130) in Kap. 7 aufgeführt.

unseren Leib: (lat. *corpora nostra*) hier: sündhaftes Ich – vgl. u.a. Erm Kap. 7 Anm. zu 7,4; 12,2; 14,3.

8,41 *Und kein Mensch soll … begangen wird:* Satz 41 wird in Edition Paolazzi (PS 192) in Kap. 7, in der dt. Übers. von Lehmann (FQ 131) in Kap. 8 aufgeführt.

8,42 *Wem aber der Gehorsam anvertraut ist:* d.h. Inhaber eines Oberen-Amtes (FQ 131 Anm. 13).

9,47 *Untergebene jeder menschlichen Kreatur sein:* zum umfassenden Verständnis von »Gehorsam« durch den Heiligen vgl. HG Teil III, Kap. 5; DF 1111–1132.

10,50 *Geschwister:* Vgl. oben 1 Gl Anm. zu 1,7.

10,55 *Tröster:* Vgl. oben 1 Gl Anm. zu 1,12.

10,60 *in deinem Reich:* Vgl. oben 1 Gl Anm. zu 1,14–19.

10a,61 f. *Um seinetwillen … Amen:* Sätze 61–62 sind in der Edition Paolazzi (PS 196) in einem eigenen, neuen Kapitel zusammengefasst worden. Zur besseren Vergleichbarkeit wurde diese Einteilung auch in der vorliegenden dt. Übers. (gegen FQ 133) übernommen.

12,72 *der Tod naht:* im folgenden ausführliche Darstellung einer Sterbeszene, die bei 1 Gl 2,14 fehlt.

13,86 *Im Namen ... Amen:* Satz 86 fehlt in Edition Paolazzi (PS 200).

13,87 *Die nicht ... Herrn Jesus Christus ablegen müssen:* Satz 87a – wiederholender Einschub von 1 Gl 2, 20–22, der in der Edition Eßer als spätere Hinzufügung fortgelassen wurde (EO 206, 213).

4 *Epistola ad populorum rectores – Der Brief an die Lenker der Völker*

1 *Bürgermeistern:* (lat. *potestas*) Podestà – »Amtsträger, der in alleiniger Kompetenz die it. Stadtkommune regierte und das Kollegium der Konsuln ersetzte« (LMA VII, 30).
Konsuln: (lat. *consules*) regierende Beamte in italienischen Städten (Kommunen) des Mittelalters (LMA V, 1409 ff.).
Heil und Frieden: Vgl. den franziskanischen Gruß »*Pax huic domui*« (u.a. in NbR 14, 2; BR 3, 13) bzw. heute: »*Pace e bene*« (FQ 136 A. 5).

4 *Und wenn der Tag ... weggenommen werden:* evtl. eine Reminiszenz des Heiligen an seine Erlebnisse im Zusammenhang mit den Kämpfen um Damiette (August 1219) – vgl. Sai 58 Anm. c.

7 *Herold:* nach der Orientreise des Heiligen evtl. sein Hinweis auf die tägliche mehrfache muslimische Gebetsaufforderung (*salât*) bzw. auf den Muezzin (EO 274; Sai 59 Anm. a).
Gott, dem allmächtigen Herrn ... erweisen: zu möglichen interreligiösen Intentionen des Heiligen in diesem Schreiben vgl. L. Lehmann, in: Laur 25 (1984) 310 ff.

Rundbriefe an die Brüder im Orden

1 *Epistola ad custodes [I] – Der erste Brief an die Kustoden*

1 *Allen Kustoden:* Schreiben nicht allein an die Kustoden (als Leiter einer Kustodie), sondern an alle Oberen im Orden gerichtet (HG 327 ff.; FQ 111).

3 *Korporalien:* Vgl. 1 Kler Anm. zu 4.
Die Kelche ... in kostbarer Ausführung haben: Vgl. ähnliche Forderungen in 1 Kler 4 ff.

4 *Weisung der Kirche:* Vgl. 1 Kler Anm. zu 11.
Unterscheidung: (lat. *discretio*) Fähigkeit zur Unterscheidung (vgl. DF 413–432).

8 *dem allmächtigen Gott vom gesamten Volk auf der ganzen Erde:* zu möglichen interreligiösen Intentionen von Franziskus auch in diesem Schreiben vgl. Lenk, Anm. zu 7.

9 *Verantwortung:* (lat. *custodia*) hier: behütende Fürsorge (für die Brüder).

2 *Epistola ad custodes [II] – Der zweite Brief an die Kustoden*

1 *Allen Kustoden:* Vgl. 1 Kust Anm. zu 1.

4 *Briefe ... den anderen Klerikern geben:* Hinweis auf den Brief an die Kleriker (Kler).

6 *Bürgermeistern, Konsuln und Statthaltern:* Hinweis auf die Adressaten des »Briefes an die Lenker der Völker« (Lenk).
Von dem anderen Brief ... öffentlich verkündet werden: Vgl. Lenk, Anm. zu 7 und EO 175.

3 *Epistola toti Ordini missa – Der Brief an alle Brüder oder den gesamten Orden*

[Prol., Überschr.] *Der Brief an alle Brüder oder den gesamten Orden:* zur These einer angeblichen Abhängigkeit dieses Briefes vom päpstlichen Schreiben *Quia populares tumultus* von Honorius III. (3. Dezember 1224) vgl. Sai 116, 561 ff.

[Prol.],2 *Allen geehrten und sehr zu liebenden Brüdern:* In einigen Handschriften wurde fälschlicherweise Elias von Cortona, franziskanischer Generalminister (1232–1239), als Adressat bezeichnet. – Zu Elias vgl. BA Kap. 1, 477 (Reg.).
dem Bruder [H.] ... die ihm folgen werden: Adressaten des Schreibens sind sämtliche Brüder und der gegenwärtige bzw. alle zukünftigen Generalminister des Ordens. – Die Bezeichnung »H« dient in den Handschriften als Chiffre für den gegenwärtigen und zukünftigen Generalminister, ohne dass hiermit zwingend Elias von Cortona gemeint sein müsste.

[Prol.],5 *Hört, ihr Söhne des Herrn:* zu Parallelen zur Benediktsregel vgl. FQ 114 Anm. 2.

2,17 *in äußerlichen Dingen:* (lat. *in corporalibus*) auch: in irdischen Dingen (HG 91 Anm. 15).

3,30 *Ritus:* (lat. *forma*) auch: Vorschrift (der Kirche) (vgl. FQ 117 Anm. 11).

3,31 *aus Liebe zur Liebe:* (lat. *per amorem caritatis*) auch: »aus Liebe zu Gott, der die Liebe ist (vgl. 1 Joh 4,16)« (FQ 117 Anm. 12).

3,33 *kennt keine Verminderungen:* Vgl. *Exultet* der Osternacht (HG 92 Anm. 17; FQ 117 Anm. 13).

4,34 *zum Dienste Gottes bestellt:* Vgl. B. Holter, Zum besonderen Dienst bestellt [...]. Werl 1992.

4,36 *so ehren sie ... den Herrn:* Vgl. 1 Kler 4 ff.

5,38 *[H.]:* Vgl. oben Anm. zu 2. – Einige Handschriften lösen die Chiffre »H« mit »Helias« (Elias von Cortona) auf. Vgl. auch Sätze 40 und 47.

5,39 *unwissend und ungebildet bin:* zur Bildung des Heiligen vgl. BW 43 ff.; BA 52 ff.; SB 199–218. – Vgl. allgemein DF 1687 ff.

6,41 *auf dass die Stimme ... der Geist aber mit Gott:* Vgl. auch Benediktsregel 19,5–7 (FB 74 f.).

6,45 *Zucht:* (lat. *disciplina*) hier: Vorschrift (FQ 119 Anm. 23 mit weiteren Belegen).

7 [Überschr.] *Gebet:* zur Interpretation dieses Gebetes vgl. L II, Kap. 12.

Briefe an Einzelpersonen

1 Epistola ad fratrem Leonem – Brief an Bruder Leo

1 *Bruder Leo:* Leo von Assisi (* Ende 12. Jh. – † nach 1278), »Vertrauter, Sekretär und Beichtvater von Franziskus« (LMA V, 1882).
Heil und Frieden: zum franziskanischen Gruß vgl. Lenk Anm. 3.

2 *Alle Worte ... weil ich dir so rate:* ältere Übers. von Satz 2: »[Rat] – und wenn es dir nachher (doch) nottut, um einen Rat zu mir zu kommen – so also rate ich dir« (HG 82). – Vgl. dagegen die Korrekturen durch Bartoli Langeli, Scritti 141 ff.

3 *so tut es:* veränderte Anrede des Adressaten.

4 *[...]:* Name »Leo« in Editionen Eßer (EO 222) und Bartoli Langeli (145) genannt, bei Paolazzi (PS 158) und in dt. Übers. von Lehmann gestrichen (FQ 107). – Andere Auflösung bei Ll 198.

2 *Epistola ad fratrem Antonium – Brief an Bruder Antonius*

1 *Bruder Antonius:* Antonius von Padua (geb. als Fernando Martim de Bulhões am 15. August 1195 in Lissabon, † 13. Juni 1231 in Arcella b. Padua), Theologe, Prediger, Heiliger – als »*Doctor evangelicus*« Kirchenlehrer (LThK I, 791 f.; LMA I, 732 f.).
Bischof: Bischofs-Titel, um sowohl die Ehrfurcht des Poverello vor der »Gottesgelehrtheit« des Antonius als auch vor dem Lehr-Amt zu verdeutlichen, das besonders Bischöfe nach den Mahnungen des IV. Lateran-Konzils wahrzunehmen hatten (FQ 108 Anm. 1).

2 *die heilige Theologie vorträgst:* Antonius fungierte zwar nicht als erster »offiziell« bestellter, ordensinterner Lehrer der Theologie, dennoch trug er durch seine Tätigkeit mit zur Ausbildung eines eigenen »Studienwesens« im Franziskanerorden bei. – Vgl. ausführlicher BW 43 ff., 233 (Reg.); BA Kap. 4–5, 475 (Reg.); HG 299 ff.; DF 1687–1706.
Hingabe: (lat. *devotio*) auch: Gottverbundenheit. – Vgl. HG 303 ff.; FQ 1716.
wie es in der Regel steht: Vgl. BR 5, 2.

3 *Epistola ad quendam ministrum – Brief an einen Minister*

2 *Anliegen deiner Seele:* im folgenden Antwort des Heiligen auf die Anfrage eines Ministers.

12 *Guardianen:* »Oberer eines Hauses oder einer Gruppe von Brüdern« (FQ 1717).

13 *Pfingstkapitel:* bis 1221 zu Pfingsten durchgeführtes Generalkapitel aller Brüder; danach – aus organisatorischen Gründen – nur noch Kapitel der Provinzialminister (ESt 327, vgl. DF 129–156).
Rat der Brüder: Veränderung der Ordensregel somit unter Mitwirkung der Brüder.

16 *Kustos:* Vgl. BR Kap. 8 Anm. zu 8,2.

19 *so möge er seinem Bruder beichten:* Laienbeichte – vgl. NbR Anm. zu 20,3.

22 *Und mit Gottes ... zu ergänzen:* Hinweis auf die kontinuierliche Entwicklung der Ordensregel – auch unter Mitwirkung der Brüder.

III Geistliche Weisungen

1 *Admonitiones – Ermahnungen*

3,3 *Vorgesetzten:* (lat. *praelatus*) Oberer.

5,1 *erhabene Würde:* (lat. *excellentia*) herausragende gesellschaftliche Stellung (vgl. FQ 48 Anm. 8).

5,8 *Schwachheiten:* (lat. *infirmitas*) auch: Krankheit (HG 103 Anm. 8).

6 [Überschr.] *Von der Nachahmung des Herrn:* Überschriften-Variante: Lat. »*De sequela Domini*« – Über die Nachfolge des Herrn (PS 360).

7,4 *Ich:* (lat. *corpus*) wörtl.: Leib.

9,1 *Der Herr sagt: »Liebt … verleumden«:* Autorschaft von Franziskus für diesen Textabschnitt fraglich (EO 111; FQ 49 Anm. 14).

12,2 *sein [Ich]:* (lat. *caro*) wörtl.: (sein) Fleisch (HG 105 Anm. 14).

12,3 *minderer:* (lat. *minor*) minder – evtl. Hinweis auf den franziskanischen Ordensnamen »*Fratres minores*« (HG 105 Anm. 15; FQ 50 Anm. 18).

14,3 *ihrem [Ich]:* (lat. *corporibus*) wörtl.: ihren Leibern.

15,1 *Selig die Friedfertigen … genannt werden:* Zitat fehlt in zahlreichen Handschriften – möglicherweise ein Abschreibefehler (FQ 51 Anm. 19).

20 [Überschr.] *Vom guten und vom leeren Ordensmann:* Überschriften-Variante: Lat. »*De leto in Domino et de vano religioso*« – Über den frohen [Ordensmann] im Herrn und über den leeren Ordensmann (PS 370).

25 [Überschr.] *Nochmals über den gleichen Gegenstand:* Überschriften-Variante: Lat. »*Item de vera dilectione*« – Nochmals über die wahre Liebe (FQ 54; PS 374).

2 *De vera et perfecta laetitia – Das Diktat von der wahren Freude*

1 *Santa Maria:* Santa Maria degli Angeli – Name der Portiunkula-Kapelle; heute in gleichnamigem Ort 3 km südwestlich von Assisi, seit 1569 auf Anweisung von Papst Pius V. mit Basilika überwölbt (LThk VIII, 434 f.).

5 *König von Frankreich:* Philipp II. August (1180–1223) bzw. Ludwig VIII. (1223–26).

König von England: Johann (Ohneland) (1199–1216) bzw. Heinrich III. (1216–72).

11 *ungebildeter Mensch:* (lat. *idiota*) illiterate Person; mehrfach Selbstbezeichnung des Heiligen (vgl. BW 44 ff., BA 52 ff.).

14 *Kreuzträger:* Ospedale di Fontanelle (bei Portiunkula) der *Fratres Cruciferi* – Orden mit zahlreichen Niederlassungen und Hospitälern in Italien im 12./13. Jahrhundert (vgl. EO 460 Anm. 41; FF 194 Anm. 5).

4 Verba exhortationis (»Audite poverelle«) – Mahnlied für Klara und ihre Schwestern

[Prol.] *Volkssprache:* Kommentar in den Handschriften, in denen das Werk überliefert ist (EO 479).

1 *Gebieten und [Provinzen]:* möglicherweise ein Hinweis auf die jungen Provinzen des Franziskanerordens (vgl. EO 486 f.).

4 *Sorgfalt:* (altit. *discreciöne*) Unterscheidungsvermögen – hier: bezüglich der Beachtung des Armutspostulats; vgl. DF 413–432.

5 *Jene, die von Krankheiten beschwert sind ... abmühen:* Hinweis auf den hohen Krankenstand im Kloster San Damiano (vgl. FQ 64 Anm. 4).

6 *Jungfrau Maria:* Vgl. Sonn 8.

IV Gebete

1 Oratio ante crucifixum dicta – Gebet vor dem Kruzifix

[Überschr.] *Kruzifix:* Das Kreuzbild ist erhalten und befindet sich heute in der Basilica di Santa Chiara in Assisi. – Zu San Damiano vgl. DF 1583–1604.

[V. 3] *rechten Glauben, sichere Hoffnung und vollkommene Liebe:* zur traditionellen Trias (Glaube, Hoffnung, Liebe) u. a. beim Apostel Paulus (1 Kor 13,13; 1 Thess 1,3) sowie bei mittelalterlichen Autoren vgl. FQ 13; FF 167 Anm. 4.

2 *Exhortatio ad laudem Dei – Aufforderung zum Lobe Gottes*

1 *Fürchtet den Herrn ... Ehre:* auf Einzelnachweise der Verwendung des Psalterium Romanum wird im folgenden verzichtet.

16 *»Gepriesen sei ... Einheit«:* aus dem Introitus der Messe am Fest der heiligsten Dreifaltigkeit (im früheren Messbuch) (HG 51 Anm. 5; FQ 14 Anm. 2).

17 *»Heiliger Erzengel Michael ... Kampfe«:* aus dem Allelujavers der Messe am Fest des hl. Erzengels Michael (im früheren Messbuch) (HG 51 Anm. 6; FQ 14 Anm. 3).

3 *Laudes ad omnes horas dicendae – Preisgebet zu allen Horen*

[Prol] *Hier beginnt ...:* Die Übertragung des *Incipit* fehlt in der dt. Übers. von Lehmann (FQ 15); hier wird die Übersetzung von Hardick/Grau herangezogen (HG 160 Anm. 6).

4 *Lasst uns preisen ... in Ewigkeit:* Übernahme aus dem Römischen Brevier – »Schluß des Canticum der Sonntagslaudes« (HG 160 Anm. 7).

4 *Officium Passionis Domini – Offizium vom Leiden des Herrn*

[Einführung] *Gebet, das uns der Herr und Meister gelehrt hat:* Gemeint ist das Vaterunser.
Preisgebet: Gemeint ist das »Preisgebet zu allen Horen« – vgl. oben 3.
abgeschlossen: Auf den Nachweis der mitunter vermischten Zitate aus dem Psalterium Romanum und Psalterium Gallicanum wird im folgenden verzichtet. – Vgl. hierzu EO 338–351.

Psalm [I],1 **:* Sternchen (*) und Kreuzchen (+) verdeutlichen Hinweise für den Psalmenvortrag.

Psalm [I],10 *Achte ... Amen:* feierlicher Lobpreis Gottes (Doxologie) in »*Gloria Dei*« – vgl. LThk III, 354–357.

Psalm [I], nach 10 *Antiphon:* Die Marien-Antiphon wurde in der dt. Übers. von Lehmann (FQ 18) als eigener Text vor dem ersten Teil des gesamten Offiziums plaziert. – In vorliegender Ausgabe wird sie gemäß den Editionen Eßer (EO 339) und Paolazzi (PS 72) als Teil des Psalm I ediert.

Psalm [V],9 *der Eifer für dein Haus hat mich verzehrt:* möglicherweise ein indirekter Hinweis auf die Berufung des Heiligen, das »Haus des Herrn wieder herzustellen« (vgl. 2 C 10,4 – FQ 21 Anm. 5).

Psalm [VI],3–4 *[Durchbohrt haben sie ...]:* Reihenfolge der Sätze 3–4 gemäß Edition Paolazzi (PS 82) umgestellt.

Psalm [VII],9 *vom Holz herab:* Zusatz aus dem Kreuz-Hymnus des Venantius Fortunatus – FQ 23 Anm. 8.

Psalm [VII], nach 12 *(Und beachte ...):* Beide Schlussabsätze fehlen in der dt. Übers. von Lehmann; hier ergänzt aus der Übertragung von Hardick/Grau (HG 149).

Psalm [XIV],6 *[Denn der Herr hört auf die Armen, * und er verachtet die Gefangenen nicht.]:* Satz 6 fehlt in der dt. Übers. von Lehmann.

5 *Expositio in Pater noster – Erklärung zum Vaterunser*

2 *in den Himmeln:* Im Gegensatz zur deutschen Fassung des Vaterunsers (»im Himmel«) wird im Lateinischen von Franziskus die Plural-Form (»in den Himmeln«) verwendet.

6 *Unser tägliches Brot:* zur Bitte des Heiligen sowohl um das »materielle« als auch das »geistige Brot« sowie zum Bezug der »Brotbitte auf die Eucharistie« vgl. FQ 32 Anm. 5.

11 *[Ehre sei ... Amen.]:* Satz 11 nur als Fragment in der dt. Übers. von Lehmann (FQ 32).

6 *Salutatio Beatae Mariae Virginis – Gruß an die selige Jungfrau Maria*

1 *du bist Jungfrau, zur Kirche geworden:* zur Tradition, »Maria als Kirche zu sehen und die Kirche als Maria« (FQ 33 Anm. 1) vgl. J. Schneider, Virgo ecclesia facta. St. Ottilien 1998, 104 ff.; Sai 163 mit Anm. a.

6 *Und (seid gegrüßt,): »Ave«* fehlt in den Handschriften – Übersetzer-Ergänzung.
ihr heiligen Tugenden alle: Vgl. auch GrTug, bes. Zeile 1 ff.

7 Salutatio virtutum – Gruß an die Tugenden

2 *Herrin:* zu den chevaleresken Bezügen der Anrede mit »Herrin« vgl. HG 130.

5 *wenn er nicht vorher stirbt:* Wahrscheinlich ist gemeint: »Wenn er nicht vorher sich selbst abstirbt« (HG 131 Anm. 8; FQ 34 Anm. 2).

8 Chartula Fr. Leoni data – Schriftstück für Bruder Leo
Laudes Dei altissimi – Lobpreis Gottes

4 *Du bist die Freude und Fröhlichkeit:* neue Textanordnung (gegen EO 142) gemäß Autopsie-Befund des Originals u.a. nach A. Bartoli Langeli, Scritti 124 ff.; FF 175.

5 *Zuflucht:* zur Lesart »Zuflucht« (*refugium*) statt »Erquickung« (*refrigerium*) (nach EO 142) vgl. Bartoli Langeli, Scritti 128; FF 175 Anm. 9.

6 *großer und ... barmherziger Retter:* zu den folgenden Textergänzungen (gegen Bartoli Langeli) vgl. C. Paolazzi, in: AFH 93 (2000) 22.

Benedictio fr. Leoni data – Segen für Bruder Leo

2 *Bruder:* zur Interpretation der Worte rechts vom Tau-Zeichen als sog. »Magisches Quadrat« vgl. Bartoli Langeli, Autografi 40 f.
(... als 3. Rubrik): zu den Zusätzen Leos vgl. Bartoli Langeli, Autografi 79 ff.; FF 177 Anm. 2.
Thau (!) mit Kopf: zur Verwendung des Tau-Zeichens durch Franziskus – u.a. als Unterschrift – und zum biblischen Ursprung dieses Zeichens (Ez 9,3–4; Offb 7,2–8; 9,4) vgl. HG 211 Anm. 7; L II, 201–206; FQ 39 Anm. 12; FF 177 Anm. 2.

9 Canticum fratris solis vel Laudes creaturarum – Sonnengesang

1 *Höchster, allmächtiger, guter Herr:* Die Verseinteilung in vorliegender Edition folgt in beiden Sprachen der Gliederung in FQ (40 f.), d.h., im altitalienischen Text wurde die Strophenzählung (gegen EO 128 f.) entsprechend geändert. – Zur unterschiedlichen Verseinteilung in den Text-Editionen vgl. Platzeck, Sonnenlied 11; EO 128 Kap. II; Branca, Cantico; FQ 40 mit Anm. 1; FF 178 ff.
Zur unterschiedlichen Verwendung des Begriffes »Herr« im Lied (*signore* und *messor*) vgl. FQ 40 Anm. 3; FF 179 Anm. 5.

9 *der zweite Tod:* Im Gegensatz zum erwähnten (ersten) leiblichen Tod ist hier der (zweite) Tod, nämlich der Seele, gemeint – Offb 2,11; 20,6. Vgl. FQ 41 Anm. 6.

V Fragmente

1 *Epistola civibus Bononiensibus scripta – Brief an die Bürger von Bologna*

Er: Bruder Martin von Barton in der Ordensprovinz Anglia (Eccl VI, 39 – FQ 1040).

Brescia: heute zweitgrößte Stadt der Lombardei, Hauptstadt der Provinz Brescia (vgl. LMA II, 608 ff.).

Erdbeben: Das in zahlreichen Chroniken bezeugte Erdbeben soll sich am 25. Dezember 1222 ereignet haben (HG 222 Anm. 4; FQ 1041 Anm. 86).

Schulen Bolognas: eine der ältesten Universitäten des Mittelalters und Studienzentrum mit berühmter Legisten- und Kanonistenschule (vgl. LMA II, 374 ff.).

fehlerhaftes Latein: zur Bildung des Heiligen und zu seinen Lateinkenntnissen vgl. oben Ord Anm. zu 5,39.

2 *Epistola fratribus Franciae missa – Brief an die Brüder in Frankreich*

1 *Brief an den Minister:* Vgl. hierzu A. Callebaut, in: AFH 10 (1917) 289–356.

Francia: französische Ordensprovinz, die seit 1218 bestand und nördliche Teile des heutigen Frankreich sowie Wallonien (Belgien) umfasste (H 157 ff.; BW 104 ff.).

2 *Lobpreis:* Vgl. hierzu das »Preisgebet zu allen Horen« (PreisHor 4) (FQ 15, 141 Anm. 3).

3 *Epistola dominae Jacobae scripta – Brief an Herrin Jakoba*

(37),3 *Herrin Jakoba:* Frau Jacoba dei Sette Sogli, römische Adlige und Witwe des Gratian de Frangipani (FQ 438 Anm. 2; KQ 438 Anm. 2). – Édouard d'Alençon, Frate Jacoba. La nobildonna romana, amica di san Francesco. Assisi 2008.

(38),3 *ein kleines Kopfkissen:* Dieses Kissen ist angeblich erhalten und wird in der Grabeskirche des Generalministers Elias, San Francesco in Cortona, gezeigt (vgl. FQ 142 Anm. 4).
jenes Gericht: eine Süßspeise namens *mortariolum* bzw. heute *mostacciolo* (so F 288; FQ 142 Anm. 5).

4 *Epistola s. Clarae de ieiunio scripta – Brief an Klara über das Fasten*

29 *Nun zu den Fragen:* Dies betrifft die Anfrage der Agnes von Prag wegen der Fastenpraxis in San Damiano (HG 225 Anm. 21; KQ 29 f.).
31 *Rücksichtnahme:* (lat. *discretio*) Fähigkeit zur Unterscheidung (KQ 34 Anm. 26).
36 *jedem Hochfest:* (lat. *in omni pascha*) Zur Interpretation vgl. FQ 143 Anm. 2; KQ 34 Anm. 27.
in einem Schreiben des heiligen Franziskus: Hinweis auf das nicht erhaltene Schreiben des Poverello.
37 *Fastenspeisen:* Zu den strengeren Fastenregelungen in der Klara-Regel vgl. KQ Kap. III, 8–11.

5 *Benedictio fr. Bernardo data – Segen für Bruder Bernhard*

9 *Bruder Bernhard:* Nach Thomas von Celano schloss sich nicht Bernhard, sondern ein anderer, unbekannter »Mann aus Assisi, der von frommer und einfältiger Sinnesart war«, dem Heiligen als erster an. Quintavalle wird lediglich als zweiter Gefährte von Franziskus genannt (1 C 24).
all seine Güter den Armen verteilte: Bernhard von Quintavalle (* ca. 1175, † zw. 1242 u. 1245) stammte aus wohlhabender Familie und war Jurist; vgl. E. Sauser, in: BBKL XXII, 115 f.
10 *ihn mehr zu lieben als sonst einen Bruder des ganzen Ordens:* zu den übrigen ersten Brüdern im Orden vgl. E. Grau, in: FrSt 40 (1958) 132–144; F Kap. IV/2; KF 231–237.
11 *Daher wünsche und befehle ich … behandeln sollen:* Ob Franziskus ihn mit dem »Mandat« »zu seinem Nachfolger in der Funktion eines geistlichen, charismatischen Führers des Ordens, gewissermaßen als Gegengewicht zu dessen rechtlichem Oberhaupt, dem Generalminister Bruder Elias«, machen wollte, wie H. Feld behauptete, ist mehr als fraglich (F 144).

6 *Benedictio s. Clarae et eius sororibus in scriptis missa – Segen für Klara und ihre Schwestern*

7 *sprach … los:* (lat. *absolvit*) »nicht-sakramentale Form der Sündenlossprechung« (KQ 801 Anm. 16).
Gebote und Willensäußerungen: zur »theologisch bedenkliche[n] Gleichstellung der ›Gebote‹ […] des Sohnes Gottes mit denen des Franziskus« vgl. KQ 801 Anm. 17.

Zeittafel

1181/82 Geburt von Giovanni di Pietro di Bernardone als älteren Sohn des Kaufmanns Pietro Bernardone und seiner Gattin Pica (in Abwesenheit des Vaters) in Assisi. Wahrscheinlich Taufe des Sohnes im dortigen Dom S. Rufino. Nach der Rückkehr Pietros aus Frankreich nennt dieser Giovanni künftig Francesco.

1193/94 Geburt von Klara als ältester Tochter des Ritters Favarone di Offreduccio und seiner Gattin Hortulana in Assisi.

1194 Eintritt von Franziskus in die Gilde seines Vaters. 26. Dezember: Geburt des späteren Kaisers Friedrich II. in Jesi.

1198 8. Januar: Wahl von Kardinal Lothar von Segni zum Papst Innozenz III. (gest. 1216). Expansive päpstliche Politik gegenüber dem Herzogtum Spoleto. Königliche Doppelwahl im Deutschen Reich (Staufer Philipp von Schwaben, Welfe Otto IV.). In Assisi Eroberung der Rocca maggiore durch den Popolo.

1199/1200 Bürgerkrieg zwischen *Minores* (Bürgern) und *Maiores* (Adel) in Assisi. Schaffung einer *Commune*. Flucht der Nobilität, u.a. der Familie Klaras, aus Assisi.

1202 Krieg zwischen Assisi und Perugia unter Beteiligung von Franziskus. November: Schlacht von Collestrada zwischen beiden Städten, hierbei Niederlage Assisis und Gefangennahme von Franziskus.

1202/03 Gefangenschaft des Franziskus in Perugia.

1203 Jahresbeginn: Päpstliches Interdikt gegen Assisi (Aufhebung im Juli 1203). November: Friedenscharta zwischen Adel und Bürgern in Assisi. Freilassung von Franziskus (evtl. freigekauft vom Vater).

1203/04 Wahrscheinlich infolge der Gefangenschaft lange Krankheit von Franziskus.

1205 Entschluss von Franziskus, mit Walter III. von Brienne an Kämpfen in Apulien teilzunehmen. Abbruch des Unternehmens durch Franziskus in Spoleto nach Traumvision. Rückkehr nach Assisi, Beginn des allmählichen »Bekehrungsprozesses«.

1206 Aussätzigenpflege durch Franziskus; mythisches Erlebnis vor dem Kruzifix von S. Damiano; evtl. Pilgerfahrt nach Rom. Prozess vor Guido II., Bischof von Assisi (1204–28), und Enterbung. Flucht nach Gubbio, dort Aussätzigenpflege. Entstehung des *Gebetes vor dem Kreuzbild von San Damiano* (1205 / Frühjahr 1206).

1207/08 Wiederaufbau von verfallenen Kirchen (San Damiano, San Pietro della Spina, Santa Maria degli Angeli – Portiunkula), Eremitenkleidung von Franziskus.

1208 24. Februar: Franziskus hört in der Portiunkula-Kapelle das Evangelium von der Aussendung der Jünger durch Jesus, von Franziskus verstanden als Sendungsauftrag. Berufung zu einem »Leben nach der Form des Evangeliums«. Ablegung der Eremitenkleidung, nunmehr Verwendung einer kreuzförmigen Kutte. Franziskus bettelt in Assisi, wo sich ihm seit April erste Gefährten anschließen. April: »Erste Missionsreise« durch Toskana und Mark Ancona. Herbst: Verdrängung der Brüder aus Assisi, Rückzug ins Rieti-Tal, Aufenthalt in der Einsiedelei Poggio Bustone.

1209 Frühjahr: »Zweite Missionsreise« der nunmehr acht Brüder. 1. Maihälfte: Franziskus zieht mit elf Gefährten nach Rom, Begegnung mit Papst Innozenz III., der mündlich die Bußbrüderschaft bestätigt. Rückkehr nach Assisi, Aufenthalt in Rivotorto. September: Zug Kaiser Ottos IV. durch Umbrien. Spätherbst: Überlassung der Portiunkula, nunmehr Mittelpunkt der franziskanischen Bewegung. Entstehung der *Protoregula*.

1210 Gelegenheitsarbeiten, Predigttätigkeit und einige »Missionsreisen« der Brüder in Umbrien bzw. Assisi; innerkommunale Konflikte in Assisi. 9. November: Friedensvertrag zwischen Konfliktparteien in Assisi. Kontakte von Klara di Favarone mit Franziskus.

1211 27./28. März: In der Nacht von Palmsonntag heimliche Flucht Klaras zu Franziskus in Portiunkula. Franziskus schert ihr das Haupt und gibt ihr ein Bußkleid. 12. April: Gründung einer ersten eigenen Gemeinschaft Klaras mit Gefährtinnen in San Damiano. September: Auf päpstliches Betreiben Wahl Friedrichs II. zum deutschen König.

1212 Erster Versuch von Franziskus, nach Syrien zu gelangen, Abbruch wegen Krankheit. Zweite Romreise des Poverello zu Innozenz III. Entstehung der *Lebensform für Klara und ihre Schwestern* (Ende 1212 / Anfang 1213).

1213 April: Beginn der Kreuzzugspropaganda von Papst Innozenz III.

8. Mai: Graf Orlando von Chiusi überträgt Franziskus den Berg La Verna (bei Bibbiena).

1214 Dissens zwischen Franziskus und Klara wegen der Leitung ihrer Gemeinschaft. Klara erbittet und erhält (1214/16?) von Innozenz III. ein »Privileg der Armut«. Erneute Missionsreise von Franziskus zu den Sarazenen, nunmehr nach Marokko. Abbruch der Reise in Spanien wegen Krankheit.

1215/16 Rege Predigttätigkeit von Franziskus in Italien.

1215 Beitritt zahlreicher Gebildeter und Vornehmer zum Orden. 25. Juni: Krönung Friedrichs II. in Aachen. 11. November: Eröffnung des IV. Lateran-Konzils durch Papst Innozenz III. (u.a. Verbot der Ordensgründung mit neuen Regeln). Teilnahme von Franziskus, Begegnung mit Dominikus, dem Gründer des Predigerordens. Künftig Durchführung von (General-)Kapiteln im Franziskanerorden.

1216 16. Juni: Tod von Papst Innozenz III., Nachfolger Cencio Savelli als Honorius III. August: Franziskus erlangt wahrscheinlich von Papst Honorius den Portiunkula-Ablass.

1217 14. Mai: Pfingstkapitel mit der Schaffung von sechs Ordensprovinzen und der Aussendung von Brüdern über die Alpen und zur Sarazenenmission (Palästina, Marokko). Sommer: Versuch von Franziskus, nach Frankreich zur Mission zu gehen, dabei Begegnung mit Kardinal Hugolin in Florenz. Aufforderung von diesem an den Poverello, in Italien zu bleiben. Entstehung der *Regel für Einsiedeleien* (zwischen 1217/18 und 1221).

1217–20 Elias von Cortona Provinzialminister in Syrien.

1218 11. Juni: Erlass der Bulle *Cum dilecti* durch Honorius III. mit der Bestätigung der Rechtgläubigkeit der Franziskaner. Entstehung des *Briefes an die Brüder in Frankreich* (nach 1218). Entstehung des *Briefes an einen Minister* (zwischen 1218 und 1221/23).

1219 Sommer: Orientreise von Franziskus. Juni: Franziskus reist mit Gefährten über Ancona nach Syrien und nach Damiette. 29. August: Belagerung von Damiette durch die Kreuzfahrer und deren Niederlage. September: Begegnung von Franziskus mit dem Sultan Melek-el-Kamil. 29. September: »Senioren-Kapitel« in Assisi u.a. mit dem Erlass modifizierter Fastenvorschriften und dem Versuch einer Akkomodation der Franziskaner-Gemeinschaft an die »alten Orden«. 5. November: Eroberung von Damiette durch die Kreuzfahrer.

1220 16. Januar: Fünf Franziskaner sterben in Marokko als Märtyrer (»Erstlingsmärtyrer«). Frühjahr/Frühsommer: Rasche Rückkehr des Poverello nach Italien wegen der Wirren im Orden. Sommer: Treffen mit dem Papst in Orvieto, Ernennung von Hugolin von Ostia zum Protektor des Ordens. 22. September: Einführung des Noviziates im Orden durch Honorius III. (Bulle *Cum secundum*). 29. September: Herbstkapitel und Rücktritt von Franziskus von der Ordensleitung; Petrus Cathani zu seinem Vikar bestimmt. 22. November: Kaiserkrönung Friedrichs II. in Rom.
Entstehung des *Briefes an die Kleriker (1–2)*; Frühjahr: Entstehung des *Briefes an die Lenker der Völker*; Entstehung des *Briefes an die Kustoden (1–2)*; Herbst: Entstehung des *Diktates von der wahren Freude.*

1221 10. März: Tod des Vikars Cathani, Ernennung des Elias von Cortona zum Generalvikar des Ordens durch Franziskus. 30. Mai: Pfingstkapitel (sog. Mattenkapitel) bei der Portiunkula, *Nicht-bullierte Regel.* Entsendung einer zweiten Missionsgruppe ins Deutsche Reich. 16. Oktober: Ankunft der neuen Missionsgruppe unter Leitung des Cäsar von Speyer in Augsburg, Beginn der erfolgreichen Mission im Deutschen Reich.
Mai: Verabschiedung des Textes der *Nicht-bullierten Regel*; Entstehung des *Grußes an die selige Jungfrau Maria* (1221 und später); Entstehung des *Grußes an die Tugenden* (1221 und später); Entstehung des *Offizium vom Leiden des Herrn* (1221–23); Entstehung der *Erklärung zum Vaterunser* (1221–23).

1221/22 Predigtreise von Franziskus durch Mittel- und Süditalien.

1222 Frühjahr: Erstes Kapitel der neugegründeten Provinz Teutonia in Worms. 15. August: Predigt von Franziskus in Bologna vor Tausenden Gläubigen.
Entstehung des *Briefes an die Bürger von Bologna* (vor Weihnachten 1222); Entstehung des *Ersten Briefes an die Gläubigen* (lange vor dem zweiten Brief).

1222–23 Winter: Schaffung der definitiven Ordensregel durch Franziskus unter Mitwirkung der Brüder Leo und Bonizzo in Fonte Colombo (bei Rieti).

1223 Einflussnahme durch Kardinal Hugolin auf den Regeltext unter kirchenrechtlichen Gesichtspunkten. 22. Mai: Pfingstkapitel und Durchsicht des in Fonte Colombo konzipierten Regeltextes. Vorlage des endgültigen Regeltextes bei der Kurie in Rieti. 29. November: Approbation der endgültigen Ordensregel durch Honorius III. (*Bullierte Regel* – Bulle *Solet annuere*). 24. Dezember: Weihnachtsfeier von Franziskus in der Einsiedelei Greccio.
Entstehung des *Briefes an Bruder Leo* (letzte Lebensjahre von Franziskus); Entstehung der *Aufforderung zum Lobe Gottes* (vor 1223); Entstehung des *Preisgebets zu allen Horen* (längere Zeit vor dem Tode von Franziskus); Entstehung des *Briefes an Bruder Antonius* (Ende 1223 / Anfang 1224).

1224 2. Juni: Generalkapitel beschließt die Entsendung einer Missionsgruppe nach England. 15. August: Franziskus zieht sich zum Michaelsfasten auf den Berg La Verna zurück. 10. September: Ankunft der ersten Franziskaner in England; ca. 14. September: Vision des Seraphen und Stigmatisation von Franziskus. Oktober: Rückkehr des Poverello nach Assisi. Ende Dezember: Predigtreise von Franziskus durch Umbrien und die Mark Ancona. Schwere Erkrankung (u.a. Augenleiden). Beginn von Klaras schwerer Krankheit.
Evtl. Entstehung des Schriftstückes für Bruder Leo (*Lobpreis Gottes / Segen für Bruder Leo*). Endredaktion der *Ermahnungen* (gegen Ende des Lebens von Franziskus). Entstehung des *Zweiten Briefes an die Gläubigen*.

1224–25 Winter: Schwere Krankheit von Franziskus mit ärztlichen Eingriffen und Pflege in San Damiano.
Entstehung des *Briefes an alle Brüder oder den gesamten Orden* (nach 1224).

1225 Frühjahr: Erfolglose Augenoperation bei Franziskus auf Veranlassung von Kardinal Hugolin. Nach visionärer Zusage des Heils für Franziskus dessen Dankesdichtungen.
Entstehung des *Mahnliedes für Klara und ihre Schwestern*; Entstehung des *Sonnengesangs* (Winter 1224/25 / Frühherbst 1226 – abschnittweise Fortsetzung).

1226 April–Mai: Erneute ärztliche Behandlung von Franziskus in Siena, Blutsturz, Transport nach Cortona, Diktat des Testamentes.

Sommer: Aufenthalt in Bagnaia (bei Nocera), weitere Verschlechterung des Gesundheitszustandes von Franziskus. September: Mit Geleit der Assisiaten Überführung des Poverello in den Bischofspalast von Assisi, ärztliche Diagnose bezüglich der Unheilbarkeit seiner Erkrankung. Ende September: Transport nach Portiunkula. 3. Oktober: Tod von Franziskus ebenda. 4. Oktober: Überführung des Toten nach Assisi über Zwischenstation in San Damiano bei Klara und den Schwestern. Beisetzung in der Kirche San Giorgio (heute Teil von S. Chiara). Rundbrief des Generalministers Elias von Cortona an die Provinzialminister mit der Information über den Tod und die Stigmatisierung des Heiligen.

April/Mai: Entstehung des *Testamentes von Siena* von Franziskus. September/Oktober: Entstehung des *Großen Testamentes* von Franziskus; Entstehung des *Vermächtnisses für Klara und ihre Schwestern*; Entstehung des *Briefes an Herrin Jakoba*; Entstehung des *Segens für Klara und ihre Schwestern*; Entstehung des *Segens für Bruder Bernhard.*

1226–70 Regierungszeit von Ludwig IX. (d. Heiligen), König von Frankreich.

1227 18. März: Tod von Papst Honorius III. 19. März: Wahl des Kardinals Hugolin zum Nachfolger (als Gregor IX.). 30. Mai: Generalkapitel in Assisi und Wahl von Johannes Parens zum Generalminister.

1228 April: Gregor IX. veranlasst den Bau einer Grabeskirche für Franziskus. 16. Juli: Gregor IX. spricht Franziskus in Assisi heilig. 17. Juli: Nach Besuch des Papstes bei Klara Erteilung eines neuen Armutsprivileges für diese. 19. Juli: Verkündigung der Heiligsprechung von Franziskus (Bulle *Mira circa nos*). Päpstlicher Auftrag für Thomas von Celano zur Abfassung einer Vita des Heiligen.

1229 Februar: Nach Fertigstellung der ersten Franziskus-Vita von Thomas päpstliche Approbation seines Werkes (1 C).

1230 25. Mai: Überführung des Leichnams von Franziskus von San Giorgio in die neue Grabeskirche S. Francesco zu Assisi (Unterkirche). 28. September: Bulle *Quo elongati* von Gregor IX. mit eigener Regelauslegung und Erklärung bezüglich der Außerkraftsetzung des Testamentes von Franziskus.

1232 Mai: Ablösung von Johannes Parens, Wahl des Elias von Cortona zum Generalminister.

1239 Vollendung des Baus der Grabeskirche S. Francesco (Doppelkirche) in Assisi. Mai: Absetzung des Elias von Cortona als Generalminister durch den Papst, Wahl des ersten Priesters (Albert von Pisa) zum neuen Generalminister.

1240 Januar: Nach Tod des Albert von Pisa Wahl des Haymo von Faversham zum neuen Generalminister.

1241 21. August: Tod Gregors IX.

1243 25. Juni: Wahl von Sinibald Fieschi (als Innozenz IV.) zum Papst.

1244 Oktober: Nach dem Tode des Haymo von Faversham Wahl des Crescentius von Jesi zum Generalminister. Auftrag an die Mitbrüder, zur Ergänzung der Franziskus-Vita von Thomas von Celano weiteres Material zu sammeln und der Ordensleitung zur Verfügung zu stellen.

1245 17. Juli: Konzil von Lyon, das Kaiser Friedrich II. exkommuniziert und absetzt.

1246 August: Bruder Leo und andere Gefährten schicken ihre Darstellung des Lebens von Franziskus (*rotuli*) an den Generalminister.

1247 Juli: Nach Durchsicht des eingesandten Quellenmaterials erstellt Thomas von Celano seine zweite Franziskus-Vita, die vom Generalkapitel approbiert wird (2 C).

1250 13. Dezember: Tod Kaiser Friedrichs II. in Castel Fiorentino (bei Lucera).

1250–54 Konrad IV. römisch-deutscher König.

1252/53 Schaffung des Traktates über die »Wunder des heiligen Franziskus« durch Thomas von Celano (3 C).

1253 9. August: Approbation der Regel Klaras von Assisi durch Innozenz IV. (Bulle *Solet annuere*). 11. August: Tod Klaras in San Damiano.

1255 15. August: Heiligsprechung Klaras durch Papst Alexander IV. 18./26. September: Verkündigung der Heiligsprechung Klaras durch Alexander IV. (Bulle *Clara claris praeclara*).

Nachwort

Aspekte der sozio-politischen und kirchenpolitischen Situation in Mittelitalien um 1200

Giovanni Bernardone wurde 1181/82 in Assisi in eine Epoche beträchtlicher gesellschaftlicher und politischer Umbrüche geboren. Diese wurden im Abendland und im Vorderen Orient von mindestens fünf Problembereichen bestimmt, die wenigstens teilweise auch für den Poverello von Relevanz waren. Der erste Problembereich wurde von der neuen Reichs- und Italienpolitik geprägt, die besonders der staufische Herrscher Friedrich I. Barbarossa (1152–90) als römisch-deutscher Kaiser konzipiert bzw. zu realisieren versucht hatte und die sein Sohn Heinrich VI. (1190–97) zumindest partiell fortsetzte. Nach langer Abwesenheit der deutschen Monarchen von Italien (bis zur Mitte des 12. Jahrhunderts) entschloss sich Barbarossa zu einer stärkeren Präsenz auf der Halbinsel, um dort die königliche Zentralgewalt zu stärken. Insbesondere bemühte er sich um eine Rückforderung von wirtschaftlich nutzbaren Reichsrechten (Regalien) in Italien, die vor allem von den Kommunen usurpiert worden waren. Das Konzept einer *renovatio imperii*, das durch die Rechtsschule in Bologna auch römisch-rechtlich gestärkt wurde (Reichstag von Rongalia, 1158), diente ferner zur intensiveren Nutzung der wirtschaftlichen Kräfte des Landes für die Krone und hierdurch zur Verbesserung deren finanzieller Einnahmen. Die Realisierung dieses Restaurationsprojektes führte u.a. zu schweren Konflikten mit den italienischen Städten, die sich hiergegen zur Wehr setzten und in Städtebünden organisierten (Veroneser und Lombardischer Städtebund, 1164–67). Obwohl der Staufer mit großer Härte gegen seine italienischen Gegner agierte und sie in sechs Kriegszügen 13 Jahre lang bekämpfte, konnte er die Städtegemeinschaften militärisch nicht überwinden. So musste Friedrich die Kommunen schließlich mit ihrer politischen Organisation anerkennen und das Bürgertum in Italien als politischen Handlungspartner akzeptieren (Frieden von Venedig und Konstanz, 1177 und 1183).

Einer der wichtigsten Verbündeten der italienischen Städte im Kampf gegen die Staufer war das Papsttum, insbesondere der Rechtsgelehrte Alexander III. (1159–81). Im Rahmen der Restaurationspolitik versuchte Barbarossa, auch bezüglich des Papsttums frühmittelalterliche Herrschaftsrechte der Kaiser wiederherzustellen. So strebte er nicht ein gleichberechtigtes Nebeneinander der beiden universalen Gewalten, sondern eine Unterwerfung der Nachfolger Petri unter die kaiserliche Macht und damit auch eine zumindest indirekte Ausübung von Kirchenherrschaft an. Spätestens nach dem sogenannten Investiturstreit verstand sich jedoch das Papsttum als »autonome«, universale Gewalt, die nur Gott und keine irdische Gewalt als Richter akzeptierte. Hinzu kamen päpstlicherseits Bemühungen zu einer Zentralisierung der Kirchenorganisation im Abendland und zur Durchsetzung von Papstrecht als universalem Kirchenrecht in der Christenheit. Staufische Bestrebungen zur Erneuerung der frühmittelalterlichen kaiserlichen Herrschaft über Papsttum und Kirche führten daher zu einem erneuten Kampf zwischen *imperium* und *sacerdotium*, wobei die Mehrzahl der abendländischen Monarchen die Position der Päpste unterstützte (in einem zweiten Problembereich). Ferner traten machtpolitische Gegensätze zwischen Kaiser und Papst in Italien auf, wo die Nachfolger Petri auch bedeutende Territorialherren mit großen Besitzungen vor allem in Mittelitalien waren. Da die Päpste – wie die Staufer – ihrerseits seit dem 12. Jahrhundert eine Restaurationspolitik zur Rekuperation angeblich verlorener päpstlicher Rechte und Besitzungen besonders in Mittelitalien betrieben, verbanden sich die kirchenpolitischen Auseinandersetzungen zwischen *imperium* und *sacerdotium* mit den territorialen Machtkämpfen zwischen den Staufern und dem Papsttum bzw. den mit diesem verbündeten Städtebünden. In den folgenden Konflikten musste Barbarossa schließlich resignieren und das Papsttum sowohl als einflussreiche Territorialmacht in Italien als auch als »autonome«, universale Gewalt akzeptieren, die nicht der kaiserlichen Herrschaft unterlag (Friede von Venedig, 1177).

Einen dritten Problembereich mit Relevanz für Franziskus von Assisi stellten die italienischen Städte und deren innerkommunale Konflikte dar. Seit dem sogenannten Investiturstreit im 11. Jahrhundert hatte sich auch in Italien eine kommunale Bewegung entwickelt, die die mangelnde Präsenz der Reichsgewalt bzw. deren Schwäche zum Aufbau eigener Herrschaftsinstitutionen und zur Entwicklung städtischer Selbstverwaltung nutzte. Wesentlichen Anteil an dieser Entwicklung hatte das entstehende Bürgertum, das nach Einführung der Geldwirtschaft eine führende Stellung in Wirtschaft und Handel erlangte. Diese gesellschaftliche Gruppe war nicht bereit, länger die feudalen Kategorien der Gesellschaftsordnung nach Stand und Geburt (*ordo*) zu akzeptieren; vielmehr beurteilte man in diesen Kreisen den »Wert« und die Bedeutung einer Person primär nach Geldbesitz und wirtschaftlichem Erfolg.

Das Bürgertum dominierte zunehmend die städtischen Räume, wo sich kontinuierlich gewählte Organe der Stadtgemeinde entwickelten, die konsequent die Rechte der königlichen Herrschaftsträger (insbesondere der Bischöfe) einschränkten und später ablösten. So verschaffte sich die verfasste Stadtgemeinde (*Commune*) verstärkt »öffentliche Rechte« und prosperierte dank beträchtlicher Wirtschaftskraft und erfolgreichen Handels. Die günstige Wirtschaftsentwicklung machte die Städte nicht nur attraktiv für zahlreiche Zuwanderer aus den benachbarten ländlichen Gebieten, sondern ermöglichte den Kommunen auch die Expansion ins Umland (*Contado*). Hier konnten die Bürger oftmals verbliebene feudale Rechte erwerben und den landsässigen Adel unterwerfen bzw. zur zumindest temporären Stadtsässigkeit zwingen. Schon bald traten jedoch in den Communen starke soziale Spannungen auf, die – zusammen mit intensiver gesellschaftlicher Mobilität – die wachsenden Parteiungen innerhalb der jeweiligen Stadt verstärkten. Hinzu kamen »auswärtige« Probleme, da zahlreiche Communen infolge expansiver Territorialpolitik in anhaltenden Konflikten mit Nachbargemeinden standen. Dem Kaiser gelang es während seiner Italienkriege nur zeitweise, diese Gegnerschaft unter den Städten (nach dem Schachbrett-Schema) zu seinen Gunsten zu nutzen. So konnten die Communen sich schließlich als eigenständige politische Kräfte gegenüber den feudalen Gewalten bzw. gegenüber der kaiserlichen Zentralgewalt behaupten und ihre Autonomie auf Dauer sichern.

Vergleichbare Entwicklungen sind für die Heimatstadt des Poverello (Assisi) zu konstatieren, die im 12. Jahrhundert zum Herzogtum Spoleto gehörte. Zwar waren seit dem 11. Jahrhundert die zumeist deutschen Herzöge nominell kaiserliche Vasallen, doch konnten auch sie nicht das Erstarken der kommunalen Bewegung im Dukat verhindern. Barbarossa versuchte im Rahmen seiner *Renovatio*-Politik, auch im Herzogtum seine herrscherliche Macht zu stärken, indem er 1152 den Dukat seinem Onkel, Welf VI., als Lehen übertrug. Dessen ungeachtet beharrte der Staufer in der Folgezeit auf einer eigenen Kontrolle dieser wichtigen Region, u.a. durch den kaiserlichen Legaten Erzbischof Christian von Mainz. Im Rahmen der Italienkriege des Staufers kam es auch zu Revolten in Umbrien bzw. in Assisi. Erzbischof Christian konnte sie erfolgreich unterdrücken und die Stadt Assisi sowie das Umland unterwerfen (1172/73). Bei der folgenden Neuordnung des Dukates wurde wahrscheinlich eine Grafschaft Assisi geschaffen, als deren erster *comes* Konrad von Urslingen fungierte (1177).

In den 1190er Jahren ließen die Staufer Assisi zu einer starken Festung ausbauen. Doch verschärfte sich die Lage in Mittelitalien, da Papst Innozenz III. unter Berufung auf Besitzrechte, die dem Papsttum angeblich von den Karolingern übertragen worden wären, die Herrschaft über das Herzogtum Spoleto beanspruchte. Anhaltende Auseinandersetzungen mit den Kaiserlichen waren die Folge, die nach dem Tode Heinrichs VI. durch Wirren im Deutschen Reich infolge der königlichen Doppelwahl (zwischen Philipp von Schwaben und Otto IV. – 1198) verstärkt wurden. Papst Innozenz gelang es hierbei, nicht nur als »Schiedsrichter« in dem Konflikt zu agieren, sondern in der Folgezeit auch maßgeblichen Einfluss auf die politischen Entwicklungen in Deutschland und auf die folgende Einsetzung des Staufers Friedrich II. zum römisch-deutschen König zu nehmen.

Wie andere umbrische Städte, so blieb auch Assisi von diesen Auseinandersetzungen nicht unbeeinflusst. Hinzu kamen zum einen auswärtige Konflikte, insbesondere die ständigen Machtkämpfe mit benachbarten Communen, vor allem mit Perugia. Zum anderen sorgten das rasche Wachstum der Stadt und der intensive Zuzug von Bewohnern des Umlandes für intensive soziale Spannungen in der Gemeinde. Auch hier agierten hauptsächlich zwei gesellschaftliche Gruppen – die Wohlhabenden (*maiores*), zu denen Adlige und reiche »Aufsteiger« aus »unteren« Gesellschaftsgruppen zählten, und die übrigen, »niederen« Gesellschaftsgruppen (*minores*), zu denen selbst verarmte Adlige gehören konnten. Während die politischen Institutionen von den *maiores* dominiert wurden, prägten die übrigen sozialen Gruppen nachhaltig Handel und Wirtschaft der Stadt. Dennoch blieben sozio-politische Konflikte in Assisi nicht aus – wie etwa die Angriffe des *popolo* auf die Rocca maggiore zeigten (1198). Bürgerkriegsähnliche Zustände bestimmten das weitere Leben in der Stadt, bis es schließlich 1210 zu einem Friedensvertrag der Konfliktparteien kam. Nunmehr war von der Existenz einer autonomen Commune in Assisi auszugehen; doch wurde die Stadt im Zuge der Rekuperationen von Innozenz III. bald Teil des Kirchenstaates.

Ein weiterer, vierter Problembereich mit Relevanz für den Poverello wurde von den Auswirkungen der Kreuzzugsbewegung auf die Gläubigen im Abendland bestimmt. Ausgangspunkt hierfür war – nach der Eroberung von Jerusalem durch muslimische Seldschuken – eine Initiative Papst Urbans II., der die abendländische Christenheit auf der Synode von Clermont (1095) zu einer »bewaffneten Buß-Wallfahrt« zur Befreiung der Heiligen Stätten von der Herrschaft der sogenannten Ungläubigen aufrief. Zwar dominierten bei dem folgenden Ersten Kreuzzug (1096–99) anfangs noch religiöse Motive der Teilnehmer, doch veränderte sich nach den Massakern bei der Eroberung von Jerusalem die Gesamtsituation. Nun erfolgte nicht nur eine Machtverschiebung im Vorderen Orient, sondern es entstand auch eine Konfrontation zwischen Islam und Christentum, die für zwei Jahrhunderte anhielt und das Verhältnis zwischen beiden Religionsgemeinschaften auf Dauer belastete. Zudem war spätestens nach Entstehung der Kreuzfahrerstaaten die Interessenlage der Kreuzfahrer eine andere, da nunmehr zusätzliche Handlungsmotive – wie politische, territoriale und wirtschaftliche Interessen – für die Kreuzzügler in den Vordergrund traten.

Zwar ergriffen Päpste im ganzen 12. Jahrhundert mehrfach Initiativen zur Neubelebung der Kreuzzugsbewegung (2.–4. Kreuzzug), doch scheiterten diese, ausschließlich von weltlichen Fürsten geleiteten Unternehmungen weitgehend. Auch der fünfte Kreuzzug (1217–21), der Relevanz für Franziskus besaß, verfolgte primär territoriale bzw. politische Ziele, während Fragen einer etwaigen theologischen Auseinandersetzung mit dem Islam oder einer christlichen Mission für die Kreuzzügler keinerlei Bedeutung besaßen. Der Poverello hingegen war durch persönliche Aktionen während dieses Kreuzzuges bestrebt, sich ausschließlich um Mission und Friedensinitiativen zu bemühen, doch schlugen seine Aktivitäten fehl. Dennoch blieben für ihn Probleme der Auseinandersetzung von Christen mit dem Islam und missionarische Anliegen bis zum Lebensende wichtig.

Einen fünften Problembereich, der für Franziskus und seine Gemeinschaft Bedeutung erlangen sollte, stellten die kirchlichen Reformbewegungen, insbesondere die sogenannte Armutsbewegung, des 12. Jahrhunderts dar. Seit dem sogenannten Investiturstreit im 11. Jahrhundert hielten die Diskussionen über das Verhältnis von weltlicher und geistlicher Gewalt (*imperium* und *sacerdotium*) und insbesondere über die Einbeziehung der hohen Geistlichkeit als Funktionsträger in das weltliche Herrschaftssystem vor allem im römisch-deutschen Kaiserreich an. Intensiviert wurden derartige kirchenkritischen Tendenzen durch den wachsenden »Individualismus« des Bürgertums, das in erstarktem Selbstbewusstsein auch in Fragen des Glaubens ein eigenes Urteil – insbesondere durch Bibellektüre – zu gewinnen suchte. Hinzu kamen nach den ersten Kreuzzügen eigene, visuelle Eindrücke ehemaliger Kreuzzügler vom Lebenskreis Christi, so dass man sich verstärkt um die Lösung des Problems bemühte, wie bzw. in welchem Maße die Kirche und die Gläubigen zur Erfüllung der Gebote des Evangeliums und zur Nachfolge Christi verpflichtet wären.

Aufgrund der Bibellektüre engagierter Gläubiger entstand bei diesen vielfach das Bedürfnis, im eigenen Leben die Existenz Christi und der Apostel nachzuahmen. Hierbei erlangte das Ideal der Armut besondere Bedeutung, indem Gläubige Christus als Wanderprediger in freiwilliger Besitzlosigkeit und Selbstverachtung nachzufolgen und eine wahre *vita apostolica* zu leben versuchten. Zugleich setzte man sich kritisch mit den Erscheinungsformen der zeitgenössischen Kirche auseinander und überprüfte anhand der Postulate des Evangeliums Theologie und Kirchenorganisation auf ihre existentielle Berechtigung hin. Hinreichend bekannte Missstände im kirchlichen Leben – insbesondere hinsichtlich der oftmals sündhaften Lebensweise des Klerus und bezüglich der Vernachlässigung der Seelsorge im städtischen Bereich – gaben vielfach Anlass zu scharfer Kritik.

Die Vertreter dieser Bewegung, die als arme Wanderprediger in der Nachfolge Christi zumeist eine Reform der Kirche intendierten, waren weder in das überkommene Gefüge der abendländischen Gesellschaft noch in die herkömmlichen Organisationsstrukturen der Kirche zu integrieren. Die Spannungen verschärften sich weiter, nachdem sich verschiedene Vertreter der sogenannten Armutsbewegung im 12. Jahrhundert sowohl von der bestehenden Kirchenordnung als auch der traditionellen kirchlichen Lehre distanziert hatten. So wurde oftmals die Legitimität des kirchlichen *ordo*, vor allem des Priesterstandes, in Frage gestellt und die Geistlichen nach ihrem *meritum* und nicht länger nach Amt bzw. Weihen beurteilt. Radikalere Kräfte lehnten Predigt und Sakramentspendung durch sündhafte Priester ebenso ab wie die Autorität der kirchlichen Tradition; hinzu kamen bei einigen Gruppen – wie den Katharern – manichäische Lehren.

Das Papsttum und die übrigen Vertreter der »Amtskirche« reagierten auf die kirchenkritische Bewegung weitgehend hilflos und später repressiv. Zumeist wurden derartige Phänomene als »Häresie« betrachtet und verfolgt. So gerieten arme Wanderprediger wie Peter von Bruys und Arnold von Brescia mit ihrer *forma vitae* – orientiert am Beispiel der Urkirche – und später der Kaufmann Petrus Waldes in Konflikt mit der »Amtskirche«. Doch erst 1184 gelang es Papst Lucius III., die bisherigen vereinzelten kirchenrechtlichen Verfügungen über »Ketzerei« zusammenzufassen und erstmals eine Begriffsbestimmung von »Häresie« zu entwickeln. Diese wurde nunmehr hauptsächlich in Ablehnung der Sakramente, unbefugter Predigt u. a. gesehen. Damit war ein Instrumentarium geschaffen, mit dem die Vertreter der »Amtskirche«, insbesondere die Bischöfe, effektiver gegen kirchenkritische Elemente repressiv vorgehen konnten. Erst Innozenz III. nahm eine veränderte Haltung zur sogenannten Armutsbewegung ein, indem er wesentliche Elemente deren bisheriger Kirchenkritik (wegen des Sittenverfalls des Klerus, der Vernachlässigung der Seelsorge etc.) akzeptierte und die reformwilligen Kräfte in neuen organisatorischen Formen in die Kirche zu integrieren suchte. Er bezog arme Predigergemeinschaften mit päpstlichem *propositum* in die Kirchenorganisation ein. Zudem führte er sogar Gruppen, die bislang als »ketzerisch« betrachtet wurden (wie etwa die Humiliaten), in den Schoß der Kirche zurück, nachdem diese alle dogmatischen Forderungen der Kurie akzeptiert hatten. Gleichzeitig zögerte Innozenz nicht, »ketzerische« Gruppierungen, die zur Anerkennung der kirchlichen Dogmatik nicht bereit waren (wie etwa die Katharer), mit Hilfe der neu geschaffenen päpstlichen Inquisition und mit Unterstützung durch die weltliche Gewalt zu verfolgen und gegebenenfalls zu vernichten.

Franziskus von Assisi stand zweifellos in der jahrzehntealten Tradition der sogenannten Armutsbewegung, von der einige Vertreter – etwa Petrus Waldes – zumindest partiell ähnliche Ideen von einer Nachfolge Christi als armer Wanderprediger und Büßer vertraten und vergleichbare Lebensformen praktizierten. Im Gegensatz etwa zu Waldes hatte der Poverello das ›Glück der späteren Geburt‹, nämlich während des Pontifikates von Innozenz III. agieren zu können. Dessen – im Vergleich zu den päpstlichen Vorgängern – weitschauendere Haltung zur sogenannten Armutsbewegung und zu kirchenreformerischen Kräften bewahrte den Heiligen von Assisi möglicherweise vor Verfolgungen wegen »Häresie«, die vielleicht frühere Nachfolger Petri gegen ihn wegen seines Ideengutes und seiner Lebensform angeordnet hätten. Dennoch unterschied sich Franziskus – ungeachtet ähnlicher Lebensweise als armer Wanderprediger – von den maßgeblichen Kräften der sogenannten Armutsbewegung vor allem durch seine uneingeschränkte Loyalität und Ergebenheit gegenüber dem Papsttum und der Autorität kirchlicher Tradition.

Franziskus und der *ordo fratrum minorum*

Von seinem Herkommen war der spätere Lebensweg des jungen Giovanni Bernardone nicht zu erwarten. Der Sohn des reichen Tuchhändlers Pietro wurde Ende 1181 oder Anfang 1182 in Assisi geboren; die Mutter Pica stammte wahrscheinlich aus Südfrankreich. Der Vater, der bei der Geburt des ältesten Sohnes auf Reisen in Frankreich weilte, gab nach der Rückkehr dem Stammhalter den Beinamen »Franciscus«, den dieser sein ganzes Leben lang führte. Schon bald erhielt Giovanni-Francesco eine gute Schulausbildung, um die notwendigen Kenntnisse für die geplante Ausübung des Fernhändlerberufes im väterlichen Geschäft zu erlangen. So erlernte er in der Pfarrschule S. Giorgio anhand des Psalters lesen, schreiben und rechnen; zudem beschäftigte er sich mit weltlich-höfischer französischer Dichtung, die zu dieser Zeit auch in Italien rezipiert und als modisch aktuell betrachtet wurde. Die ritterliche Welt, mit der Franziskus durch diese Werke vertraut wurde, aber auch die soziale Wirklichkeit in Assisi, in der Adlige Politik und Gesellschaft dominierten, ließen in dem jungen Kaufmannssohn den unbändigen Wunsch nach sozialem Aufstieg und nach Erlangung der Ritterwürde entstehen – Vorstellungen, die Franziskus lange Zeit prägen sollten.

Der Reichtum und das Wohlwollen des Vaters ermöglichten Francesco und dem jüngeren Bruder Angelo eine unbeschwerte Jugend, wobei sich der Stammhalter durch aufwendige Kleidung und teure Feste für seine Altersgenossen hervortat. Mit ihnen nahm er auch an einem der Kriege von Assisi gegen die rivalisierende Nachbarstadt Perugia teil und geriet in der Schlacht bei Collestrada in Gefangenschaft (November 1202). Wie üblich wurde der junge Bürger bis zur Zahlung von Lösegeld inhaftiert, das wahrscheinlich der Vater nach etwa einem Jahr zahlte. Sicherlich stellten die Haft und folgende Krankheiten eine erste Zäsur im Leben von Franziskus dar, der jedoch weiterhin an seinen Träumen vom sozialen Aufstieg und vom Rittertum festhielt. Daher beschloss er 1205, sich am Krieg des päpstlichen Lehnsmannes Walter (III.) von Brienne gegen die Staufer in Apulien zu beteiligen und hierbei den Ritterschlag zu erhalten. Auf der Anreise hatte der junge Kaufmannssohn jedoch eine Traumerscheinung, in der ihn Gott aufrief, sich künftig nicht dem weltlichen, sondern vielmehr dem geistlichen Ritterdienst zu widmen.

Indem Franziskus der göttlichen Weisung folgte und nach Assisi zurückkehrte, begann gleichzeitig ein allmählicher Bekehrungsprozess, der sich als schmerzhaft erwies und über lange Jahre anhielt. Zuerst wandte sich der Kaufmannssohn von dem Freundeskreis sowie seinem sozialen Umfeld ab und unternahm wahrscheinlich eine Wallfahrt nach Rom, wo er zeitweise in einer Gruppe von Bettlern gelebt haben soll. Im Frühjahr/Sommer 1206 erhielt er beim Gebet vor dem Crucifixus in der zerfallenden Kirche von S. Damiano eine erneute Vision, in der Gott wieder zu ihm sprach und ihn aufforderte,

»sein Haus wieder aufzubauen« (so der Chronist Thomas von Celano). Franziskus verstand diese Aufforderung zuerst wörtlich, so dass er begann, verschiedene baufällige Kirchen in der Umgebung von Assisi eigenhändig zu renovieren. Um die erforderlichen Baumaterialien zu beschaffen, entnahm er dem elterlichen Geschäft Waren und Geld – was verständlicherweise zu Konflikten mit Pietro Bernardone führte. Dessen Versuche, den Sohn zur Erfüllung der väterlichen Wünsche und zu einer »bürgerlichen« Existenz notfalls gewaltsam zu zwingen, schlugen fehl.

Da der Stammhalter an seiner – für den Vater und zahlreiche Bürger von Assisi befremdlichen – Lebensweise festhielt, eskalierte der Konflikt und führte schließlich zu einem Prozess vor den städtischen Behörden bzw. vor dem Bischof. In einer berühmten, dramatischen Szene – wahrscheinlich vor dem Dom – sagte sich Franziskus von dem Vater öffentlich los, legte die Kleider ab, leistete freiwilligen Erbverzicht und erklärte, nurmehr Gott als seinen Vater anzuerkennen. Während sich der verstörte und existentiell zutiefst enttäuschte Vater von dem Sohn abwandte, begab sich dieser nach der eindrucksvollen Inszenierung in den Schutz der Kirche bzw. des Bischofs Guido. Dieser blieb Franziskus in der Folgezeit wohl gewogen, akzeptierte aufgrund dessen Ergebenheit gegenüber der Kirche die »Häresie-verdächtige« Lebensweise und sorgte später für Kontakte zur Kurie. Obwohl der Kaufmannssohn infolge der geographischen Gegebenheiten in der Stadt Assisi und ihrer Umgebung auch weiterhin dem ihn verfluchenden Vater begegnet sein dürfte, beschloss er, künftig als »Nackter dem nackten Gekreuzigten nachzufolgen« und allein Gott als Vater zu akzeptieren. Das künftige Leben in Buße bedeutete für Franziskus nicht nur die Erfüllung asketischer Forderungen, sondern auch die völlige Lösung von allen Bindungen zur Welt. Trotz dieser prinzipiellen Entsagung blieb aber seine Lebensweise auf Dauer von einem Spannungsverhältnis zwischen temporärem Einsiedlerleben und Apostolat »in der Welt« geprägt.

In der Folgezeit führte Franziskus zuerst ein Büßerleben vor den Toren Assisis, wo er Aussätzige pflegte und unter Verzicht auf jegliche materiellen Güter seinen Unterhalt erbettelte. Auch setzte er seine Aktivitäten zur Wiederherstellung von Kirchen in der Umgebung Assisis fort, etwa in S. Pietro della Spina und in S. Maria degli Angeli. Im Februar 1208 sah er sich in seinem Wirken durch eine Predigt über die Aussendung der Apostel (Mt 10,5–14) in der Portiunkula-Kapelle bestärkt, so dass er künftig als Büßer (in kreuzförmiger Kutte) und als Wanderprediger den Aposteln nachzufolgen und die Mitmenschen zur Buße aufzurufen suchte. Die ehemaligen Freunde von Franziskus und viele Bewohner der Stadt mussten die Tatsache, dass einer ihrer ehemals reichen Anführer nunmehr sie anbettelte, als Provokation und als fundamentale Kritik an ihrer Lebensweise betrachten. Da sie verständlicherweise nicht bereit waren, diese implizite Sozialkritik widerstandslos hinzunehmen, kam es vielfach zu Konflikten. Gleichwohl sahen sich einige Bürgersöhne von der Lebensweise des Franziskus angezogen, so dass sie sich – wie etwa Bernhard von Quintavalle und Petrus Cathani – dem Poverello anschlossen (seit April 1208).

Durch ein Buchorakel (sog. Bibelstechen) fühlten sich Franziskus und die Gefährten in ihrem göttlichen Auftrag bestätigt (Mt 10,21; 16,24, 19,21; Lk 9,3; 9,23). Erneut mahnte der Poverello seine Mitbrüder zu ritterlichem Dienst für die »Herrin Armut« (d.h. Wahrung absoluter persönlicher und gemeinschaftlicher Armut) wie zu Gottes- und Bruder-Liebe und zu absolutem Gehorsam hinsichtlich der Realisierung ihres »Lebens nach der Form des Evangeliums«. Als *viri poenitentiales* zogen sie durch benachbarte Dörfer und Städte, um in einfachen Predigten die Menschen zur Buße aufzufordern. Im Gegensatz zu den »alten Orden« bemühten sich der Poverello und seine Mitbrüder, ohne gemeinsamen Besitz allen Menschen gegenüber »Mindere« (*minores*) zu sein und ohne feste Wohnsitze die *vita apostolica* zu realisieren. Hinzu kam ein vollständiger Verzicht auf jeglichen Geldgebrauch – ein Verhalten, das in der bürgerlichen Gesellschaft Mittelitaliens als radikal und als (zumindest indirekte) Kritik an den sozio-politischen Gegebenheiten der italienischen Kommunen mit dominierender Geldwirtschaft verstanden werden musste. Zur Existenzsicherung sowie zur Selbsterniedrigung führten die Bußprediger Handarbeiten jeglicher Art aus, verdeutlichten hierdurch den Eigenwert manueller Arbeit und versuchten, durch ihr existentielles Beispiel die Mitmenschen zur Umkehr bzw. zur Buße zu veranlassen. Franziskus war überzeugt, dass allein Gott und kein irdisches Wesen ihm seine spezifische Lebensweise nach der Vorschrift des Evangeliums offenbart hatte. Zudem sah er sich in einer besonderen Beziehung zu dem Gekreuzigten, welchem er im Laufe des Lebens immer ähnlicher zu werden suchte (»*alter Christus*«). Ob der Heilige bereits zu diesem Zeitpunkt die Gründung eines eigenen Ordens beabsichtigte, ist umstritten.

Gemäß dem Sendungsauftrag unternahm der Poverello mit den Gefährten seit April 1208 eine erste Missionsreise durch die Toskana und die Mark Ancona; im Herbst zogen sie sich nach Verdrängung aus Assisi ins Rieti-Tal und in die Einsiedelei Poggio Bustone zurück. Im Frühjahr 1209 wurde eine zweite Missionsreise durchgeführt, in der ersten Maihälfte gefolgt von einer Reise der Gruppe nach Rom. Hier wollten die Brüder vom Papst die Anerkennung ihrer Lebensform als Buß- und Wanderprediger erhalten und zugleich ihre Rechtgläubigkeit dokumentieren. Ausdrücklich wünschte der Poverello seine *vita* nur in der Kirche zu verwirklichen. In einem Akt des Sich-Unterordnens sowie des Verzichts auf den eigenen Willen und im Streben, der universalen Intention seiner Lebensform gerecht zu werden, wandte sich Franziskus an den Nachfolger Petri. Eine Schlüsselrolle bei dem Aufenthalt an der Kurie spielten der dort weilende Ortsbischof von Assisi, Guido, und Kardinal Johannes von St. Paul. Sie kannten wichtige Angehörige des päpstlichen Hofes und ebneten nach vorheriger, ausführlicher Befragung von Franziskus den Weg zu dessen Audienz bei Innozenz III. Zuvor hatte vor allem Kardinal Johannes, der die »häretischen« Bewegungen der Katharer, Humiliaten etc. genau kannte, den Poverello – wenn auch vergeblich – gedrängt, auf ein Kernanliegen seiner Bewegung (die absolute Armut) zu verzichten. Dieser hatte zur Erläuterung seiner neuen Lebensform einige Bibelstellen zusammengestellt, die eine Art »Ur-Regel« darstellen sollten.

Die folgende Begegnung von Franziskus mit dem Nachfolger Petri war für den Bittsteller insofern erfolgreich, als sich Innozenz bereiterklärte, mündlich und wahrscheinlich auch probeweise die *vita* des Poverello zu approbieren und der Gruppe trotz Bedenken die Erlaubnis zu erteilen, in gemeinschaftlicher Armut zu leben und als Wanderprediger zur Buße aufzurufen. Zudem band Innozenz die junge Gemeinschaft durch die Verpflichtung zu absolutem Gehorsam an das Papsttum und ließ die *fraternitas* durch Tonsurierung der Brüder in die rechtliche Organisationsstruktur der Kirche einfügen. Er erkannte weitsichtig das Potential, welches die neue Gruppierung – sofern sie Erfolg hatte – hinsichtlich der Auseinandersetzung mit den oftmals »häretischen« Kräften der sogenannten Armutsbewegung besaß. Gleichzeitig rief das Postulat der absoluten Armut, das eine indirekte Kritik an dem Reichtum und an der Macht der zeitgenössischen Kirche implizieren konnte, auch beim Papst nachhaltige Bedenken hervor. Die Ergebenheit von Franziskus gegenüber dem Papsttum bzw. der kirchlichen Hierarchie und die Betonung seiner Rechtgläubigkeit ließen Innozenz jedoch mögliche Zweifel überwinden. Angeblich war der Papst noch von einer vorangegangenen Traumvision über einen ärmlichen Ordensmann beeinflusst, der die wankende Laterankirche mit seinem Rücken stützte und hierdurch vor dem Einsturz bewahrte – was vom Papst und von den Anhängern des Franziskus auf diesen bezogen wurde. Trotz des Entgegenkommens von Innozenz bestand für die *religio* um Franziskus die zwingende Notwendigkeit, Erfolg bei ihrem Vorhaben zu haben und weiter zu prosperieren, wollte sie auch künftig Förderung durch die Kurie erhalten. Zudem blieb die Gruppierung um den Poverello in der Folgezeit unter Beobachtung durch Bischof Guido und andere Vertreter der »Amtskirche«.

Nach der Rückkehr Franziskus' und der Brüder nach Assisi setzten diese die Tätigkeit als Buß- bzw. Wanderprediger fort, wobei Portiunkula seit dem Herbst 1209 zum Mittelpunkt ihrer Bewegung wurde. Zu dieser Zeit entstand auch die sogenannte *Protoregula*, d.h. die ursprüngliche Regel der Gemeinschaft, die jedoch verlorengegangen ist. Während in Assisi innerkommunale Konflikte ausgetragen wurden, forcierten die *fratres minores* (»Minderen Brüder«) ihre Predigttätigkeit und unternahmen weitere Missionsreisen insbesondere in Umbrien. Ihr beispielhaftes Leben führte dazu, dass sich immer mehr Gläubige ihrer *fraternitas* anzuschließen suchten. Im Gegensatz zu den »alten Orden« fand jedermann – unabhängig von Stand und Herkommen – Aufnahme in die Gemeinschaft, sofern der Kandidat »rechtgläubig« und bereit war, den Postulaten der *vita minorum* zu entsprechen. Zu dieser Zeit kam es auch zu ersten Kontakten von Klara di Favarone zu Franziskus, der durch seine Lebensweise und durch Predigten nachhaltigen Eindruck auf die junge Adlige gemacht hatte. Sie sah sich veranlasst, dem Beispiel des Poverello zu folgen und ihrerseits eine ähnliche Lebensform zu entwickeln. Im folgenden Frühjahr (1211) floh sie aus ihrem Elternhaus zu Franziskus in Portiunkula, der ihr das Haupt schor und ein Bußkleid gab. Nachdem sich zahlreiche Frauen Klara angeschlossen hatten, kam es im April 1211 zur Gründung einer ersten eigenen Gemeinschaft um die junge Adlige in S. Damiano (später 2. Orden der entstehenden »Franziskanischen Familie«).

Gemäß dem biblischen Missionspostulat beschränkte der Poverello seine Predigttätigkeit nicht auf den italienischen Raum, sondern strebte auch eine Mission der sogenannten Ungläubigen an. So unternahm er 1212 einen ersten Versuch, nach Syrien zu gelangen, doch musste er die Reise bald wegen Krankheit abbrechen. Bald darauf begann Papst Innozenz III. im Frühjahr 1213 eine Propagandakampagne zur Durchführung eines neuen Kreuzzuges, der aber erst 1217 zustande kam. Franziskus war zwar 1214 erneut bestrebt, zu den sogenannten Sarazenen – nun in Marokko – zu reisen, doch musste er auch diese Reise wegen Krankheit in Spanien abbrechen. So konzentrierte er sich auf eine intensive Predigttätigkeit in Italien, wo er zahlreiche Gebildete und Vornehme für seine Gemeinschaft gewinnen konnte. Gleichzeitig kam es zu Spannungen mit Klara wegen der Leitung ihrer Gemeinschaft, die ebenfalls prosperierte und durch ein päpstliches Armutsprivileg gefördert wurde.

Das Jahr 1215 bildete für den Poverello eine neuerliche Zäsur, da er am IV. Lateran-Konzil in Rom teilnahm, das u.a. ein Verbot von Ordensgründungen mit neuen Regeln verkündete. Hier wird Franziskus nicht nur Innozenz III. getroffen haben, der die *vita minorum* endgültig billigte; wahrscheinlich kam es auch zu einer Begegnung mit Dominikus de Guzmán, dem Gründer des Predigerordens, der dem Poverello und seiner Gemeinschaft bis ans Lebensende eng verbunden blieb. Zugleich erfolgten weitere Schritte zu einer Institutionalisierung franziskanischen Lebens, indem u.a. (General-)Kapitel im Orden eingeführt wurden, die insbesondere aktuelle Organisationsprobleme der franziskanischen *vita* regeln sollten. Dieses Gremium, in dem anfangs alle Brüder vertreten waren, hatte auch die Regel des Ordens weiterzuentwickeln. Später kam die Schaffung von Ordensprovinzen hinzu, die der in ganz Europa expandierenden Franziskanergemeinschaft eine straffere Organisationsstruktur verleihen sollten. Um die Minderbrüder bei der Missionsarbeit besser vor dem oftmals in der Bevölkerung geäußerten »Häresie«-Verdacht zu schützen, erließ der neue Papst Honorius III. im Sommer 1218 die Bulle *Cum dilecti*, in der die Rechtgläubigkeit der Franziskaner bestätigt wurde. Der Poverello war seinerseits bemüht, konsequent gegen alle Mitglieder seines Ordens vorzugehen, die im Verdacht der »Häresie« standen bzw. stehen konnten – letztlich um hierdurch eine fundamentale Gefährdung der Existenz seiner Gemeinschaft durch potentielle Vorwürfe der »Ketzerei« zu verhindern.

Auch in der Folgezeit versuchte Franziskus beharrlich, seinen universal verstandenen Missionsauftrag zu realisieren, indem er im Sommer 1219 im Rahmen des 5. Kreuzzugs nach Syrien und nach Damiette reiste. Hier wollte er das Evangelium verkünden, die sogenannten Sarazenen zum Christentum bekehren und – sofern möglich – Frieden stiften. Hierfür war er auch bereit, das Martyrium zu erleiden, wie dies bald darauf (1220) einigen Mitbrüdern in Marokko widerfuhr. Im Zusammenhang mit der Belagerung von Damiette durch die Kreuzfahrer gelang es dem Poverello zwar, zum Sultan Melek-el-Kamil vorzudringen und ein Glaubensgespräch zu führen; doch blieb der Wunsch von Franziskus unerfüllt, die Moslems zu bekehren oder gar das Martyrium zu erleiden. So sah er sich nach der Eroberung von Damiette durch die Christen im Frühjahr 1220 veranlasst, unverrichteter Dinge nach Italien zurückzukehren.

Hierfür bestand auch infolge ordensinterner Wirren dringende Notwendigkeit, wie der Poverello zwischenzeitlich durch Boten erfahren hatte. Während seiner Abwesenheit waren die Spannungen innerhalb der *fraternitas* gewachsen, zumal einige Brüder auf einem sogenannten Seniorenkapitel Regeländerungen vorgenommen hatten. Diese betrafen u.a. die stärkere Akkomodation der franziskanischen *vita* an die Lebensform der »alten Orden« (insbesondere hinsichtlich der Verfassungsorganisation) und die stärkere Abgrenzung ihrer Gemeinschaft gegenüber »häretischen« Kräften (wie den Katharern) bezüglich der Fastenvorschriften. Zu Recht sah Franziskus hierdurch essentielle Elemente seiner *vita* gefährdet, so dass er nach der Rückkehr umgehend beim Papst intervenierte und zur besseren Überwachung der Entwicklung der *fraternitas* erfolgreich einen Protektor für den Orden erbat. Hugolin von Ostia übernahm diese Aufgabe und übte in der Folgezeit nachhaltigen Einfluss in der Franziskanergemeinschaft aus – vielleicht nicht immer in Übereinstimmung mit dem Gründer, wie mitunter in der Forschung gemeint wurde (z.B. von P. Sabatier bis H. Feld).

Vor allem Gebildete im Orden betrieben – sicherlich mit Unterstützung durch den Protektor – die Institutionalisierung und die Ausbildung einer Ämterverfassung in der Gemeinschaft weiter. Der Gründer hingegen sah diese Entwicklungen als bedenklich an, zumal er unverändert den Brüdern »seine« *vita* als *forma minorum* vorlebte und gegebenenfalls als Korrektiv für Fehlentwicklungen wirkte. Er sah seine Leitungsrolle in der *fraternitas* als unstrittig an, zumal ihm seine Lebensform durch göttliche Offenbarung vermittelt worden war. Zugleich betonte Franziskus, dass jede Leitungsaufgabe im Orden keinerlei Amtscharakter besitzen oder mit Machtausübung verbunden sein dürfte. Insofern gab es in der Gemeinschaft keine Prioren o.ä.; vielmehr waren alle Ordensmitglieder einfache *fratres*, die auch »in der Welt« keinerlei Führungsämter etc. innehaben sollten. Da sich Franziskus mit seinen Vorstellungen von der Gestaltung der *vita minorum* im Orden offenbar nicht mehr durchsetzen konnte, trat er im September 1220 von der Ordensleitung zurück; diese nahmen zuerst Petrus Cathani und nach dessen Tode (1221) Elias von Cortona als Vikare wahr.

Obwohl sich der Poverello unverändert für seine *fraternitas* verantwortlich fühlte, zog er sich zunehmend aus dem aktuellen Geschehen in der Ordensführung zurück. Zwar kam es 1221 auf einem Generalkapitel, dem sogenannten ›Mattenkapitel‹, unter Mitwirkung des Gründers zur Verabschiedung der sogenannten *Nicht-bullierten Regel*, doch konzentrierte sich Franziskus in den folgenden Monaten auf Predigtreisen durch Mittel- und Süditalien. Gleichzeitig expandierte der Orden in Ländern nördlich der Alpen, insbesondere im Deutschen Reich, wo eine Missionsgruppe unter Leitung des Cäsar von Speyer erfolgreich wirkte und die Ordensprovinz Teutonia aufbaute. Eher widerstrebend widmete sich Franziskus derweil (1222/23) mit den Brüdern Leo und Bonizzo in Fonte Colombo – wahrscheinlich auf Druck des Protektors sowie von Gebildeten in der Gemeinschaft – einer Neuredaktion der Ordensregel.

Deren revidierte Fassung, die auch von Hugolin von Ostia unter kirchenrechtlichen Gesichtspunkten überprüft worden war und verstärkt normative Elemente aufwies, wurde auf dem Pfingstkapitel 1223 gebilligt, anschließend der Kurie vorgelegt und schließlich von Honorius III. in der Bulle *Solet annuere* feierlich approbiert (*Bullierte Regel* – 29. November 1223). Nun wurde die Organisationsstruktur der Franziskanergemeinschaft noch stärker an die der »alten Orden« angepasst und nachhaltig zentralisiert; doch blieb die *fraternitas* ein ortsunabhängiger Personenverband. In einer zentralistischen Organisation stand neben dem Generalminister, der faktisch über uneingeschränkte Gewalt verfügte, ein Generalkapitel, anfangs mit Vertretung aller Brüder, gefolgt von regionalen Ordensprovinzen, ebenfalls mit repräsentativen Kapiteln, und schließlich den Leitern kleinerer, örtlicher Gruppierungen (Kustodien). Unverändert unterstand der gesamte Orden, der unterschiedslos Kleriker und Laien umfasste, direkt den Nachfolgern Petri, die nur zu gern diese Gemeinschaft zur Durchsetzung ihrer (Macht-)Interessen in der Christenheit nutzten.

Während der Orden dauerhaft auch zahlenmäßig prosperierte und weitere Provinzen im Abendland (u.a. in England) entstanden, zog sich der Gründer kontinuierlich aus dem Geschehen in der *religio* zurück. Auch physisch trennte sich der von Krankheiten geplagte Franziskus stärker von der *fraternitas* und lebte zunehmend in Gebet und Meditation in der Einsamkeit. Hinzu kam noch stärker als bisher seine intensive Hinwendung zur oftmals verachteten Natur bzw. zur Schöpfung. Diese betrachtete er nicht nur als Geschenk Gottes an die Menschen, sondern er wollte sie auch gleichsam als »Vermittlerin« zwischen Gott und der Menschheit würdigen. Franziskus sah eine Einheit von Glaube und Natur, die er in ständigem Gotteslob zu feiern wünschte. Den Höhepunkt seiner Vertiefung in Gottesschau und Gebet erlebte der Poverello schließlich im Sommer 1224 auf dem Berg La Verna. Hier erfuhr er beim Michaelsfasten nach eigener Aussage nicht nur eine neuerliche Vision (mit einem Seraphen), sondern auch eine Stigmatisation, die er aber vor den Mitbrüdern zu verbergen suchte.

Körperlich geschwächt und krank kehrte Franziskus im Oktober nach Assisi zurück, um sich anschließend trotz allen Leidens auf eine erneute Predigtreise durch Umbrien und die Mark Ancona zu begeben. Erfolgreiche Missionstätigkeit und wachsende Verehrung in der Bevölkerung konnten aber die Sorge des Heiligen um die weitere Entwicklung seiner Gemeinschaft nicht mindern. In Anbetracht des großen Einflusses von Gebildeten und ehemals sozial Angesehenen im Orden verfasste Franziskus in den letzten Lebensjahren eine Vielzahl an Schreiben, in denen er zur Wahrung der zentralen Postulate der *vita minorum* und insbesondere zur Einhaltung der radikalen Armutsforderung mahnte. Wie weit sich der Gründer von seiner Stiftung mittlerweile entfernt hatte, vermag das *Diktat von der wahren Freude* zu verdeutlichen.

In Anbetracht der ständigen Verschlechterung seines Gesundheitszustandes drangen Fr. Elias und auch Kardinal Hugolin – trotz des Widerstrebens von Franziskus – auf ärztliche Behandlung; doch schlug eine Augenoperation im Frühjahr 1225 fehl und intensivierte noch die Leiden des Kranken. Nach erneuten Visionen glaubte er, die göttliche Zusage ewigen Heils erhalten zu haben, wofür er eindrucksvolle Dankesdichtungen verfasste (u. a. den *Sonnengesang*). Doch verschlechterte sich der Zustand des Heiligen weiter, der sich im Frühjahr 1226 erneuten medizinischen Behandlungen unterzog, die jedoch ebenfalls keine Linderung brachten. Nachdem ihn ein Blutsturz heimgesucht hatte, wurde Franziskus zuerst nach Cortona und später nach Bagnaia gebracht, wo er intensive Pflege erfuhr. Nachdem sich auch der Bischof von Assisi um weitere medizinische Therapie des Kranken bemüht hatte und diese ebenfalls fehlgeschlagen war, diktierte Franziskus Ende September / Anfang Oktober sein Testament. Schließlich ließ er sich im Bewusstsein des bevorstehenden Endes im September nach Portiunkula transportieren, wo er am 3. Oktober nach kurzem Leiden starb.

Der Franziskanerorden im späteren 13. Jahrhundert

Die Spannungen, die bereits zu Lebzeiten des Gründers zwischen ihm und bestimmten Gruppierungen im Orden sowie zwischen diesen Gruppen ihrerseits bestanden, blieben auch nach dem Tode von Franziskus bestehen. Dies zeigte sich bereits im Zusammenhang mit der Beisetzung des Poverello, der – nachdem sein Leichnam zuvor vereinbarungsgemäß Klara und ihren Schwestern gezeigt worden war – zuerst in der Kirche S. Giorgio in Assisi begraben wurde. Doch bald darauf begannen einflussreiche Kräfte im Orden, einen – wie sie meinten – »würdigeren« Ort für die Verehrung ihres Patrons zu planen, nämlich eine prachtvolle Grabeskirche. Während der Gelehrte Johannes Parenti 1227 die Leitung der *religio* übernahm, konnte sich Elias von Cortona mit voller Kraft dem Bauprojekt widmen, für das er die Unterstützung des neuen Papstes Gregor IX. (früher Hugolin von Ostia) erhielt. Dieser sorgte auch dafür, dass Franziskus bereits am 16. Juli 1228 heiliggesprochen wurde. Zugleich erteilte er dem Chronisten Thomas von Celano den Auftrag, eine Vita des neuen Heiligen zu schaffen, die dessen intensiverer Verehrung in der Öffentlichkeit dienen sollte. Nachdem Thomas schon im Februar 1229 sein Werk vollendet hatte (1 C) und dieses umgehend von Papst Gregor approbiert worden war, begann ein – für den Orden charakteristischer – später zu behandelnder Prozess, sich des Heiligen und der *vita minorum* jeweils zeitgemäß durch das Instrument der Historiographie zu versichern.

Die Auseinandersetzungen im Orden intensivierten sich spätestens nach der Fertigstellung der Grabeskirche S. Francesco (Unterkirche) und der Translation des Leichnams von Franziskus (Mai 1230). Vor allem seine alten Gefährten sahen in dem Prachtbau einen eklatanten Verstoß gegen das Armutspostulat der Gemeinschaft. Ihnen stand eine Gruppe von »Reformern« gegenüber, die gemäßigte Veränderungen der franziskanischen Lebensweise wünschten, während eine dritte Gruppierung eine möglichst rasche Anpassung der *vita minorum* an die Regeln der »alten Orden« sowie die Erlangung umfangreicher päpstlicher Privilegien anstrebte. Neben der Armutsforderung spielte die Frage der wissenschaftlichen Studien in der Gemeinschaft eine zentrale Rolle, verbunden mit dem Problem des Einflusses der Gebildeten im Orden. So beharrten vor allem die alten Gefährten auf der Wahrung der *simplicitas* bei ihrer »charismatischen Evangeliumsverkündigung« und lehnten Studium sowie ordenseigenes Studienwesen im Blick auf die zeitgenössischen gesellschaftlichen Implikationen von Bildung (*superbia*) und potentiell negative Auswirkungen auf das *minoritas*-Postulat ab. Die Gruppe der Reformer versuchte hingegen, einen kompromisshaften Mittelweg bezüglich einer moderaten Akkomodation der *vita minorum* vor allem hinsichtlich der Bildungsanforderungen für die Ausübung einer zeitgemäßen Seelsorge im städtischen Raum zu finden.

Da der Orden offensichtlich nicht in der Lage war, aus eigener Kraft eine Lösung der internen Probleme herbeizuführen, wandte man sich mit der Bitte, einige »dunkle Punkte« in Regel und Testament zu klären, an den Nachfolger Petri. Unter Hinweis auf das besondere Vertrauensverhältnis, das der Papst schon als Kardinal (Hugolin) zum Poverello besessen hatte, nahm Gregor IX. in der Bulle *Quo elongati* (28. September 1230) eine Klärung vor. Er verfügte nicht nur, dass das Testament von Franziskus rechtlich unverbindlich sei, sondern nahm auch eine wichtige Erleichterung bezüglich des franziskanischen Armutspostulats vor. So differenzierte er juristisch zwischen Besitzrecht (*dominium*) und Gebrauch (*usus*) von Dingen, so dass die Brüder nominell besitzlos blieben, faktisch aber über die ihnen überlassenen Dinge verfügen konnten.

Dieser Regelerklärung des Papstes sollten bis zum Ende des Jahrhunderts zahlreiche weitere folgen, die alle den Zweck verfolgten, die *vita minorum* in päpstlichem Sinn zu interpretieren, den Orden möglichst eng an das Papsttum zu binden und für dessen Zwecke zu funktionalisieren. Klärungen bezüglich des franziskanischen Armutspostulates strebten auch die sogenannten Vier Magister aus dem Orden an, die 1242 ihre *Expositio* der Regel mit radikaler Armutsforderung vorlegten. Hieran schloss sich die wichtige Regelklärung von Papst Innozenz IV. an, der u.a. die weitgehende Übernahme des Eigentumsrechtes von Mobilien bzw. Immobilien der Franziskaner verfügte (Bulle *Ordinem vestrum*, 14. November 1245). Daraufhin betonte Fr. Hugo von Digne in seinem Kommentar (1245–55) erneut die Verpflichtung zu einer radikalen Armutspraxis ohne Erleichterungen in jeglicher Form. Während Generalminister Bonaventura (1257–74) sich bemühte, einen Mittelweg bezüglich des Armutspostulates zu eröffnen, forcierten spätere Nachfolger Petri die Tendenz zu weiteren Erleichterungen bezüglich der Armutspraxis im Orden – etwa Nikolaus III. (Bulle *Exiit qui seminat*, 14. August 1279). Gegenreaktionen aus Kreisen der Gemeinschaft, die auf Regeltreue und strengster Armut (*usus pauper*) beharrte, erfolgten schon bald, wie zahlreiche Schriften gebildeter Franziskaner – etwa Petrus Johannis Olivis, Ubertinos von Casale u.a. – zeigen. Die Diskussionen um eine zeitgemäße Auslegung von Regel und Testament fanden erst unter Johannes XXII. mit seinen Maßnahmen gegen sogenannte Spiritualen ein vorläufiges Ende.

Ergänzend zu den genannten Kommentaren zur Regel der Franziskaner begannen die Nachfolger Petri bereits zu Lebzeiten des Gründers mit einer systematischen Privilegierung des Ordens, ohne dass etwa Franziskus hiergegen Einspruch erhoben hätte. Wie bei den Regelkommentierungen, so ging es den Päpsten bei den Privilegien darum, einerseits ihren Vorstellungen gemäß nachhaltigen Einfluss auf die Entwicklung der jungen Gemeinschaft zu nehmen, andererseits deren Wachstum und Expansion zu unterstützen. Dies war insofern sinnvoll, als sich die Franziskaner – wie die Dominikaner – verstärkt in Städten niederließen, dort Konvente errichten ließen und zwangsläufig in Konkurrenz zum Weltklerus gerieten. Um dessen Widerstand zu schwächen und gleichzeitig eine intensivere päpstliche Einflussnahme in kommunalen Räumen zu ermöglichen, engagierten sich die Nachfolger Petri in zahllosen Privilegien zugunsten der Bettelorden. Noch zu Lebzeiten des Poverello waren Franziskaner mit ihren Konventen in päpstlichen Schutz aufgenommen worden (1223). Hinzu kamen später freies Begräbnisrecht (1227), erweiterte Predigterlaubnis (1230), Zehntfreiheit (1231) und ein Beichtprivileg (1237). Hieran schlossen sich Vergünstigungen bezüglich der Exemtion (1238) sowie der Predigterlaubnis während eines Interdiktes (1246) an. Nach einem temporären Rückschlag unter Innozenz IV., der 1251 einen Privilegien-Rückruf von den Franziskanern vornahm, setzte sich nach dessen baldigem Tode (7. Dezember 1254) mit der Wiederherstellung der alten Privilegien durch Alexander IV. (1254) die großzügige Förderung des Ordens durch die Päpste bis zum Ende des Jahrhunderts kontinuierlich fort.

Die internen Spannungen in der Franziskanergemeinschaft bezüglich eines zeitgemäßen Verständnisses der *vita minorum* manifestierten sich auch in Konflikten um die Leitung des Ordens. Nach dem Generalat des Johannes Parenti (1227–32) mit moderaten Reformmaßnahmen übernahm der Vertraute des Gründers, Elias von Cortona, die Führung der Gemeinschaft (1232–39). Ungeachtet seiner Rolle beim Bau der Grabeskirche bemühte er sich um die Beachtung zentraler Ordenspostulate und sicherte die Stellung der Laien im Orden trotz dessen fortschreitender Klerikalisierung. Auch die verstärkte Gründung von städtischen Konventen sowie die Förderung von Bildung und Wissenschaft innerhalb der Gemeinschaft erfuhren seine Förderung. Zudem engagierte er sich im eskalierenden päpstlich-kaiserlichen Konflikt als Friedensvermittler und gewann sowohl das Vertrauen von Papst Gregor als auch von Kaiser Friedrich II. Zum Verhängnis wurden Elias jedoch ordensinterne Widerstände vonseiten der Provinziale gegen seine autoritäre Amtsführung und sein Widerstand gegen die fortschreitende Klerikalisierung der franziskanischen Gemeinschaft. Nachdem er in engere Beziehungen zum Kaiser getreten war, setzte ihn Gregor IX. 1239 ab und berief zuerst den englischen Provinzial Albert von Pisa sowie nach dessen Tod (1240) Magister Haymo von Faversham zum Generalminister.

Während Fr. Elias systematisch diffamiert und propagandistisch gleichsam zum Judas der franziskanischen Bewegung stilisiert wurde, setzten sich die Reformer in der Folgezeit im Orden durch. Sie schlossen Laien auf Dauer von allen Ordensämtern aus und forcierten den Ausbau kommunaler Konvente und Studieneinrichtungen. Wie die Dominikaner siedelten sich die Franziskaner verstärkt in Universitätsstädten (wie Bologna, Oxford und Paris) an, wo sie bald zahlreiche Professoren für ihre Gemeinschaft gewinnen und ein ordenseigenes, hierarchisch strukturiertes Studienwesen aufbauen konnten. Dies machte es auch möglich, dass die gebildeten Brüder – mit Dominikanern – als Inquisitoren in päpstlichem Auftrag gegen »Häretiker« vorzugehen vermochten. Nachdem durch die erwähnten päpstlichen Regelkommentare und Privilegien die Härte des Armutspostulates weiter gemildert worden war, musste im Kreise der alten Gefährten sowie von Reformgegnern der Eindruck entstehen, die Gebildeten würden die franziskanische *fraternitas* zugrunde richten. In deutlicher Opposition zur allgemeinen Entwicklung im Orden beharrte diese Gruppierung daher auf der Wahrung »ur-franziskanischer Lebensweise«, lehnte Bildung und Wissenschaft als unnötig für die *vita minorum* ab und bevorzugte eine Existenz in Eremitorien bzw. kleinen Niederlassungen auf dem Lande.

Diese »Konservativen« fanden nach dem Übergangs-Generalat des Crescentius von Jesi (1244–47) einen Fürsprecher im neuen Generalminister Johannes von Parma (1247–57). Obwohl selbst Gelehrter, strebte er eine genauere Beachtung von Regel und Testament des Gründers an; zudem zeigte er sich sehr zurückhaltend gegenüber der Erlangung weiterer päpstlicher Privilegien. Temporäre Unterstützung erhielt Johannes von der wachsenden ordensinternen Gruppe der sogenannten Spiritualen. Dies waren Fratres, die nicht nur auf der Einhaltung der Ordensregel bzw. des Testamentes von Franziskus beharrten, sondern auch die Trinitätslehren des Joachim von Fiore rezipierten und auf ihren Orden anwendeten. Sie verstanden ihre *religio* als den von Joachim prophezeiten eschatologischen Orden, der im letzten, um 1260 beginnenden (Geist-)Zeitalter seine Wirksamkeit entfalten würde. Zudem betrachteten sie – wie ihr Mitbruder Gerard von Borgo S. Donnino – die Schriften Joachims als das neue »Evangelium aeternum«. Nachdem diese Lehren 1256 von Alexander IV. als »häretisch« verurteilt worden waren, begannen schon bald ordensintern Repressionen gegen diese Gruppierungen, die hauptsächlich in der Provence, der Toskana und der Mark Ancona wirksam waren. Als angeblicher Förderer dieser »Häretiker« wurde Generalminister Johannes vom Papst zum Rücktritt gezwungen (1257).

Sein Nachfolger Bonaventura versuchte, einen Mittelweg in der weiteren Entwicklung des Ordens zu finden, sich jedoch zugleich von den angeblich »häretischen« Kräften in der Gemeinschaft zu distanzieren. So ließ er nicht nur Johannes von Parma einem Prozess unterziehen, sondern auch die »Konservativen« und insbesondere die Spiritualen in ihrer Wirksamkeit beeinträchtigen. In enger Bindung an das Papsttum akzeptierte er Erleichterungen in der Armutspraxis (u.a. durch das Prokuratoren-Institut), förderte als ehemaliger Universitätsprofessor das ordensinterne Studienwesen und strebte eine moderne, zeitgemäße Seelsorge vor allem in kommunalen Räumen an. Durch derartige Aktivitäten erlangte der Orden wachsende Bedeutung im gesamten Abendland, wobei die Franziskaner wichtige Aufgaben innerhalb der Kirche übernahmen. Diese Entwicklungen verstärkten jedoch die Auseinandersetzungen, in welche die Franziskaner – und mit ihnen die Dominikaner – seit etwa 1250 mit dem Weltklerus verwickelt waren. Im sogenannten Mendikantenstreit ging es zum einen um die Besetzung von Lehrstühlen an der Universität Paris durch Angehörige der Bettelorden (1252–66), zum anderen außerhalb der Hochschule um städtische Seelsorgerechte der Mendikanten, welche die Existenzgrundlagen des Säkularklerus zu bedrohen schienen.

Dank päpstlicher Intervention konnte zwar der Konflikt an der Pariser Hochschule beigelegt werden, doch hielten die innerfranziskanischen Auseinandersetzungen in den folgenden Jahrzehnten an. Unverändert wurde um eine regelgemäße Armutspraxis gerungen und die Berechtigung päpstlicher Privilegien für den Orden diskutiert. Unversöhnlich stand hierbei die Mehrheit der Brüder, die sogenannte Kommunität, der radikalen Minderheit um die alten Franziskus-Gefährten und insbesondere die verbliebenen Spiritualen gegenüber. Führende Intellektuelle, die wie Hugo von Digne, Petrus Johannes Olivi und Angelus Clarenus Regeltreue und eine strenge Armutspraxis anmahnten, ließen sich trotz massiver Repressionen mit Androhung von Exkommunikation, Inhaftierung etc. nicht mundtot machen. Nachdem einige Radikale sogar die angeblich »fleischliche Kirche« und das Papsttum polemisch angegriffen und u.a. dessen Privilegienpraxis kritisiert hatten, entschloss sich Johannes XXII. zu radikaleren Maßnahmen zur Beendigung des sogenannten Armutsstreites.

Er übertrug zum einen den Ordensoberen das Recht, über Fragen der Armut zu entscheiden (Konstitution *Quorundam exigit* – 7. Oktober 1317); zum anderen ließ er führende Anhänger der Spiritualen vor Gericht stellen bzw. später der Inquisition überantworten. Vier der angeklagten Franziskaner weigerten sich zu widerrufen und wurden daraufhin 1318 als »Ketzer« verbrannt. Nachdem sich auch die überlebenden Spiritualen der Kommunität angeschlossen hatten, konnte der sogenannte (praktische) Armutsstreit im Orden um 1319 als beendet betrachtet werden. Dennoch flammten die Auseinandersetzungen in der Franziskanergemeinschaft um das »richtige«, zeitgemäße Verständnis der *vita minorum* auch in der Folgezeit immer wieder auf. Sie führten zu neuen Verzweigungen des Ordens und schließlich zu seiner Spaltung in Konventualen und Observanten (1517); von diesen trennten sich 1528 noch die Kapuziner.

Die erwähnten innerfranziskanischen Auseinandersetzungen um die »richtige Lebensform« wurden nicht nur auf der theoretischen Ebene um Regelauslegungen, päpstliche Privilegien etc., sondern auch im Bereich der Ordenshistoriographie geführt – ein Spezifikum der Franziskanergemeinschaft. Ausgangspunkt waren die Schriften des Gründers, der – während er sich selbst als *idiota* (Ungebildeten) bezeichnete – im Gegensatz zum Stifter des »Bildungsordens« der Dominikaner ein beachtliches Œuvre an spirituellen Schriften und volkssprachlichen Dichtungen hinterließ. Obwohl nach seinem Tode die Mehrzahl seiner Werke nurmehr geringere Beachtung fand, blieben Regel und Testament im Zentrum der ordensinternen Diskussion. Zwar stand die junge Franziskanergemeinschaft auch weiterhin unter Erfolgs- und Rechtfertigungszwang in Kirche und Gesellschaft, doch blieben die Vorbehalte gegen *scientia* und auch *historia* im Blick auf die Postulate von *paupertas* und *minoritas* in weiten Kreisen des Ordens erhalten.

Dies änderte sich erst in den 1220er Jahren im Zusammenhang mit Modifikationen in der Bildungsstruktur der Gemeinschaft durch den Beitritt zahlreicher Gebildeter sowie durch die einsetzende Klerikalisierung des Ordens. Hinzu kamen Ermunterungen durch das Papsttum, zumal Gregor IX. den Chronisten Thomas von Celano um 1228 mit der Abfassung einer Lebensbeschreibung des Gründers beauftragte. Der Frater beschränkte sich bei seinem Werk nicht darauf, eine »traditionelle« Heiligenvita für Franziskus zu schaffen. Vielmehr bemühte er sich, sowohl dessen Leben und die Entstehungsgeschichte seiner *fraternitas* zu beschreiben als auch zentrale Komponenten der franziskanischen Lebensform zu verdeutlichen. Thomas von Celano wollte mit seiner Vita nicht nur die Verehrung des Heiligen bei den Gläubigen fördern, sondern auch ihm wichtige Elemente der franziskanischen *vita* betonen, die zwischenzeitlich ordensintern umstritten waren. Insgesamt war der Chronist bestrebt, mit seiner exemplarischen Franziskus-Vita ein umfassendes Bild der franziskanischen Lebensform zu entwerfen, die normativ war und insofern Verbindlichkeit für die gegenwärtige wie die künftige Franziskanergemeinschaft besitzen sollte. Da die Legende – wie die folgenden Stifter-Viten – in den Konventen in geeigneter Form mündlich vorgetragen wurde, strebte man eine kontinuierliche Belehrung der Brüder über die wichtigsten Elemente der franziskanischen Lebensform und die Vollkommenheit des Gründers an.

Die Wertschätzung der Vita als wichtiger Form der historischen Reflexion – insbesondere auf die *vita minorum* – blieb im Orden auch in den folgenden Jahrzehnten erhalten. Dieses Phänomen manifestierte sich einerseits in verschiedenen Lebensbeschreibungen für bedeutende Ordensmitglieder (wie etwa Antonius von Padua), andererseits in weiteren Franziskus-Viten wie etwa von Julian von Speyer oder Heinrich von Avranches. Unverändert bestand ein enger Nexus zwischen dem Inhalt der jeweiligen Stifter-Vita und dem zeitgenössischen Verständnis der franziskanischen Lebensform. Diese Interdependenz wurde auch nach dem Generalkapitel von Genua (1244) deutlich, das die ordensinterne Sammlung aller verfügbaren Informationen über das Leben und das Wirken von Franziskus veranlasst hatte.

Die Resonanz auf diesen Aufruf war beträchtlich, da zum einen wichtiges Quellenmaterial von einem »Schüler« der ersten Gefährten des Poverello (wahrscheinlich Johannes von Perugia) zur Verfügung gestellt wurde (*Anonymus Perusinus*). Hierin wurden wertvolle Angaben über die »Grundlegung des Ordens und über die Taten der ersten Minderbrüder« gemacht. Zum anderen meldeten sich auch Leo von Assisi und zwei weitere alten Gefährten des Gründers, die der Ordensleitung Erinnerungsmaterial (*rotuli*) offerierten (1246/47); dieses wurde dann in Form der sogenannten Drei-Gefährten-Legende zusammengestellt. Auch diese Brüder handelten primär nicht aus historischem Interesse, sondern sie wollten mit ihrem Florilegium ihnen wichtig erscheinende Elemente der franziskanischen Lebensform im Gegensatz zu aktuellen ordensinternen Entwicklungen betonen. Daneben tradierten die *Socii* ihre Kenntnisse Interessierten im Orden mündlich, so dass neben den zahlreichen »offiziösen« Schriften zu Franziskus und seiner *fraternitas* auch eine Tradition abweichender oraler Überlieferung bestand; diese wurde zum Teil in Sammelwerken rezipiert, die erst im 14. Jahrhundert entstanden, jedoch ältere, glaubwürdige Informationen aus der ersten Brüdergeneration enthielten. Schließlich nutzte auch Thomas von Celano das eingegangene Quellenmaterial, um eine zweite Franziskus-Vita zu schaffen (2 C). Auch diese war nicht als eine bloße Ergänzung seines ersten Werkes gestaltet, sondern sie betonte zelatorische Aspekte und würdigte stark typisierend die Heiligkeit des Stifters.

Einen vorläufigen Höhepunkt in der Entwicklung der franziskanischen Historiographie stellten schließlich die Franziskus-Viten Bonaventuras dar (*Legenda maior/minor*). Infolge der ordensinternen Auseinandersetzungen sowie des sogenannten Mendikantenstreites mit dem Weltklerus entwarf der Generalminister auf Weisung des Generalkapitels von Narbonne (1260) eine neue Darstellung des Gründerlebens. Diese sollte sowohl die widerstrebenden Kräfte innerhalb der Gemeinschaft versöhnen als auch die franziskanische Lebensform gegenüber externen Kritikern rechtfertigen. Zugleich betonte Bonaventura die heilsgeschichtliche Bedeutung des Franziskanerordens und seines Gründers, den er als »Heiligen des Sechsten Zeitalters«, Vollender der Heilswirksamkeit Christi in der Kirche und sogar als »zweiten Christus« (»*alter Christus*«) betrachtete. Um ein einheitliches, normatives Bild von Franziskus zu konstituieren und hierdurch den inneren Frieden in der *fraternitas* zu befördern, wurde die Franziskus-Vita von Bonaventura für verbindlich erklärt (1263) und die Vernichtung aller älteren Gründerviten verfügt (1266). Wie zu erwarten, wurde diese Weisung des Generalkapitels von Paris (1266) nicht konsequent befolgt, so dass einige ältere Materialien zum Leben von Franziskus weiter tradiert wurden. Diese fanden u. a. Aufnahme in jüngeren Kompilationen wie der Sammlung von Perugia, dem *Spiegel der Vollkommenheit* und den sogenannten Fioretti (14. Jahrhundert). Auch in diesen Texten war die Tendenz erkennbar, den Poverello als eschatologische Figur zu verherrlichen, deren Vollkommenheit unerreichbar erschien.

Abgesehen von den sonstigen historiographischen Zeugnissen des Ordens – wie Ordenschroniken, Weltchroniken, geschichtstheologischen Werken etc. – kam vor allem den Franziskus-Viten somit eine zentrale Bedeutung hinsichtlich des Selbstverständnisses der Franziskanergemeinschaft und ihres historischen Bewusstseins zu. In keinem anderen Orden bestand ein derartig enger Bezug zwischen dem Inhalt der jeweiligen Gründervita und dem zeitgenössischen Verständnis der franziskanischen Lebensform. Konkurrierende Gruppen von regelstrengen und reformfreudigen Brüdern suchten ihre jeweilige Interpretation der franziskanischen *vita* durch den Rückgriff auf die Geschichte des Stifters und seines Ordens historisch zu legitimieren. Daher transportierte die jeweilige Vita des Heiligen auch eine gruppenspezifische Interpretation der *vita minorum*.

Die Ordenshistoriographie wurde somit zum Spiegel der ordensinternen Auseinandersetzungen um das zeitgemäße Verständnis der franziskanischen Lebensform. Bildungssoziologische Veränderungen innerhalb des Ordens, aber auch Einflussnahme externer Kräfte wie des Papsttums waren hierbei von entscheidender Bedeutung. Die Unversöhnlichkeit der konkurrierenden Gruppen im Orden und dessen existentieller Selbstfindungsprozess manifestierten sich bis weit ins 14. Jahrhundert auch in konkurrierenden historiographischen Traditionen innerhalb der Gemeinschaft. So ist nicht von der Existenz eines einzigen, verbindlichen Bildes des Heiligen in den Gründerviten und der Geschichtsschreibung des Ordens auszugehen. Vielmehr wandelte sich dieses verschiedentlich gemäß den strukturellen Veränderungen innerhalb der Franziskanergemeinschaft sowie den sozio-kulturellen Rahmenbedingungen. Um sich dem historischen Franziskus und seinen Zielsetzungen – wie Verbundenheit mit den Armen, Friedensliebe und Verehrung für die Schöpfung – zu nähern, wird man sich daher erneut und vorrangig seinen eigenen Schriften widmen müssen.

Welche Bedeutung die genannten Intentionen des Poverello auch für die Gegenwart besitzen, verdeutlicht die Tatsache, dass erstmals in der Geschichte der Kirche ein Papst – der Argentinier Jorge Mario Bergoglio – im Blick auf die drängenden Probleme unserer Welt 2013 programmatisch den Namen des »unvergleichlichen Heiligen« (J. Lortz) wählte.

Abkürzungen

Abkürzungen und Siglen

AF	Analecta Franciscana
AFH	Archivum Franciscanum Historicum
Anton	Antonianum
ATOR	Analecta TOR
BA	Berg, Armut und Geschichte
BBKL	Biographisch-Bibliographisches Kirchenlexikon
BF	Bauer, Franziskus
BW	Berg, Armut und Wissenschaft
CFr	Collectanea Franciscana
DF	Dizionario Francescano
EF	Estudios Franciscanos
EO	Eßer, Opuscula
ESt	Eßer, Studien
EÜ	Einheitsübersetzung der Heiligen Schrift
F	Feld, Franziskus
FB	Faust, Benediktsregel
FF	Fonti Francescane
Fon	Fontes Franciscani
FQ	Franziskus-Quellen (2. Aufl.)
FQS	Franziskanische Quellenschriften
FraFra	Frate Francesco
Fran	Franciscana
FrSt	Franziskanische Studien
GuL	Geist und Leben
H	Holzapfel, Handbuch
HG	Hardick/Grau, Schriften
KF	Kuster, Franziskus
L I	Lehmann, Tiefe und Weite
L II	Lehmann, Meister (L II^{1} 1989 / L II^{2} 2007)
L III	Lehmann, Gebete
L IV	Lehmann, Erbe
Ll	Leonardi, La letteratura francescana

LMA	Lexikon des Mittelalters
LThK	Lexikon für Theologie und Kirche (3. Aufl.)
MF	Miscellanea francescana
PL	Paolazzi, Lettura
PS	Paolazzi, Scripta
Sai	Armstrong, Francis
SB	Schmucki, Beiträge
SelFr	Selecciones de Franciscanismo
StM	Studi Medievali
WiWei	Wissenschaft und Weisheit

Die Bücher der Heiligen Schrift werden mit den üblichen Siglen zitiert (vgl. die Übersicht in FQ XIX f.).

Siglen für Franziskus-Schriften und franziskanisches Schrifttum

Ant	Brief an Antonius
Auff	Aufforderung zum Lob Gottes
Bol	Brief an die Bürger von Bologna
BR	Bullierte Regel
1 C	Thomas von Celano, 1. Vita des hl. Franziskus
2 C	Thomas von Celano, 2. Vita des hl. Franziskus
3 C	Thomas von Celano, Mirakelbuch
E	Rundbrief des Bruders Elias zum Tod des hl. Franziskus
Eccl	Thomas von Eccleston, Chronik
Erm	Ermahnungen des hl. Franziskus
Fior	Fioretti / Blümlein des hl. Franziskus
FormKl	Lebensform für Klara und ihre Schwestern
Frank	Brief an die Brüder in Frankreich
GebKr	Gebet vor dem Kreuzbild von San Damiano
Gef	Dreigefährtenlegende
1–2 Gl	1.–2. Brief an die Gläubigen
GrMar	Gruß an Maria
GrTug	Gruß an die Tugenden
Jakoba	Brief an Herrin Jakoba

Jord	Jordan von Giano, Chronik
Kl	Brief an Klara über das Fasten
Kler	Brief an die Kleriker
KlReg	Regel der hl. Klara
KlTest	Testament der hl. Klara
KQ	Klara-Quellen
1–2 Kust	1.–2. Brief an die Kustoden
Lenk	Brief an die Lenker der Völker
Leo	Brief an Bruder Leo
LobGott	Lobpreis Gottes
MahnKl	Mahnlied für Klara und ihre Schwestern
MarAnt	Marien-Antiphon
Min	Brief an einen Minister
NbR	Nicht-bullierte Regel
Off	Offizium vom Leiden des Herrn
Ord	Brief an alle Brüder oder den gesamten Orden
Per	Sammlung von Perugia
PreisHor	Preisgebet zu allen Horen
REins	Regel für Einsiedeleien
SegKl	Segen für Klara und ihre Schwestern
SegLeo	Segen für Bruder Leo
Sonn	Sonnengesang
SP	Der große Spiegel der Vollkommenheit
Test	Das große Testament des hl. Franziskus
TestS	Das kleine Testament von Siena
Vat	Erklärung zum Vaterunser
VermKl	Vermächtnis für Klara und ihre Schwestern
WFreud	Diktat über die wahre Freude

Die franziskanischen historiographischen Quellen werden im lateinischen Text nach der Ausgabe in den Fontes Franciscani (Fon) und in der deutschen Übersetzung nach den Franziskus-Quellen (FQ) bzw. den Klara-Quellen (KQ) zitiert.

Quellen und Literatur

Quellen / Übersetzungen

Armstrong, R. J., u.a. (Hrsg.): Francis of Assisi: Early Documents. Vol. 1: The Saint. St. Bonaventure / New York [4]2003.

Berg, D. / Lehmann, L. (Hrsg.): Franziskus-Quellen. Die Schriften des heiligen Franziskus, Lebensbeschreibungen, Chroniken und Zeugnisse über ihn und seinen Orden. Kevelaer 2009 ([2]2014).

Bertazzo, L. (Hrsg.): Gli scritti di Francesco e Chiara d'Assisi. Padova 2012.

Dalarun, J., u.a. (Hrsg.): François d'Assise. Écrits, vies, temoignages. 2 Vol. Paris 2010.

– Das neuentdeckte Franziskus-Leben des Thomas von Celano. Übers. und hrsg. von L. Lehmann und J. Schneider. Sankt Ottilien 2017.

Eßer, K. (Hrsg.): Die Opuscula des hl. Franziskus von Assisi. Neue textkritische Edition. Zweite, erweiterte und verbesserte Auflage besorgt von E. Grau. Grottaferrata 1989.

Faust, U.: Die Benediktsregel (Lateinisch/Deutsch). Stuttgart 2009.

Hardick, L. / Grau, E. (Hrsg.): Die Schriften des heiligen Franziskus von Assisi. Einführung, Übersetzung, Erläuterungen. Kevelaer [10]2001.

Karris, R. J. (Hrsg.): Admonitions of St. Francis. St. Bonaventure / New York 1999.

Lehmann, L. (Hrsg.): Das Erbe eines Armen. Franziskus-Schriften. Kevelaer 2003 ([2]2013).

– (Hrsg.): Franziskus-Gebete. Kevelaer 2011.

Leonardi, C. (Hrsg.): La letteratura francescana. Vol. 1: Francesco e Chiara d'Assisi. Milano [3]2009.

Menestò, E. / Brufani, S. (Hrsg.): Fontes Franciscani. S. Maria degli Angeli – Assisi 1995.

Olgiati, F., u.a. (Hrsg.): Scritti di Francesco e Chiara d'Assisi. Padova [4]2012.

Paolazzi, C.: Le Admonitiones di frate Francesco, testo critico. In: AFH 102 (2009) S. 3–88.

– (Hrsg.): Il Cantico di frate Sole. S. Maria degli Angeli – Assisi 2010.

– Le epistole maggiore di frate Francesco. Edizione critica ed emendamenti ai testi minori. In: AFH 101 (2008) S. 3–154.
– (Hrsg.): Fonti Francescane. Padova [3]2011.
Paolazzi, C.: (Hrsg.): Francisci Assisiensis scripta. Grottaferrata 2009.
– La »Regula non bullata« dei Frati Minori (1221). Dallo »Stemma codicum« al testo critico. Grottaferrata 2007.
Schneider, J. / Zahner, P. (Hrsg.): Klara-Quellen. Die Schriften der heiligen Klara, Zeugnisse zu ihrem Leben und ihrer Wirkungsgeschichte. Kevelaer 2013.

Literatur

Abeln, R.: Der heilige Franziskus. Leben – Legenden – Bedeutung. Kevelaer 2012.
Accrocca, F. / Maranesi, P. (Hrsg.): La Regola dei Frati Minori. Padova 2012.
Alberzoni, M. P., u. a. (Hrsg.): Francesco d'Assisi e il primo secolo di storia francescana. Torino 1997.
Bartoli Langeli, A.: Gli scritti da Francesco. L'autografia di un *illitteratus*. In: Frate Francesco (1994). S. 101–159.
– Gli autografi di Frate Francesco e di Frate Leone. Turnhout 2000.
Bauer, D. R., u. a. (Hrsg.): Franziskus von Assisi. Das Bild des Heiligen aus neuer Sicht. Köln 2005.
Berg, D.: Armut und Wissenschaft. Beiträge zur Geschichte des Studienwesens der Bettelorden im 13. Jahrhundert. Düsseldorf 1977.
– Armut und Geschichte. Studien zur Geschichte der Bettelorden im Hohen und Späten Mittelalter. Kevelaer 2001.
– Mendicant Orders and Urban Life in the Middle Ages: the Franciscans. Aspects of German Historiography since World War II. In: Religion, Ritual and Mythology. Aspects of Identity Formation in Europe. Ed. J. Carvalho. Pisa 2006. S. 13–30.
– Franziskus von Assisi. Der sanfte Rebell. Ditzingen 2017.
Bey, Horst von der / Freyer, J.-B. (Hrsg.): Die Franziskanische Bewegung. 2 Bde. Mainz 1996.
Brady, K: Francis and Clare. The Struggle of the Saints of Assisi. New York 2021.

Branca, V.: Il Cantico di Frate Sole. Firenze 1994.
Cusato, M. F.: The Early Franciscan Movement (1205–1239). Spoleto 2009.
Decker, G.: Franz von Assisi: Der Traum vom einfachen Leben. Berlin 2016.
Dietrich, V.-J.: Franz von Assisi. Reinbek [2]1996.
Eßer, K.: Das Testament des heiligen Franziskus von Assisi. Münster 1949.
– Studien zu den Opuscula des hl. Franziskus von Assisi. Hrsg. v. E. Kurten / I. de Villapadierna. Rom 1973.
Feld, H.: Franziskus von Assisi und seine Bewegung. Darmstadt 1994. [3. Aufl.: Franziskus von Assisi. Der Namenspatron des Papstes. Darmstadt 2014].
– Franziskus von Assisi. München 2001 ([3]2013).
– Franziskaner. Stuttgart 2008.
Fleckenstein, G.: Die Franziskaner. Stuttgart 2025.
Frank, I. W.: Franz von Assisi. Frage auf eine Antwort. Mainz 1992.
Frate Francesco d'Assisi: Atti del XXI Convegno internazionale Assisi, 14–16 ottobre 1993. Spoleto 1994.
Hoeberichts, J.: Feuerwandler. Franziskus und der Islam. Kevelaer 2001.
Hofer, M.: Franz von Assisi: Ein radikales Leben neu erzählt. Innsbruck 2026.
Holzapfel, H.: Handbuch der Geschichte des Franziskanerordens. Freiburg 1909.
Iriarte, L.: Der Franziskusorden. Altötting 1984.
Kuster, N.: Franziskus. Rebell und Heiliger. Freiburg u. a. [2]2010.
Lawrence, C. H.: The Friars. The Impact of the Early Mendicant Movement on Western Society. London u. a. [2]1995.
Lehmann, L.: Der Mensch Franziskus im Licht seiner Briefe. In: WiWei 46 (1983) S. 108–138.
– Tiefe und Weite. Der universale Grundzug in den Gebeten des Franziskus von Assisi. Werl 1984.
– Franziskus. Meister des Gebets. Eine Einführung. Werl 1989 / Kevelaer [2]2007.
– (Hrsg.): Das Testament des hl. Franziskus. Norderstedt 2013.

Leppin, L.: Franziskus von Assisi. Darmstadt 2018.
Manselli, R.: Franziskus. Der solidarische Bruder (dt.). Zürich ²1989.
Maranesi, P.: Facere Misericordiam. La conversione di Francesco d'Assisi. Assisi 2007.
Maranesi, P.: L'eredità di Frate Francesco. Lettura storico-critica del Testamento. S. Maria degli Angeli – Assisi 2009.
Martinelli, P. (Hrsg.): La grazia delle origini. Studi in occasione dell'VIII centenario dell'approvazione della prima regola di san Francesco d'Assisi (1209–2009). Bologna 2009.
Melville, G. / Oberste, J. (Hrsg.): Die Bettelorden im Aufbau. Münster 1999.
Menestò, E.: Le lettere di Francesco d'Assisi. In: Filologia Mediolatina 11 (2004) S. 161–189.
Merenda, G. F.: Francino. Profilo psichiatrico del santo d'Assisi. 2 Bde. Bozen 2019.
Miccoli, G.: Francesco d'Assisi. Memoria, storia e storiografia. Milano 2010.
Moorman, J.: A History of the Franciscan Order. Repr. Oxford 1998.
Müller, A.: Bettelmönche in islamischer Fremde. Münster u. a. 2002.
Padovese, L. (Hrsg.): Minores et subditi omnibus. Tratti caratterizzati dell'identità francescana. Roma 2003.
Paolazzi, C.: Lettura degli scritti di Francesco d'Assisi. Milano ²2004.
– Studi sugli »Scritti« di frate Francesco. Grottaferrata 2006.
Prinz, A.: Franz von Assisi. Der friedliche Rebell. Berlin 2025.
Reblin, K.: Franziskus von Assisi. Der rebellische Bruder. Göttingen 2006.
La Regola dei Frati Minori. Atti del XXXVII Convegno internazionale Assisi 8–10 ottobre 2009. Spoleto 2010.
Robson, M. J. P.: The Franciscans in the Middle Ages. Woodbridge 2006.
– (Hrsg.): The Cambridge Companion to Francis of Assisi. Cambridge u. a. 2012.
– / Röhrkasten, J. (Hrsg.): Franciscan Organisation in the Mendicant Context. Berlin 2010.
Rusconi, R.: Francesco d'Assisi nelle fonti e negli scritti. Padova 2002.
Sabatier, P.: Leben des Heiligen Franz von Assisi (dt.). Zürich ⁵1935.

Schmucki, O.: Beiträge zur Franziskusforschung. Zum 80. Geburtstag hrsg. v. U. Köpf / L. Lehmann. Kevelaer 2007.

Schneiderwirth, M.: Der Dritte Orden des heiligen Franziskus. Düsseldorf 2021.

Stiegmann, C., u. a. (Hrsg.): Franziskus. Licht aus Assisi. Katalog zur Ausstellung im Erzbischöflichen Diözesanmuseum und im Franziskanerkloster Paderborn [9. Dezember 2011 bis 6. Mai 2012]. München 2011.

Tolan, J. V.: Saint Francis and the Sultan. Oxford 2009.

Uribe, F.: La Regla de san Francisco. Murcia 2006.

Vauchez, A.: Franziskus von Assisi: Geschichte und Erinnerung. Münster 2019.

Wesjohann, A.: Mendikantische Gründungserzählungen im 13. und 14. Jahrhundert. Berlin/Münster 2012.

Zweerman, T. H. / Van den Goorbergh, E. A. C.: Saint Francis of Assisi. Leuven 2007.